行政组织学

（第 3 版）

张成福　主编

国家开放大学出版社·北京

图书在版编目（CIP）数据

行政组织学／张成福主编．--3版．--北京：国家开放大学出版社，2022.1（2022.10重印）

ISBN 978-7-304-11116-8

Ⅰ.①行… Ⅱ.①张… Ⅲ.①行政管理—组织管理学—开放教育—教材 Ⅳ.①D035

中国版本图书馆 CIP 数据核字（2021）第 263907 号

版权所有，翻印必究。

行政组织学（第 3 版）
XINGZHENG ZUZHIXUE
张成福　主编

出版·发行：国家开放大学出版社
电话：营销中心 010-68180820　　总编室 010-68182524
网址：http://www.crtvup.com.cn
地址：北京市海淀区西四环中路 45 号　　邮编：100039
经销：新华书店北京发行所

策划编辑：赵文静　苏雪莲　　版式设计：何智杰
责任编辑：苏雪莲　　　　　　责任校对：冯　欢
责任印制：武　鹏　马　严

印刷：北京宏伟双华印刷有限公司
版本：2022 年 1 月第 3 版　　2022 年 10 月第 3 次印刷
开本：787mm×1092mm　1/16　　印张：17.5　　字数：359 千字
书号：ISBN 978-7-304-11116-8
定价：35.00 元

（如有缺页或倒装，本社负责退换）
意见及建议：OUCP_KFJY@ouchn.edu.cn

前言
PREFACE

本教材根据国家开放大学开放教育行政管理专业"行政组织学"课程教学大纲编写。为了使学生更好地学习"行政组织学"课程,更加充分地运用多种学习资源,国家开放大学出版社开发了《行政组织学》学习资源包。

学习资源包通过图、文、声、像、画全媒体展示学习内容,并将学习内容有机地集成到一起,使学生获得更及时、更多角度的阅读、视听、掌控、互动等体验。学习资源包不仅方便了学生在线或离线学习,还可以与远程教学平台结合起来,实现开放大学的泛在教学和学生的泛在学习。

学习资源包囊括了全媒体数字教材、文字教材、形成性考核册、期末复习指导及其他数字学习资源。其中,文字教材和形成性考核册以纸质形式出版;全媒体数字教材和其他数字学习资源,学生可以通过扫描文字教材上的本书二维码,登录"开放云书院"后下载获得。全媒体数字教材、形成性考核册、期末复习指导等资源由国家开放大学周联兵副教授编写和开发。

"行政组织学"课程的文字教材《行政组织学》迄今已出至第3版,第1版出版于2008年6月。

行政组织学文字教材讲的是行政组织及其管理。组织是现实世界普遍存在的现象。高度组织化是当今社会的主要特征之一。人类在历史发展进程中,创造了高度的文明,取得了无数的成就,而取得这些成就的主要原因之一便是人类建立了实现各种目的的组织,以及展现出的卓越的组织能力。今天,政府的行政组织和市场的企业组织对我们的社会和生活产生了广泛的影响,以至于任何人都不能忽视它们的存在。

本教材的主旨在于帮助行政管理专业和其他专业的学生了解并理解关于行政组织及其管理的基本知识、基本理论和基本方法,从而在实践中提升组织管理的能力和水平。本教材编写试图体现体系完整、内容充实的特点,既能展现基本知识和理论,也能反映最新的知识和观点;在写作上力求简明扼要、通俗易懂。

第3版编写人员及其分工如下:中国人民大学公共管理学院张成福教授(第一章、

第三章、第十五章)、张璋副教授(第十一章、第十二章、第十三章)、中央民族大学管理学院党秀云教授(第二章、第四章、第十章、第十四章)、国家开放大学赵菊强副教授(第六章、第七章、第九章)、天津行政学院王慧军教授(第五章、第八章)。

在第3版出版之际,特别要感谢北京大学的李景鹏教授,中国人民大学的齐明山教授、孙柏瑛教授,国家开放大学的张继缅教授、张瑞麟副教授,作为审稿专家,他们提出了许多宝贵意见。同时,还要感谢国家开放大学出版社的编辑团队,他们为本书的出版付出了辛勤的劳动。

张成福
2021 年 10 月

目录

第一章 行政组织学导论 ………… 1
- 第一节 组织与人类社会的组织化 ………… 2
- 第二节 行政组织的性质与功能 ………… 9
- 第三节 行政组织学的学习和研究 ………… 17

第二章 组织理论的发展 ………… 23
- 第一节 古典组织理论 ………… 24
- 第二节 行为科学时期的组织理论 ………… 29
- 第三节 系统、权变的组织理论 ………… 34

第三章 行政组织的环境与管理 ………… 40
- 第一节 行政组织环境概述 ………… 41
- 第二节 行政组织的环境维度与环境分析 ………… 45
- 第三节 行政组织环境的不确定性及其管理 ………… 47

第四章 行政组织的结构与设计 ………… 52
- 第一节 行政组织结构概述 ………… 53
- 第二节 行政组织结构的分化与整合 ………… 56
- 第三节 行政组织结构模式 ………… 60
- 第四节 行政组织结构设计 ………… 64
- 第五节 行政组织结构设计与管理的一般原则 ………… 67

第五章 中国行政组织结构 ………… 74
- 第一节 中央行政机关 ………… 75
- 第二节 地方行政机关 ………… 79
- 第三节 特别地方行政机关 ………… 85

第六章
行政组织的社会心理与管理 …………… 91
第一节　组织管理心理及其基本理论 …………… 92
第二节　组织中的个体行为与激励 …………… 94
第三节　组织中的群体行为与群体凝聚力 …… 103

第七章
行政组织中的领导 …………… 110
第一节　领导及其权力基础 …………… 111
第二节　领导有效性理论 …………… 115
第三节　领导力的提升 …………… 123

第八章
行政组织中的决策 …………… 131
第一节　行政组织决策概述 …………… 132
第二节　组织决策的基本理论 …………… 139
第三节　组织决策的改善 …………… 143

第九章
行政组织中的冲突管理 …… 150
第一节　冲突的性质与功能 …………… 151
第二节　冲突的成因 …………… 153
第三节　行政组织中冲突的化解 …………… 157

第十章
行政组织的沟通 …………… 164
第一节　组织沟通的性质和意义 …………… 165
第二节　组织沟通的形式和网络 …………… 168
第三节　组织沟通的障碍性机制 …………… 174
第四节　有效组织沟通的原则和方法 …………… 176

第十一章
行政组织学习 …………… 181
第一节　行政组织学习的性质与意义 …………… 182
第二节　行政组织学习的类型与途径 …………… 187
第三节　行政组织学习的障碍与改进 …………… 189

第十二章
行政组织文化与管理 ………… 198
第一节　行政组织文化概述 …………… 199
第二节　我国行政组织文化 …………… 204
第三节　行政组织文化建设 …………… 208

第十三章
行政组织的绩效管理 ········· 215

第一节　行政组织绩效管理概述 ········· 216
第二节　行政组织绩效评估 ········· 222
第三节　行政组织绩效改进 ········· 227

第十四章
组织变革与发展 ········· 232

第一节　组织变革概述 ········· 233
第二节　组织变革的理论模式与程序 ········· 235
第三节　组织变革的途径与方法 ········· 240
第四节　组织变革的阻力及其消除 ········· 242
第五节　组织发展的含义、特征与信念 ········· 245
第六节　组织发展的主要措施和方法 ········· 248

第十五章
行政组织管理的未来 ········· 256

第一节　行政组织管理未来的挑战 ········· 257
第二节　行政组织管理的未来趋势 ········· 261

参考文献 ········· 268

第一章 Chapter 1 行政组织学导论

学习目标

了解组织的性质、功能及组织的构成要素;
理解组织的分类,行政组织在政治、经济发展中的作用;
掌握行政组织的特点以及当代行政组织的发展趋势。

导 学

组织是在特定社会环境之中,由一定要素构成的,为了达到一定目标而建立起来的,并随着内部要素和外部环境不断变化而自求适应和调整,具有特定文化特征的一个开放系统。组织是伴随着人类社会的发展而发展起来的,组织对人类社会的发展起着不可低估的作用,个人和集体的生存条件及其活动能力,都是通过各种组织获得、发展和完善的。在当今高度组织化了的社会,组织已经成为推动社会不断发展与进步的重要力量。

01 第一节 组织与人类社会的组织化

组织是人类社会存在和发展的前提,是人类社会最普遍的现象。人的第一个历史活动——从自然界获取物质生活资料的生产活动,是在组织中进行的。人正是凭借组织的力量不断得到发展。我国古代思想家荀子认为人"力不若牛,走不若马,而牛马为用,何也?曰:人能群,彼不能群也",这便明确地提出了人之所以能驾驭各种自然力量,是因为人形成了组织。随着生产力的不断发展,人类社会的组织也由单一性组织走向复合性组织。

在现代社会,人类社会的组织空前发展,其影响亦深入政治、经济、军事、文化、教育、科技等领域。组织化和有组织的管理亦成为现代社会发展和社会现代化的一个重要标志。在现代社会,人类创造了高度的文明,取得了无数的成就,但是"获得这些成就的主要因素却是我们为达到各种目的而发展建立各种社会组织的能力。这些组织及其有效的管理工作的发展才真正是我们的巨大成就之一"①。因此可以说,组织及有组织的管理是人类社会发展的一大杠杆。

一、组织的性质

"组织"一词,源自希腊文,是工具或手段的意思。根据《牛津英文字典》的记载,1873年以前,组织的概念,主要是用来描述生物学上的组合状态,或形成组合的活动。1873年左右,英国哲学家斯宾赛才用"组织"来指涉"已经组合的系统或社会"。1950年以后,《简明牛津英语字典》才开始列出"组织"这个词的现代意义。

作为人类社会最普遍的现象,组织的定义究竟是什么?由于学者从不同的角度,运用不同的方法去透视组织,因此对组织内涵的认识和界定也是仁者见仁、智者见智,至今仍无统一的看法和定论。对复杂多样的组织的定义进行审视,我们可以看出,国内外学者对组织内涵界定的取向有以下四个方面,即有四种基本的观点。

(一) 静态的组织观

这是以组织结构为研究内容的取向。这种取向认为组织是人们为了达到一定目标

---

① 卡斯特,罗森茨韦克.组织与管理:系统方法与权变方法:第4版.傅严,李柱流,等译.陈旭明,李柱流,校.北京:中国社会科学出版社,2000:7.

和满足一定需要，按照一定形式联合起来的，具有特定结构和活动方式的人的群体。简单地说，这种取向认为组织是追求一定目标的人的集合体或者由权责分配关系构成的体系。美国管理学者孟尼、雷利认为"组织是为达成共同的目的的人所组合的形式"。高斯提出"组织就是为了促进某些共同的目标而设置的团体，对工作人员作适当的职责分配，并将从事共同任务的个人与团体间的努力和才能予以结合，藉使管理者与工作人员双方在最大的满意和最小的摩擦下，获得所欲达成的目标"。实际上，早期管理学家基本上都持与上述相同或相近的观点。德国社会学家、经济学家韦伯的科层组织理论更是静态的组织观的楷模。

（二）动态的组织观

这是从组织成员相互交往行为的角度，即行为科学的角度分析研究组织的取向。这种取向认为组织是为达到一定目标而行动的人的活动体，组织目标的实现有赖于领导、决策、沟通、协调等一系列人的活动，即为实现某种目标而合理安排人力、物力，使之结合成具有特定功能的系统性整体的活动。德国学者阿斯曼和斯托贝格认为"过程或者活动，也称为'组织'，它的活动目标在于根据新的成熟条件，建立、稳定或者改变社会构成体的组织性，以实现组织的目标职能"。简言之，这种观点认为组织是一个活动体，是一群人为完成工作采取的一致行动或运作。

（三）生态的组织观

这是以组织与内部要素和外部环境的平衡为研究内容的取向。这种取向认为组织不仅有静态的结构、动态的功能与行为，而且是一个有机的生命体，是随着环境变化而自我适应、自我调整的一个开放系统，是整个社会系统的一个子系统。这种观点强调：①只考察静态的结构是不够的，还必须考虑现实环境的变化；②既然组织是必须适应环境变化的一个有机的生命体，故也不存在放之四海而皆准的组织理论与原则；③组织管理不能墨守成规，必须按情景的需要实行权变管理。这一观点的主要代表人物是美国学者卡斯特、罗森茨韦克以及雷格斯。一句话，组织的形成、成长、发展、活动、变革都受社会政治、经济、文化等的影响或制约。

（四）精神的（或心态的）组织观

这是以精神或心态为研究内容的取向。这种取向认为组织不仅是由权责分配关系构成的体系，或者是一个有机的生命体，还是一种群体的精神或意识。实际上，这种观点是对动态的组织观的延伸，其将组织看成意志和精神的有机组合。美国学者巴纳德认为组织是两个或两个以上的人的有意识协调的活动或效力的系统。这比较典型地说明了组织的心态特征。事实上，行为科学对人的行为的分析、对人的激励的探索、对组织文化的探讨、对组织沟通的分析等都不同程度地反映了这一研究的趋向。

通过上面的分析和解释，我们可以给组织下这样一个定义：组织是在特定社会环境之中，由一定要素构成的，为了达到一定目标而建立起来的，并随着内部要素和外部环境不断变化而自求适应和调整，具有特定文化特征的一个开放系统。

二、组织的构成要素

有的学者根据亚里士多德的"四因说"，把组织的构成要素分为四大类：①物质要素，即人员、经费、房屋、物材及设备等；②形式要素，即权力、职责、纪律、指挥、领导、服从、分工、合作等；③动力要素，即促使组织形成或建立的环境与起因；④目的要素，即组织所要完成的任务、所希望达到的目标及所遵循的宗旨。美国管理学家斯格特在《组织理论》一书中，认为组织的基本构成要素为社会结构、参与者-社会行动者、目标、技术、环境。

组织是各种要素组合而成的一个统一体。组织的构成要素如下：

组织的构成要素

（一）组织目标

目标是组织赖以存在和发展的基础。目标代表着组织发展的方向和存在的理由，目标规定和影响组织的运行，是组织活动的灵魂。没有目标的组织是不存在的，失去目标的组织也会解体。

（二）机构设置

机构既是组织分工的产物，也是组织活动的平台。组织是由一个个具体的机构或部门构成的统一体，机构设置合理与否，直接影响组织效能和组织目标的实现。因此，机构的设置，必须以精干、高效、协调、灵活为原则。

（三）人员构成

组织是人的群体，是以人为核心形成的，因此，人是构成组织的基本细胞，没有人，组织就不可能形成。组织成员是组织最重要的构成要件，也是组织的活力与生命力所在。

（四）权责体系

组织是一个纵横交错的权责体系。职务、职权、职责是构成组织权责体系的三个要素。职责结构是否科学、分工是否明确、权责是否一致，是组织能否高效运行的关键，故权责体系在组织的构成要素中居于核心地位。

（五）制度规范

规范是人们行动的准则和互动的基础。任何组织，若要有效控制和影响成员的活动，就必须制定行动准则和规范。规范是确保组织协调与有序运行的保障，没有严格的规范，组织就会陷入无序和混乱。

（六）资金和设备

资金以及房屋、车辆、通信器材、办公用品等设备是组织开展活动的物质基础。资金和设备的情况，直接影响组织结构的设置及整体功能的发挥。古人所讲的"巧妇难为无米之炊""工欲善其事，必先利其器"，指的就是这个道理。

（七）技术

每个组织都拥有为其工作所用的技术。组织的技术通常部分地根植于机器和机械设备，同时又包含组织参与者的知识和技能。在现代社会，组织所拥有的技术是影响组织效率和组织竞争力的关键。

（八）信息沟通

从某种意义上说，组织运行的过程，就是组织对各种信息进行收集、整理、利用、加工和传输的过程。调查研究、开会、交流等就是为了收集和分析各种信息。信息沟通是组织内部之间、组织与外部环境之间实现良好互动的前提，是组织存在、延续与发展的必要条件。

（九）团体意识

团体意识是指组织成员在思想上、认识上、感情上和行为上对组织拥有的共同的价值观。团体意识是维系组织存在与发展的灵魂。建立团体意识的目的就是要使组织成员把自己视为组织这个大家庭中的一员，并把组织利益看作自己利益的一部分，没有团体意识，组织就如同失去灵魂的身体。强大而稳定的团体意识，是现代组织生命力的标志之一。

（十）环境

每个组织都处于某一特定的且必须适应的物质、科技、文化和社会环境之中。所有组织的存在都依赖与其所处环境的关系。环境影响组织构成和组织运作。环境已经成为组织的重要影响因素和构成要素之一。

三、组织的分类

社会组织复杂多样。由于不同的组织具有不同的目标，承担着不同的使命，执行着不同的职能，因此也就有不同的组合方式。组织研究的一个重要任务就是对组织进行分类研究，因为不同的组织适用不同的管理方法。例如，军队组织和学校组织在性质上不同、在结构形态上不同、在功能上不同，因此管理方法也就不同。学者依据不同的标准，从不同的角度对组织进行类别划分。组织最常见的分类主要有以下几种：

（一）正式组织和非正式组织

按组织内部是否有正式的分工关系，组织可分为两大类：正式组织和非正式组织。这是最为普遍的分类，大多数组织理论学者正是从这一分类角度去探讨组织管理问题的。

正式组织是指以明文规定的形式确立下来，成员具有正式分工关系的组织。正式组织具有以下特点：①是经过特定规划建立起来的，并不是自发形成的；②有较为明确的组织目标；③组织内部分成各个部门，各个部门的职责、权限及所要完成的工作任务皆有明确规定；④组织内各个职位，按照等级原则进行法定安排，每个人都承担一定的任务；⑤有明确的法律、制度和行为规范。正式组织如政府组织、军队组织等。

非正式组织，与正式组织相对应，是正式组织内若干成员由于相互接触、感情交流、情趣相近、利害一致，未经人为设计而产生交互行为和意识，并以此自然形成的一种人群关系。非正式组织具有以下特点：①自发性。非正式组织建立在人的共同的价值观、思想、兴趣、经历、社会交往、利益、区域等为基础上，是自发形成的。②内聚性。非正式组织虽然没有严格的规章制度维系和约束，但由于组织内部各成员的思想、兴趣、利益等相近或一致，使成员产生"团体意识"，具有较强的凝聚力。③不稳定性。由于非正式组织是自发形成的，故往往由于环境、思想、价值观、活动范围等的变化而发生变化，呈现不稳定性。④领导作用较大。非正式组织的领导往往是在自然竞争中形成的，具有很大的权威和影响。非正式组织如歌友会、球迷协会等。

（二）强制性组织、功利性组织和规范性组织

美国学者艾桑尼以组织中下级对上级的服从程度、上级对下级权力运用的关系，即组织中权威产生的基础对组织进行分类，将组织分为强制性组织、功利性组织和规范性组织。

强制性组织以镇压、暴力等手段管理和控制下级，即强制下级服从下级的管理。监狱、看守所、集中营等均属于强制性组织。这类组织特别重视纪律和惩罚。

功利性组织以金钱、物质利益诱导作为管理和控制下级的主要手段。各类银行、企业、保险公司、合作社等都属于功利性组织。

规范性组织以荣誉的报赏或规范（主要按伦理道德规范、信仰规范等）作为管理下级的方式。教会、学校、政党等都属于规范性组织。

（三）互利组织、服务组织、企业组织和公益组织

美国著名社会学家、交换学派的代表布劳和史考特根据组织目标和受益者的关系，把组织分为互利组织、服务组织、企业组织和公益组织四类。

互利组织的受惠者主要是组织的参与者或成员，组织的目标在于维护及促进组织成员所追求的利益。政党、工会、商会、宗教团体、俱乐部等均属于互利组织。

服务组织的基本功能是以服务为主。组织的受惠者，乃公众中与组织有直接接触者。这类组织的主要功能，就是为组织的受惠者提供服务。学校、医院、社会福利组织等均属于服务组织。

企业组织的受惠者是组织的所有者以及股东、经理人员。企业组织的核心问题就是效率的提高和利润的最大化。工厂、公司、商行、银行、保险公司等均属于企业组织。

公益组织的受惠者是全体公民。公益组织的目标在于谋求社会大众的利益，维护社会的安宁与秩序，使社会成员不受外来侵略和内部不良因素的侵扰。军队、警察、国防部、环保局、消防大队等均属于公益组织。

（四）政治组织、经济组织、文化组织、群众组织、宗教组织

依据人类社会生活的基本领域，以及组织的性质，可以把组织划分为政治组织、经济组织、文化组织、群众组织、宗教组织。

政治组织是以追求、运用、分配社会公共权力为基本目标的组织。国家的立法机关、司法机关、行政机关、政党、军队等均属于政治组织。

经济组织是人类社会最基本的社会组织，承担着为社会创造和提供物质财富的职能，存在于生产、交换、分配、消费等不同领域。各种生产组织、商业组织、银行信贷组织、交通运输组织、保险公司等均属于经济组织。

文化组织是以满足人们各种文化需求为目的，以为社会提供和创造精神财富为职能的组织。学校、图书馆、博物馆、剧院、文化艺术团体、科学研究单位等均属于文化组织。

群众组织是特定社会群体为追求和保障自己的地位和权利而设立的自治性组织。工会、青年联合会、妇女联合会、农民协会、街道居委会等均属于群众组织。

宗教组织是以某种宗教信仰为宗旨而形成的组织。佛教、道教、伊斯兰教、天主教、基督教等教会组织均属于宗教组织。

四、组织的功能与作用

如前所述，组织是人类社会存在和发展的前提，也是人类社会发展的一大杠杆。

组织为什么在社会发展中能起如此大的作用？根本原因在于组织功能的发挥和实现。

什么是组织的功能？简单来说，组织的功能就是组织系统内部诸要素在相互作用过程中所表现出来的属性，具体表现为组织系统的功效和作用。

从系统论的角度来看，任何社会组织大体都发挥三种功能：①"聚合"功能，就是对人力、物力、资源、信息等加以聚集汇合，形成一种合力；②"转换"功能，就是把聚集的各种要素进行"加工""制作"，转化为新的功能和能量；③"释放"功能，就是把组织的能量释放出来，实现系统的目标，发挥其应有的作用。

具体来说，组织的功能与作用主要体现在以下三个方面：

（一）组织能够形成一种新的合力，起着"人力放大"作用

根据系统论，系统内各要素间的相互作用，能够产生各要素在孤立、分散状态下所没有的新的特性。组织作为具有一定目标的群体，是由许多孤立的人组成的，当通过组织把许多孤立的个人组合成能动的团体，把许多单个劳动组织起来进行协作时，它所产生的生产力必然超过同样数量单个劳动者生产力的"机械总和"。马克思曾精辟地指出："结合劳动的效果要末是个人劳动根本不可能达到的，要末只能在长时间内，或者只能在很小规模上达到……且不说由于许多力量融合为一个总的力量而产生新的力量。"①

（二）组织能够产生一种协同效应，提高组织工作的效率

不论哪种组织，都是人们在共同活动中形成的分工与协作的方式。分工就是要求一个人只从事某一特定的工作或某一子系统执行特定的功能，协作则是许多人有计划地共同参加一个生产过程或不同子系统之间的协作和配合。分工促进了工作专业化的发展，工作专业化促使组织成员工作熟练程度和准确程度的提高，节省从一种工作转向另一种工作所需要的时间，减少了工作指标的数目，大大提高了工作效率。分工和协作是互为前提的，分工越细，对协作程度的要求越高。在一个组织中，当组织目标和个人目标一致的程度越高，当组织对个人所担任的角色的要求同个人现实行为相关的程度越高，当个人对组织的贡献同个人利益实现相联系的程度越高，当组织中信息沟通的程度越高，当个人与组织的感情联系程度越高，当环境变迁与组织适应的程度越高，一句话，当组织内部各构成要素之间、组织内部要素与外部环境之间的协调程度越高，组织就越有效能。相反，如果组织内部之间的作用相互抑制、冲突，就会使组织力量相互抵消，内耗增大，从而导致组织效能降低，甚至导致组织瓦解。

---

① 马克思．资本论//马克思，恩格斯．马克思恩格斯全集：第23卷．北京：人民出版社，1972：362－363.

（三）组织能够满足人们的需要

组织建立的目的就是满足人们某些方面的需要，人们正是为了一些共同的目标、利益和需要而聚合在组织当中。组织通过与外界进行物质、能量、信息的交流，并将这些物质、能量、信息进行转化，产出组织产品，满足人们物质、精神等方面的需要。同时，一个人一生中会参加许多组织，这些组织都具有满足成员某种需要的功能。例如，人们参加组织是为了获得安全感、归属感；组织可以满足成员社会交往和情感交流的需要；人们在组织中满足自我尊重和自我实现的需要；等等。

总之，组织的产生、发展和完善是社会政治、经济、文化、教育、科学技术、卫生等各项事业取得成就和不断发展的前提，是人不断发展和完善的保证。

第二节　行政组织的性质与功能

一、行政组织的特点

行政组织是指为推行国家公共行政事务而依法建立的各种行政机关的统称。例如，美国的总统府及联邦政府、州政府及地方政府，日本的首相府及其所管辖的各级行政部门，我国的国务院、地方各级人民政府及其办事机构。

与其他社会组织相比，行政组织具有以下特点：

（一）行政组织是唯一可以合法使用暴力的组织

行政组织是唯一可以合法使用暴力的组织，它以国家机器为后盾，依法管理社会公共事务。因此，行政组织所制定的行政措施和采用的行政手段对它管辖范围内的企事业单位、群众团体和全体公民都具有约束力和强制力，故强制性便成为行政组织不同于其他社会组织的一个重要特征。

（二）行政组织是一个具有天然垄断地位的组织

其他组织有许多，但行政组织具有唯一性，是一个具有天然垄断地位的组织。

（三）行政组织是可以合法行使行政权的组织

行政组织与立法机关和司法机关一起，是国家机构的重要组成部分，但它与立法

行政组织的特点

机关和司法机关在性质、职能、作用方面有所不同。作为立法机关的执行机关，行政组织的主要职责就是合法行使行政权，依法运用行政权对国家公共事务进行统一管理。

（四）行政组织是承担公共责任的组织

行政组织是公共组织，它对整个国家与社会负有政治责任、法律责任，同时还负有一定的道德责任。政府代表国家行使行政权力，是实现国家意志的重要工具，国家的政治性就要求行政组织必须为一定的政治服务，承担一定的政治责任；现代社会是法治社会，行政组织有责任也有义务维护国家的法律秩序以及法律的权威性与严肃性，在执行公务的过程中，严格依法行政。同时，行政组织要为自己的行为承担法律责任，真正做到违法必究。现代社会还是讲求道德的社会，行政组织的使命之一是建立一个有道德、讲文明的社会，通过建立政府良好的道德形象为社会树立道德榜样。

（五）行政组织是以追求公共利益为目的的组织

行政组织不同于企业组织，企业组织的目的是追求利润最大化，而行政组织的目的不是为了盈利，或为某一部分人谋利，而是要为整个社会的政治、经济、文化等事业的发展提供服务，其服务对象是整个社会。所以，行政组织把为社会提供公共服务和谋取大众的公共利益作为自己的核心职责。

二、行政组织的类型

由于人们观察、研究的目的不同，以及标准各异，行政组织往往被划分为不同的类型。

（一）首长制行政组织与委员会制行政组织

以行政组织最高首长的人数为标准，可将行政组织分为首长制行政组织与委员会制行政组织。

首长制行政组织，又称独任制行政组织，指由行政组织最高首长一人独立行使行政管理职权并承担责任的行政组织。

委员会制行政组织，又称合议制行政组织，指组织由权限平等之成员组成，通常以多数决方式作成决定而共同负责的行政组织。委员会制行政组织与首长制行政组织的不同之处在于成员之间没有从属关系，彼此相互平等而无命令服从关系。

（二）集权制行政组织与分权制行政组织

以行政权行使的性质与范围为标准，可将行政组织分为集权制行政组织与分权制行政组织。

集权制行政组织是指行政首长或上级行政机关拥有集中的行政管理权，其授权范围极小，不设立或授权下级行政机关，下级行政机关处理事务完全秉承中央或上级之意志的行政组织。

分权制行政组织是指行政首长或上级行政机关授权范围扩大，行政权责分散于各层级或者由下级行政机关独立行使自主权的行政组织。

（三）中枢组织与派出组织

国家设立行政组织的主旨在于管理公共事务，提供公共服务。为便利处理事务，就近提供便民服务，国家不得不在各地设立机关，行使公共权力及为人民服务，故在首都地区设立的负责领导与统筹的机关，称为中枢组织或中枢机关，而在各地设立的分支机构称为派出组织或派出机关。简言之，派出组织乃是中枢组织在各地设立的业务机关。派出组织不等同于地方政府，它是功能性的业务组织，指定办理某种特别业务，而地方政府则是地域性的行政组织，依宪法或法律设立，是具有相当的自主权或自治权的综合性组织，而派出组织仅是中枢组织在各地设立的业务机关，受中枢组织的指挥、监督，无自主权或自治权。

（四）领导组织、辅助组织与业务组织

以职权大小、所具有的作用大小或地位高低为标准，可将行政组织分为领导组织、辅助组织与业务组织。

领导组织，又称统率机关，指就一般综合性行政职务或特定范围内的专业行政职务，拥有决策、统筹、综理以及指挥监督权的行政组织。这种组织依据法律规定，具有独立的地位与权限，就其职权范围内的事项作决定，产生最后的效力，构成国家意思表示，对组织本身的财务、业务等拥有全权并承担总体的责任。

辅助组织，又称幕僚机关、事务机关或辅助单位，是在领导组织之下，辅佐领导组织行使职权，推动业务，完成行政任务的行政组织。其主要负责拟定政策、计划、法令，从事研究发展和顾问咨询等。辅助组织种类繁多，大致可分为一般性辅助组织、技术性辅助组织、咨询性辅助组织、监督性辅助组织等。

业务组织，又称执行机关或实作机关，是依据业务法规及上级命令或指示，负责直接处理各种业务的行政组织。与辅助组织不同，它是对外的组织，与社会及人民群众发生直接关系。

（五）国家行政组织与地方行政组织

以管辖地区以及政府层级为标准，可将行政组织分为国家行政组织与地方行政组织。

国家行政组织即中央行政机关，是中央政府所属的行政组织，因由国家直接设置，

故称为国家行政机关，负责执行国家的直接行政，其辖区是全国，其设置于地方的分支机构隶属于中央政府。

地方行政组织，即地方行政机关，在政府层级上有省（市）级、市级、县级以及乡镇之分。无论层级如何，地方行政组织均以国内某一行政区为其辖区。地方行政组织在其辖区内，负责执行其职权范围内的行政事务与上级政府委办的事项。

（六）永久性的行政组织与临时性的行政组织

以设置时间为标准，可将行政组织分为永久性的行政组织与临时性的行政组织。

政府在平时设立的一般性的行政组织，即未预设存在的期限，从理论上即可假定其将永久存在，因此为永久性的行政组织。这种类型的组织在原则上均是依法定程序设立的机关。

凡是行政组织在设立时已预设存在的期限，或者虽然没有明确其存在的期限，但其设立的目的是处理特殊事件或临时性业务，均属于临时性的行政组织。

三、行政组织之间的关系

国家的整个行政组织体系，由众多的行政组织组成。在行政组织体系中，单个行政组织均有其特定的地位和功能，执行其行政任务。单个行政组织是整个行政组织体系的一部分。国家行政权的范围很广，公共事务繁杂，必须设立种种行政组织，通过分工合作，共同管理公共事务。正因为有分工，行政组织才各具职能与权限。行政组织之间乃是相互认同关系、相互代表关系（代表国家）、职权分工关系和协作合作关系。

行政组织之间的关系可分为两类：隶属关系和平行关系。

（一）隶属关系

隶属关系也就是行政组织上下级之间的关系，也称为垂直关系或者纵向关系。隶属关系使行政组织呈现出层级节制的特性。具体分析，隶属关系主要体现在以下两个方面：

1. 指挥关系

行政组织设立的目的在于积极、主动、有效地推行公共行政业务，达成行政目标，因此在行政组织系统中，上级组织必须对下级组织拥有指挥权，下级组织要遵照上级组织的意旨，切实执行业务，高效达成目标。上级组织指挥权系由上级组织对下级组织行使，往往以发布命令、指示等方式进行。

2. 监督关系

监督关系乃上级组织依法对下级组织行使职权的合法性、正当性进行监督。指挥与监督共同构成隶属关系的实质内容,不仅在运用上相互关联,而且具有相辅相成的效果。指挥关系具有积极的能动作用,监督关系多起消极的静态作用。

监督在学理上可分为三种:①法律监督,重在监督下级组织行使职权,达成行政行为的合法性;②事务监督,或称为专业监督,重在监督下级组织所为个别决定的目的性及合法性;③勤务监督,是对下级组织的一般勤务处理与人事事务的监督。

除上述关系外,行政组织上下级之间还存在委任关系、委托关系和授权关系等。

(二) 平行关系

平行关系是指不相隶属的行政组织之间的关系,也称为横向关系。行政组织凡属不同业务系统或不同地方政府系统,无论其彼此的地位是否平行,均没有隶属关系,但相互之间仍有业务关系存在。平行关系主要包括:

1. 协同关系

行政组织在作出决定之前,须征询其他行政组织的意见,与其他组织会商,获得其他行政组织的同意,或者须会同其他组织办理。

2. 职务协助关系

行政组织在作出行政行为时,基于法律或事实上的需要,本着一体原则,请求其他行政组织予以协助。

3. 职务委托关系

不相隶属的行政组织因业务需要,可以依法将其权限的一部分,委托给不相隶属的行政组织执行,这就是职务委托关系。

四、当代行政组织的发展趋势

(一) 行政权力不断扩张,行政组织规模日益扩大

大量的社会危机和公共问题,使行政组织面临和所需要处理的问题日趋繁杂,与此同时,亦促成了行政权力不断扩张。行政权力不断扩张和行政组织规模日益扩大,已经成为各国行政管理的普遍现象。

(二) 管理性质日趋复杂,管理功能不断扩充

当代行政组织活动所涉及的内容和范围日趋扩大,行政组织活动已深入并渗透到社会生活的方方面面,行政组织已经转变为推动社会发展和增强国民福利的积极力量。行政组织活动范围的扩大、管辖事务的增多、管理对象的复杂、管理手段的多元化,使行政组织的管理性质日趋复杂,管理功能不断扩充。

（三）专业化和职业化趋向

随着社会分化程度的提高，行政管理对象的复杂化和专门化，尤其是科学技术和信息技术在行政管理中的广泛应用，行政管理日趋专业化，分工也日趋精细。行政管理的专业化使得行政管理逐渐发展成为一个独立的职业领域，这一领域有其系统化的知识和技术，有其职业的规范和道德，有一批专门投身其中的专业人员，从这一意义来看，当代行政组织已经朝着专业化和职业化的方向发展。

（四）组织间的相互依存和协调加强

现代行政组织体系在结构和功能上的巨大分化，使得组织与组织之间的依存度越来越高。职能的分离与专业化，固然有利于组织效率的提高，但对组织整合与协调提出了更高的要求。强调组织间的联盟与协作、促进行政组织活动的一体化已经成为当代行政组织设计与管理的重要方向。

（五）程式化和法制化

众所周知，支撑现代行政组织的基础是理性-法律的权威，在理性-法律框架下的行政组织，则显示出程式化和法制化的特征。所谓程式化，就是行政工作的每一个环节，皆有可遵循的规章和制度，这对保持理性的行为有重大作用。所谓法制化，就是行政组织的活动受到法律的广泛限制，各种各样的行政法规，使行政组织走向法制化的道路，这对制约行政权力、保证行政效率具有重要意义。

（六）重视社会目的和服务精神

思政启示

> 现代行政组织应倡导服务精神，为人民谋取最大的幸福。

现代行政强调国民福利、社会服务，政府行政的目的就在于为人民谋取最大的幸福。作为政府行政的构成体系，行政组织的一个重要功能就是推动整个社会经济的全面健康发展，把公共利益、公共服务、公共福祉作为其重要的使命。重视行政组织的社会目的和服务精神，以及行政组织公共服务功能的发挥，已经成为各国行政组织管理的重心所在。

（七）国际化和全球化影响的趋向

现代信息技术和网络的普及，使得整个世界已经成为一个所谓的"地球村"。众所周知，国际化与全球化影响和冲击着每个国家的政治、经济与社会发展，政府要解决和回应国际化所引发的各种问题，就必须采取必要的措施和行动，以应对这一变化和挑战。因此，行政组织设计与管理中的国际化视野以及重视各国行政组织间的国际交往就成为当代行政组织管理的一个重要理念。

五、行政组织在政治、经济发展中的作用

（一）行政组织在政治发展中的作用

马克思主义认为，政府是社会发展到一定阶段的产物，国家管理权力的出现，表明社会陷入了不可解决的自我矛盾之中。国家管理权力的出现，将不可调和的阶级矛盾控制在一定的范围之内和形式之下，以免社会解体，保证社会统一。作为国家政治系统的重要组成部分，行政组织在政治发展中发挥着重要的作用。主要体现在：

行政组织在政治、经济发展中的作用

1. 行政组织是政治秩序和社会秩序的维护者

几乎所有的政治理论家都认为维护秩序是政府政治职能的首要内容。政治秩序意味着社会政治共同体的成员和集团，要按照某种预定的政治规则行事，也意味着社会运行中存在某种程度的一致性、连续性和确定性。从政府产生的原始意义来考察，秩序是政府产生的一个重要原因，政府存在的目的之一是防止不可控制的混乱现象，建立某种适合生存的秩序。

在现代社会，政治秩序意味着既反对无政府状态，也反对专制政体，也意味着权威的存在、公民权利的保障和国家在国际社会的安全与独立。作为政治秩序和社会秩序的维护者，行政组织的职责在于：①制定和执行有关的法律，保护公民的自由、财产和权利，使之不受侵害；②建立一套管理制度，确保社会良性运行；③通过军队、警察、官僚机构等国家机器抵御外来的攻击，保障主权的独立和领土的完整。

2. 行政组织是利益的表达者、聚合者和转化者

人们的一切活动都与自己的利益有关。社会发展必然导致利益分化，导致人们基于不同的利益形成不同的群体和阶层。利益分化不可避免地导致利益冲突。政府管理，从某种程度上讲，就是政府通过各种手段和方式调节利益冲突的行为和过程。作为利益冲突的调节者，行政组织在政治体系中的主要作用就是平衡、调节和整合各种利益关系，实现利益的表达、聚合和转化，即通过妥协、沟通、协商、法律、经济等途径和手段，实现多方利益的共存和发展。

3. 行政组织是公共政策的制定者和执行者

社会发展并不是毫无目的的，社会发展的方向、内容和模式均取决于社会选择，特别是政府权威体系的选择。作为公共政策的制定者和执行者，行政组织的职责与作用在于：①通过制定公共政策，为社会发展选择目标，引导社会健康良性发展；②通过政策工具调整各种社会关系，使之有利于社会发展。

4. 行政组织是政治一体化的工具

政治一体化就是政治体系结合成一个完整、统一、有序与稳定的统一体。政治一体化是维系政治社会的一个重要方面。行政组织在实现和维持政治共同体方面发挥着十分重要的作用：①作为政治治理的工具，维系统一的政体；②吸收各种需求并加以规范；③规范和制定竞争规则，解决潜在的和已经出现的社会冲突；④作为政策执行工具，使统治者能有效实施政策；⑤执行政治社会化的工作，促进公民对政治目标和合法性的认同；⑥作为政治沟通的渠道，听取公众的批评和建议；⑦作为政治参与的场所，实现公民参政议政的权利。

（二）行政组织在经济发展中的作用

世界银行在其1997年发布的《世界发展报告》中指出，有五项基础性的任务处于每个政府使命的核心地位，这些任务是：①建立法律基础；②保持非扭曲的政策环境，包括宏观经济的稳定；③投资于基本的社会服务与基础设施；④保护承受力差的阶层；⑤保护环境。

推动社会生产力发展、维护经济基础稳固、促进经济稳步增长是现代政府的重要职责。作为上层建筑的有机构成部分，行政组织在一国经济发展中发挥着重要的作用。

1. 提供经济发展所需的最低条件的法律和制度

现代经济社会也是政治社会，没有政治体系为其提供的游戏规则和经济生活的框架，经济体系就无法正常运转。为经济体系的正常运转提供必需的制度、规则以及框架是政府的职责，包括产权的界定和保护、契约的执行、专利保护、著作版权、法律秩序。

2. 组织、提供公共物品

公共物品的最大特点是其具有共享性和非排他性，这两个特点使得公共产品很难禁止他人不付费而坐享其成，导致"搭便车"现象。公共物品的共享性和非排他性也使得私人部门很少有动力去生产公共物品，这就需要政府来承担公共物品的生产。因此，政府必须介入并提供公共物品。典型的公共物品包括国防、基础研究、道路与桥梁、导航设施、交通管制系统以及其他基础结构。

3. 保护共有资源和自然环境

亚里士多德曾说："许多人共有的东西总是被关心最少的，因为所有人对自己东西的关心都大于其他人共同拥有的东西。"在我们这个社会，存在着许多共有资源，如清洁的空气和水、不可再生的自然资源、野生动植物，这些共有资源与我们的生活甚至生命息息相关。共有资源与公共物品一样没有排他性，但有竞争性（一个人使用共有资源就减少了其他人的使用），共有资源不可避免地会导致所谓的"公地悲剧"，即私人决策者过分使用共有资源。为了使自然环境免遭破坏，并为我们的子孙后代利益考虑，行政组织可通过制定相应的管制性措施来保护自然环境，以减轻环境污染等问题。

4. 通过宏观经济调控，保证经济的稳定和效率

在市场经济中，充分就业和物价稳定不会自动出现，相反会出现周期性的经济波动，经济会为长期的持续失业与通货膨胀所困。更为糟糕的是，失业与通货膨胀往往并存。政府的职责在于通过制定有关的公共政策来干预经济活动，缓解经济波动，保证经济的稳定和效率。行政组织正是借用各种政策工具来实现经济目的。政策工具包括：财政工具，如预算政策、税收政策、信贷政策；货币工具，如货币政策、法定准备金、贴现率、物价政策、信用制度等。

5. 公平实现收入再分配

市场经济会产生不平等的结果，为了实现社会的公平，需要有一种公平再分配机制。市场交易不能进行有效的再分配，原因在于市场中不存在以公平为目标的分配机制；私人慈善机构或许能发挥部分作用，但不能从根本上解决问题，而且缺乏相互配合的公共政策。政府在进行收入再分配方面显然处于有利地位，因为政府拥有强制征税的权力，该项权力使得政府能大规模介入收入再分配工作，并且能够通过税制解决由于要素市场的不完备与垄断定价产生的收入分配问题。行政组织实现收入再分配的手段和途径有税收转移，征收累进所得税、个人所得税、遗产税，对购买奢侈品者课税等。

03 第三节 行政组织学的学习和研究

一、为什么要学习行政组织学

行政组织学是研究行政组织如何有效运行并实现政府目标的一门学科，学习和研究行政组织学的目的和意义在于：

（一）了解和掌握行政组织管理与运行的规律

作为一门独立学科，行政组织学有其独立的研究范畴、系统的知识体系和内在的活动规律。通过学习，人们可以了解行政组织的性质与特性，了解行政组织的运行机制及其活动方式，进而了解和掌握行政组织管理与运行的规律。对行政组织管理与运行规律的了解和掌握，有助于人们按照科学管理的规律和原则去管理组织、推行政务，这对政府行政管理的科学化有着重要的意义。

（二）提高行政组织的效率

效率是管理的永恒追求。任何管理，都在追求效率的提高。作为国家行政管理的主体，政府的管理目标，主要是通过各级行政组织去实现，因此，高效率的行政组织是实现政府管理目标的前提与保障。学习和研究行政组织学，有助人们掌握科学组织管理的方法与技术，有助于行政组织的合理配置和职能的发挥，有助于行政组织效率的提高。

（三）改革和完善行政组织体制

由于种种原因，各国的行政组织体制还存在各种问题，这些问题已经严重影响政府的形象和威信。进行行政组织体制改革，建立结构合理、高效灵活、运转协调、行为规范的行政组织体制是政府改革的重要目标，而这一目标的实现，有赖于科学的行政组织理论的指导。创立适合各国的行政组织理论，对行政组织的目标、环境、结构、运行方式、冲突与沟通、变革与发展等重大理论问题与现实问题进行研究和思考，对行政组织体制的改革和完善具有重要的理论意义和现实意义。

（四）改善政府形象和增强政府的国际竞争力

信息化和国际化使当代政府面临前所未有的压力和挑战，政府在应对这一挑战中承担着重要的使命，如何与国际社会接轨，如何应对日趋复杂多变的国际问题，对各国政府提出了更高的要求。学习和研究行政组织学，有助于按照行政组织管理与运行的规律、设计理念、管理方式与方法去设置和管理各级行政组织，如此，就可改变行政组织中存在的一些问题，使行政组织更具效率，这不仅有助于政府形象的改善，也有助于政府国际竞争力的增强。

（五）提升政府管理能力

事实表明，效率低下，是影响政府管理能力和政府作用发挥的重要因素。学习和研究行政组织学，有助于行政组织管理的科学与理性，有助于公共管理者职业精神和专业能力的培养，如此，可以提升政府管理能力。

二、行政组织学的研究特点与内容

（一）行政组织学的研究特点

行政组织学是研究行政组织的构成、运行与发展规律的科学，其宗旨在于提高行政组织的效能，实现政府目标。行政组织学的研究特

行政组织学的研究特点

点如下：

1. 政治性和社会性的统一

行政组织是上层建筑的重要组成部分，是国家行使政治统治的工具，因此，行政组织具有明显的政治性；行政组织管辖与服务的对象是社会公共事务和社会大众，实现社会的公共利益是行政组织的重要目的之一，因此行政组织具有社会性的一面。行政组织学的研究应将二者有机结合起来。

2. 理论性和实践性的统一

作为一门独立的学科，行政组织学有独立的研究范畴，有内在的活动规律，有很强的理论性；行政组织学的研究内容来自行政管理的实际需要，其总结的经验、原则、原理与方法随着行政管理的实践不断发展，因而具有很强的实践性。行政组织学的研究应注意理论与实践的结合。

3. 综合性与独立性的统一

行政管理工作涉及社会生活的方方面面。作为行政管理的重要构成部分，行政组织研究自然要涉及对法学、心理学、行为科学、经济学、社会学、系统学、信息学、数学等相关学科的知识与研究成果的吸收和应用，因此，行政组织学具有跨学科和交叉学科的性质，是一门综合性的学科。同时，行政组织学有独立的研究对象、研究范畴和知识体系，是一门独立的学科，这是其他学科所不能替代的。

4. 权变性和规范性的统一

随着社会的发展，影响和制约行政组织活动的内外因素也在不断变化，与此相适应，行政组织的目标、体系、职能、运行方式等也随之发生变化。如何使行政组织适应环境的变化和增强其适应能力，促进其创新与发展，便成为当代行政组织学研究的一个重要课题，权变与系统的分析方法就成为重要分析工具。行政组织作为国家公共权力的执行机构，其活动有内在的运行规律，其原则、程序、运行方式、管理方法与手段等都具有规范性。

（二）行政组织学的研究内容

行政组织学是对行政组织现象及其活动规律进行系统研究的学科，是一门内容丰富且不断发展的学科。不同时期、不同的人由于研究重心不同，使行政组织学的研究内容存在一些差异。本书的基本内容与结构安排如下：

（1）导论。从组织的性质与功能入手，对行政组织的性质与特点，当代行政组织的发展趋势，行政组织在国家政治、经济发展中的作用进行全面、系统的分析；阐述学习和研究行政组织学的目的和意义，了解和掌握行政组织学的概貌。

（2）组织理论的发展。主要探讨和研究组织理论的发展，不同时期组织理论的主要观点、成就与局限，正确认识组织理论在行政组织管理实践中的应用与指导价值。

（3）行政组织的环境与管理。主要探讨和研究行政组织环境与行政组织之间的相互影响和制约关系，掌握行政组织环境管理的方法与策略。

（4）行政组织的结构与设计。主要探讨组织结构的概念和特点、行政组织结构的构成要素及其功能，分析行政组织结构的分化与整合，掌握行政组织结构设计与管理的一般原则。

（5）中国行政组织结构。中国行政组织由中央行政机关和地方行政机关组成，不同层级的行政组织有其不同的管辖范围和职责权限。主要对中央行政机关、地方行政机关、特别地方行政机关的行政组织机构设置、权力配置和领导体制进行系统分析与介绍。

（6）行政组织的社会心理与管理。主要阐述组织管理心理的重要性及其理论，重点研究组织中个体行为激励的理论与方法，在此基础上，探讨组织中群体行为的激励以及群体凝聚力的形成对组织管理的影响。

（7）行政组织中的领导。主要研究行政组织中的领导职责、领导方式与艺术，有效领导的模式及理论，研究和探讨领导力提升的方法与途径。

（8）行政组织的决策。主要研究和探讨行政组织决策的特征、类型、程序及方法，现代行政组织决策体制，探讨组织决策的理论模型以及组织决策的科学化、民主化、法制化的途径。

（9）行政组织中的冲突管理。主要探讨冲突的成因、冲突的特性和类型，探讨冲突处理原则和策略。

（10）行政组织的沟通。主要揭示组织沟通在公共组织管理中的作用，分析组织沟通的形式及不同沟通形式的优缺点，探讨组织沟通的障碍性机制及有效组织沟通的原则和方法。

（11）行政组织学习。主要揭示行政组织学习的性质与类型，探讨行政组织学习的障碍及改进。

（12）行政组织文化与管理。主要揭示行政组织文化的特点、类型与功能，分析我国公共组织文化的现状、走向及内涵，探讨行政组织文化建设与管理的原则、途径与方法。

（13）行政组织的绩效管理。主要揭示行政组织绩效管理的基本理论，分析公共组织绩效管理的内容与模式，分析行政组织绩效评估的指标与方法，探讨行政组织绩效管理存在的问题与改进策略。

（14）组织变革与发展。主要研究和探讨组织变革的含义、理论模式与变革策略，组织变革的阻力及其消除，探讨组织发展的信念、主要措施和方法。

（15）行政组织管理的未来。主要揭示行政组织管理未来的挑战和趋势。

小 结

组织是人类社会存在和发展的前提,是人类社会最普遍的现象。组织化和有组织的管理亦成为现代社会发展和社会现代化的一个重要标志。对组织与组织管理的研究,对认识和了解组织管理的规律、掌握科学组织管理的方法、改进和提高组织管理绩效、实现组织目标具有重要意义。作为社会组织的重要形式之一,行政组织在社会管理中承担着重要使命,对行政组织和行政组织管理进行研究与探讨,对提升我国行政组织的效能具有积极的现实意义。

思考与练习

小试身手

一、名词解释

1. 组织
2. 行政组织
3. 非正式组织
4. 正式组织
5. 强制性组织
6. 功利性组织
7. 规范性组织
8. 派出组织
9. 首长制行政组织
10. 委员会制行政组织
11. 集权制行政组织
12. 分权制行政组织
13. 国家行政组织
14. 地方行政组织

二、简答题

1. 简述组织的构成要素。
2. 简述正式组织及其特点。
3. 简述非正式组织及其特点。
4. 简述组织的功能与作用。
5. 与其他社会组织相比,行政组织具有哪些特点?
6. 简述行政组织的类型。

7. 简述行政组织之间的关系。
8. 简析行政组织在政治发展中的作用。
9. 简析行政组织在经济发展中的作用。
10. 简述行政组织学的研究特点。

三、论述题

1. 试论当代行政组织的发展趋势。
2. 试论行政组织在政治、经济发展中的作用。
3. 试论学习和研究行政组织学的目的和意义。

第二章 组织理论的发展

学习目标

了解不同时期组织理论的代表人物及其观点；

理解不同时期组织理论的研究贡献及其缺陷；

掌握泰勒、法约尔、韦伯、梅奥的组织管理思想以及动态平衡组织理论、权变组织理论。

导学

组织理论就是观察、解释、预测组织现象的概念框架。系统的组织理论出现于19世纪末，组织理论的发展大致经历了古典组织理论，行为科学时期的组织理论，系统、权变的组织理论三个时期，这些理论从不同的角度对组织现象和组织管理进行了研究。

01　第一节　古典组织理论

我国古代思想家荀子在分析人为什么能驾驭自然力量时说:"人何以能群？曰：分。分何以能行？曰：义。故义以分则和，和则一，一则多力，多力则强，强则胜物；故宫室可得而居也。故序四时，载万物，兼利天下，无它故焉，得之分义也。故人生不能无群，群无分则争。"（《荀子·王制》）在这里，荀子提出了三点：①说明组织的价值与功用。②指出组织能够协调一致地进行活动的前提是"分"，即给组织中的成员分配角色，使其恪守其职，相互协调和配合。③说明通过"义"（一定的道德和规范）指导组织成员的行为，使其行为合乎组织的需要。实际上，诸如这些组织思想，在中国古代思想家和政治家的著述中屡见不鲜。我国自奴隶社会逐渐产生、秦以后逐步完善的职掌明确、层次清晰、分工合理、规范严谨的官僚组织机构和文官制度，无疑是我国组织管理思想的结晶。

在西方，埃及人建造了大批金字塔，表现了出色的组织管理能力。古希腊思想家柏拉图在《理想国》一书中首次提出劳动分工和专业化原则。古罗马实行中央集权和地方分权的组织管理体制，使帝国得到出色的管理。中世纪的政治思想家马基雅维利无疑是那个时代杰出的政府组织管理理论家。他在一系列著述中，提出下列思想：①所有的政府，无论是实行君主制、贵族制还是实行民主制，其继续存在都依赖于臣民的支持。君主可能通过武力或继承而登上王位，但要牢固控制国家，还必须得到臣民的支持。②组织要有内聚力。君主要维持国家的统一，使自己的事业获得成功，就必须紧紧抓住拥护自己的人，并且要关心和抚慰他们。③君主应鼓励臣民从事伟大的事业；君主应与所有的集团成员打成一片；君主必须能够顺应历史潮流。④组织要采取各种措施使自己继续存在。君主应时常警惕，在危机时，有必要抛开所有的道德，背弃自己的承诺。

在人类历史的早期，人们虽然提出了组织管理思想，进行了伟大而卓越的组织管理实践，但尚未形成完整的体系。工业革命以后，整个社会制度、经济结构都发生了重大变化，工业革命一方面使社会生产力得到飞跃发展，另一方面使社会问题、国家统一问题、工业组织问题、劳资纠纷问题、市场竞争问题以及工业组织和其他社会组织的效率提高问题等更加突出。为了解决这些问题，许多学者潜心研究、精心试验论证并提出对策。这样，人类对管理与组织问题也开始了较为系统的研究，逐渐形成了较为完整的组织管理理论体系。人们习惯于将20世纪初到20世纪30年代的组织理论称为古典组织理论。

一、科学管理学派的组织观

科学管理学派的组织观

科学管理学派以科学管理运动先驱、被誉为"科学管理之父"的泰勒为代表。泰勒一生发表过许多管理论著,其中最有影响的是《科学管理原理》。虽然泰勒本人不是组织理论家,但作为管理实践家,他提出了许多与组织管理有关的思想。这些思想是:

(1)科学管理的中心问题是提高效率。泰勒认为"人的生产率的巨大增长这一事实标志着文明国家和不文明国家的区别,标志着我们在一两百年内的巨大进步"。围绕提高生产效率,泰勒对工作的时间和动作进行了详细的分析和研究,并在此基础上提出了工作定额原理。

(2)要提高工作效率,就必须挑选一流的工人。泰勒认为,一流的工作需要一流的工人,所谓一流的工人,就是具有从事和胜任工作的兴趣和能力的人。因此,他认为组织管理的一个重要职责就是要使每个成员都找到最适合自己的工作岗位。由此,必须加强对组织成员的技能要求和培训,通过培训,使其成为一流的工人。

(3)实行刺激性工资制度,实行"差别计件制",按组织成员的绩效来支付报酬,鼓励竞争。

(4)将组织的计划职能和执行职能分开。计划部门的主要任务是进行调查研究,根据调研结果制定具有科学依据的定额和标准化的操作方法,对实施进行有效控制。执行部门的职责则在于按计划部门的指示和方法进行操作。

(5)实行职能工长制。将管理工作予以细分,使所有的工长只承担一种管理职能。他的这种思想,为日后组织管理中职能部门的建立和管理专业化提供了参考。

(6)实行组织控制的例外原则。组织的高级管理人员把一般的事务授权给下级管理人员去处理,自己只保留对例外事项的决策权和控制权,如重大事情的决定和重要人事的任免。这在日后组织管理中发展成为分权化原则。

泰勒穷其毕生精力,在美国掀起了一场科学管理革命。泰勒提出的这些与组织管理有关的思想为古典组织理论奠定了基础,且许多思想为日后的管理学派所采纳。

二、行政管理学派的组织观

如果说泰勒是从微观的角度去探讨组织管理,那么与此相反,20世纪前半期出现的行政管理学派则是从宏观去探讨组织管理的知识体系。行政管理学派的代表人物是被誉为"管理理论之父"的法约尔。

作为管理实践家和管理学家,法约尔一生著述颇多,如《工业管理与一般管理》《国家在管理上的无能——邮政与电讯》《公共精神的觉醒》等著作以及《管理的一般

法约尔的组织管理原则

原则》《管理职能在事业经营中的重要性》《国家管理理论》等论文。法约尔的主要贡献在于他在吸收科学管理学派思想精髓的基础上提出了组织管理原则。这些原则是：

（1）实行专业分工。将工作依专业分成若干单位，实行劳动专业化。法约尔认为，实行专业分工就可以提高员工的工作效率，增加产出。

（2）权力与责任一致。管理者必须拥有管理下属的权力，但这种权力必须与责任一致，不能责大于权或权大于责，权力与责任一定要匹配。

（3）纪律。法约尔认为，纪律就是尊重协议、服从、专心、尽力和重视外部声誉。员工必须服从和尊重组织的规定，员工和管理者要对组织规章有明确的理解，这对于保证组织工作的顺利进行非常重要。

（4）统一指挥。下属只能接受一个管理者的命令，并向这个管理者汇报自己的工作，否则，下属会无所适从。

（5）统一指导。组织内各单位必须有相同的目标、计划，不能各自为政。

（6）个人利益服从组织的整体利益。也就是说，个人利益和群体利益绝不能超越组织的整体利益，任何个人或群体都必须服从组织的整体利益。

（7）理想的工作报酬。法约尔认为，成员的报酬是其服务的价格，应该合理，使成员满意。

（8）权力集中。权力集中对组织很重要，它是组织工作的必然结果。

（9）等级链。从组织的基层到高层，应建立一个关系明确的等级链，使信息的传递按等级链进行。

（10）秩序。组织应按次序给每个人一定的位置。每个人都处于自身应处的位置，做到人、事相适。

（11）公平。平等和公道遍及整个组织，组织应一视同仁地对待每个人。

（12）人员任期稳定。为了使成员熟悉并有效工作，组织不要时常调动人员。管理者应制订规范的人事计划，以保证组织所需人员队伍的稳定。

（13）主动性。组织各级人员应有主动自发的热情与干劲。

（14）团队精神。组织成员之间应相互协作配合，建立融洽的人际关系。

法约尔除了提出以上组织管理原则，还在组织问题上提出了许多重要的思想，诸如：明确组织机构之间的职责，并以制度规范将其规定下来；明确建立参谋咨询机构的重要性，认为参谋咨询机构的任务是从事通信、接洽、会谈，协助进行联系与控制，搜集情报并帮助拟订计划，研究改进工作方法，预测未来变化等；提出组织图在组织管理中的作用，认为组织图是分析各部门之间相互关系、确定每个成员的位置及任务、防止冲突的一种管理工具；组织效率取决于组织成员的素质和创造性，强调对组织成员进行选择、评价和训练。

三、韦伯的理想型官僚组织理论

理想型官僚组织理论的代表人物是德国社会学家、经济学家韦伯。19世纪末20世纪初，德国的经济发展迅速赶上欧美其他资本主义国家，为了适应经济发展，资产阶级需要建立强有力的、高效率的、具有理性化的政府管理体制。韦伯的理想型官僚组织理论便是这种历史要求的具体体现。其思想主要体现在《社会组织和经济组织理论》一书中。

韦伯对行政组织理论的建构是从权力分析开始的。他认为任何组织都必须以某种形式的权力为基础，才能实现其目标，维护其秩序。他认为存在三种纯粹形态的合法权力，即传统的权力、超凡的权力、理性-法律的权力。传统的权力以对传统文化的信仰与尊重为基础，是世袭的权力，具有绝对的、至高无上的性质。超凡的权力的依据是对个别人特殊的和超凡的神圣、英雄主义或模范品质的崇拜，或对个别人的启示或发布的标准模式或命令的崇拜；理性-法律的权力的依据是对标准模式的"合法性"的信念，或对那些按照标准规则被提升到有权指挥的人的权力的信念。韦伯认为，在这三种形态的权力中，传统的权力的效率较差，因为领导人不是按能力挑选的，其管理单纯是依照过去的传统而行事。超凡的权力则带有过多感情色彩且是非理性的，其依据不是规章制度而是神秘或神圣的启示，所以这两种权力都不宜作为行政组织理论的基础，只有理性-法律的权力才能作为行政组织理论的基础。

韦伯认为，建立在理性-法律权力基础上的行政组织才是理想型官僚组织。韦伯的理想型官僚组织具有以下特征：

韦伯的理想型官僚组织的特征

（1）明确的分工。组织成员有固定的职位，依法行使职权。按照劳动分工确定职责，并赋予成员必要的权力和责任，使之能真正做到各尽其责。

（2）严格的层级节制。组织必须按照科层制来设立，按照明确的分工和自上而下的等级系统来构建。也就是说，要按照职业化和专业化原则进行明确的分工，按照上下层级节制的原则建立等级森严的组织体系。

（3）严明的组织纪律。在组织中，成员要严格遵循有关的制度和纪律，一切按照制度和纪律进行。

（4）规范的录用制度。在人员录用上要实行对事不对人的原则。人员录用要严格按照职位的要求，通过公开的考试，同时要排除感情因素的影响。

（5）实行任命制。行政管理者由委任产生，领取固定薪金，其升迁由上级决定。

（6）固定的薪俸制度。按等级系列中的级别确立工资等级，除固定的薪俸制度外，还有奖惩制度和升迁制度。

韦伯的理想型官僚组织理论从结构、功能、管理等方面对行政组织进行了比较详尽的分析，揭示了行政组织的许多重要特征，提出了许多有价值的管理原则，如专业分工、职责权限、层级节制、考试录用、法规制度、工作报酬等，这些无疑是韦伯杰出的贡献。应该承认，韦伯的理想型官僚组织理论和前面所提到的组织理论一样，过分强调机械的正式组织的功能，过分强调层级节制，过分强调组织规则，忽视组织的动态方面，忽视下级的积极性，忽视组织的弹性和应变能力，这些都是其主要缺陷。

四、对古典组织理论的评价

古典组织理论比较偏重对组织静态的研究，即从经济-技术的角度观察组织。古典组织理论概括起来具有以下特点：①组织是一个分工的系统；②组织是一个层级节制的系统；③组织是一个权责分配的系统；④组织是有一套法令和规章的体系；⑤组织是一个有目标的系统。

从以上的组织观出发，古典组织理论所强调和追求的组织管理原则为：①组织结构的体系化。强调组织内部的分工，讲求自然准确的工作方式和程序、合理的权责分配、完善的层级节制。②组织工作的计划化。计划周详与否直接影响组织管理的成败。因此，要求在组织中从事任何工作都要有相应的计划。③组织运行的规范化。处理事务都要求依据一定的标准，不能凭主观意志或好恶，强调标准化的作业程序。④组织管理的效率化。认为效率是组织追求的最大目的，组织的目标在于以最小的投入取得最大的产出。

古典组织理论所提出的这些观点，建构了现代组织管理理论的基石，提供了组织理论的分析框架，揭示了组织发展最基本的要求和特征。

古典组织理论，虽然有上述贡献，但由于历史条件的限制，也有不可避免的局限性，主要表现在：

（1）古典组织理论过分强调组织的静态方面，忽视组织的动态方面。该理论只研究结构，研究如何分工、如何建立层级节制、如何订立规则，忽视了对非正式组织的研究，忽视了对组织当中人的行为的研究。

（2）古典组织理论过分强调机械的"效率"观念，强调组织的整体利益，把人当成"经济人"来看待，忽视了人性、人的尊严、人的情感、人的需要和利益。

（3）古典组织理论过分强调组织法律、制度、规范、规则的作用，强调对人进行监督和控制，趋向集权式管理，容易压制人的主动性和积极性。

（4）在研究取向上，古典组织理论将组织当作一个封闭系统来看待，未能涉及组织与外在环境的关系以及彼此之间的相互影响，忽略了外在环境的不确定性。

02 第二节　行为科学时期的组织理论

如前所述，古典组织理论的共同特点是强调组织管理的科学性、精密性、纪律性，对人的因素较少注意，将人当成"经济人"来看待。20世纪二三十年代，劳资关系紧张。此外，由于经济和科学技术的发展，单纯运用古典组织理论已经不能达到提高效率的目的，于是一些管理学家、心理学家开始发展新的管理理论，行为科学应运而生。

简单来讲，行为科学是运用心理学、社会学、人类社会学等学科的理论和方法来研究工作环境中个人和群体行为的一门综合性和交叉性学科。行为科学时期的主要理论流派有人际关系学派、激励理论学派、动态平衡学派和决策理论学派。

一、人际关系学派的组织理论

人际关系学派的主要代表人物是梅奥、罗斯利斯伯格。20世纪20年代中期到30年代初，梅奥等在美国芝加哥西方电器公司的霍桑工厂进行了有关职工行为的试验，即著名的霍桑试验，促使了人际关系学派的创建。霍桑试验从1924年开始到1932年结束，历时8年。通过对工作环境、工作条件、群体行为、员工态度、工作士气与生产效率之间关系的一系列试验，他们发现并证明，生产效率不仅取决于人的生理、物理方面的因素，更受到社会环境、社会心理等方面的影响。在霍桑试验的基础上，梅奥1933年出版《工业文明的人类问题》一书，书中系统地阐述了与古典组织理论截然不同的一些观点。这些观点主要有：

人际关系学派的组织理论

（1）组织不仅是一个技术-经济系统，而且是一个社会系统。这个社会系统明确规定了个人的作用，并确立了各种可能与正式组织的标准相矛盾的标准。

（2）组织成员不仅受经济奖励的激励，而且受不同的社会因素和心理因素的激励。人是"社会人"，人的行为受感情、情绪与态度的影响。

（3）在正式组织中存在非正式组织，非正式组织对组织效率有着重要影响。

（4）考虑到各种社会因素和心理因素，应对传统观念中以组织正式结构和职能为基础的领导模式做实质性修正。人际关系学派强调的是"民主"的领导方式，而不是"独裁"的领导方式。

（5）领导不仅需要具有技术才能，同时需要具有人际关系技能。管理者必须按照

"社会人"的要求来对待和激励员工，多方面满足员工的需求。人际关系技能是检验管理者管理能力的一个重要标准。

人际关系学派在纠正古典组织理论忽视人的因素这一点上是有很大贡献的，但是正如古典组织理论过分强调结构与技术一样，人际关系学派过分强调社会因素和心理因素的影响，强调非正式组织的作用，忽视理性因素与经济因素，这些都是其偏颇之处。

二、激励理论学派的组织理论

自人际关系学派奠定了行为科学的基础之后，对组织中人的行为进行研究的人和著作大量出现，其中许多研究者将研究焦点放在组织成员的激励上，由此提出了一系列理论。我们将这些研究者统称为激励理论学派。这一学派的主要代表人物和理论包括：

（一）马斯洛的需要层次理论

美国著名社会心理学家马斯洛在其代表作《人的动机理论》和《激励与个人》中，对人的行为和动机进行了深入研究，提出人的动机是由需要决定的，需要按照人的生存和发展的重要性可以划分为五个基本层次，即生理的需要、安全的需要、归属和爱的需要、尊重的需要以及自我实现的需要。马斯洛认为，只有满足了人低层次的需要，人才会有更高层次的需要。在管理中，应从满足员工不同的需要入手，以激励和调动员工的积极性。

（二）赫茨伯格的双因素激励理论

美国心理学家赫茨伯格在其《工作的推力》和《工作与人性》等著作中，提出影响人的积极性的因素主要有两大类：保健因素和激励因素。在管理中，保健因素起着保证和维持原有状况的作用，它能够预防组织成员的不满。但是，由于保健因素不能激发组织成员的积极性，因此必须采用激励因素，即通过成就、认可、挑战性工作、责任、升迁和发展等，调动组织成员的积极性。

（三）阿吉里斯的不成熟-成熟理论

美国心理学家阿吉里斯在《个性与组织》一书中指出，组织中的人性是发展的，其会经历一个从不成熟到成熟的过程。这一过程也是从被动到主动、从依赖到独立、从不自觉到自觉的过程。但是，这一过程仅靠正式组织是难以完成的，需要管理者吸收员工参与，采取以员工为中心的管理方式，使员工有多种工作经历，进行角色体验，强化员工的责任，依靠员工的自我管理。

（四）亚当斯的公平理论

美国管理心理学家亚当斯在《工人关于工资不公平的内心冲突同其生产率的关系》《工资不公平对工作质量的影响》《社会交换中的不公平》等著作中，指出工资报酬分配的合理性、公平性对职工生产积极性具有重要影响。亚当斯认为，人的积极性不仅受其所得报酬绝对量的影响，而且受其所得报酬相对量的影响，人需要保持一种分配上的公平感，否则，其工作的积极性就会受到挫伤。公平感直接影响职工的工作动机和行为，公平公正的报酬分配，能够提升职工的满意度并起到激励作用。

这些理论从不同侧面探讨了如何激发组织成员的积极性，从而极大地丰富了组织理论的内容。

三、动态平衡学派的组织理论

动态平衡学派以美国管理学者巴纳德为代表。他在 1938 年出版的《经理人员的职能》一书中，系统地提出了一套独特的组织观。主要有以下几个方面：

动态平衡学派的组织理论

（1）组织本质论。巴纳德认为，组织是两个或两个以上的人有意识协调活动或效力的系统。他认为这一概念适用于一切组织，各类组织的差异在于物质的和社会的环境、所包含的数量种类、成员向组织提供贡献的基础。巴纳德的组织定义与古典组织理论的组织定义的不同之处在于他试图阐明组织的本质。为了把握组织的本质，巴纳德将组织概念抽象化。他把物质系统从组织概念中排斥出去，然后又指出组织不是人的集合，而是人有意识协调活动或效力的系统。所以他的组织定义意味着：①组织是人的活动（行为）所形成的系统；②组织是动态和发展的，当系统中一部分同其他部分的关系发生变化时，作为整体，系统也要发生变化，组织是协作系统的一个组成部分。

（2）组织环境论。巴纳德认为，组织所处的环境对组织施加各种压力，组织环境包括自然环境、物质环境和社会环境。对自然环境、物质环境，组织一般不能加以改变而只能适应。这种适应所需要的科学技术一般是在组织之外发展起来的，组织要受其控制。对社会环境，组织的可控性虽然很大，但会受到许多没有意识到的限制和约束。组织要适应环境，自求适应。

（3）组织平衡论。巴纳德认为，人之所以向组织贡献力量，是因为组织能给其最大的满足，故组织的生存与发展，有赖于保证贡献与满足的平衡。

（4）组织要素论。巴纳德认为，作为协作系统，组织不论级别高低和规模大小，都包含三个基本要素：协作的意愿、共同的目标、信息的联系。个人协作的意愿意味着个人自我克制，交出个人行为的控制权，个人行为的非个性化。对组织成员来说，协作的意愿就是由于协作而得到的"诱因"（指组织为了补偿个人的牺牲而提供的各种刺激，如金钱、威望、权力、参与决策等）与协作作出的"牺牲"（指个人为实现组织目标而提供的服务、时间等）相比较后诱因的净效果，同时又是个人参加这一组织与不参加其他组织相比较后诱因的净效果。巴纳德认为，为了获得成员的协作意愿，组织一方面可以为成员提供金钱、威望、权力等各种刺激，另一方面可以通过说服来影响成员的态度，培养成员的协作精神等。巴纳德认为，共同的目标是协作意愿产生的前提，目标除非被成员接受，否则是不会导致协作活动的。他又提出，只有通过信息将协作的意愿和共同的目标联系起来，组织活动才能开展，据此，必须建立良好的信息沟通。

（5）组织沟通论。巴纳德认为，沟通是组织工作中极其重要的要素，对于如何提高沟通质量，巴纳德提出了沟通线路明确、沟通网络正式化、信息沟通连续化等沟通的基本原则。

（6）组织责任道德论。巴纳德认为，道德是个人的具有一般性与持久性的个性力量与倾向，它会约束、控制与这些倾向不一致的情感、冲动、行为，是指导个人冲动的准则。当道德倾向强烈而又持久时，便形成一种责任感。他认为，组织要通过教育、训练、人员选择、非正式组织、禁令、榜样等向成员灌输各种道德的力量，使成员尊重权威、忠于组织。

（7）领导职能论。巴纳德认为，组织领导的职能在于：建立和维持一个信息联系的系统；确定组织目标，并运用各部门的具体目标予以阐明；使组织成员为这些目标的实现作出贡献。

四、决策理论学派的组织理论

决策理论学派以美国著名决策理论家西蒙为代表。西蒙的主要思想反映在《行政行为——行政组织中决策程序的研究》《组织学》《管理决策的新科学》等著作中。西蒙由于在决策理论研究方面的贡献而荣获1978年诺贝尔经济学奖。

西蒙的组织理论受巴纳德的组织理论影响较大，认为组织是为了实现共同目标而协作的人群活动系统。组织行为是人们为了完成个人无法完成的工作而协作进行的团体活动。因此，组织就是为了完成这样的协作而有目的地进行设计的系统。

根据西蒙的观点，组织就是一个决策系统。他认为，人的行为都包含两个过程：一个是"决策"过程，另一个是"行动"过程。"决策"过程是"行动"过程的前提。传统的组织管理理论只把"行动"过程作为考察对象，而没有认识到"决策"过程的重要性。

西蒙把"决策"过程划分为三个阶段：第一阶段就是找到一个需要作出决策的时机；第二阶段就是寻找解决问题的方法；第三阶段就是根据当时的情况及对未来的预

测，在可供选择的方案中选择一个方案。

西蒙指出，决策有两种类型：程序化决策和非程序化决策，这是由组织活动所决定的。组织的全部活动可分为两类：例行活动和非例行活动。例行活动的决策是经常反复的，且有一定的结构，因此，对这类决策可以建立一定的程序，当例行活动重新出现时便予以应用，不必每次重新作出决策，这类决策叫作程序化决策。对于非例行活动，其决策都是以前未出现过的，内容上也是新的，无可供选择的现成方案，无法用一个程序去进行评价和选择，这类决策叫作非程序化决策。对于程序化决策，可以运用运筹学来寻找到选择最优方案的数字方法和程序，以评价可供选择的方案。而对于非程序化决策，是无法寻找到符合作出决策的明确程序的，这就往往需要依靠高级管理人员本身的经验、判断力、直觉和创造力。

西蒙认为，对于实际中遇到的问题，要找到一个精确的最优解是不容易的，但要找到一个近似的最优解就容易得多。标准由"精确的最优解"变成"近似的最优解"，就可以大大缩短问题解决的时间，减小难度。

五、对行为科学时期的组织理论的评价

通过以上论述，我们可以看到，行为科学时期的组织理论的要点主要有：①组织是一个社会心理系统。组织不仅规范成员的地位与工作标准，同时也是成员为了达到共同目标所组成的一个完整体，成员参加组织是为了满足某种需要。②组织是一个平衡系统。人们之所以参加组织，对组织作出贡献，是因为组织能够满足他们的某种需要，而组织的存在与发展，也因成员贡献了他们的力量，二者之间应保持平衡。③组织是一个提供合理决策的机构。④组织具有非正式的一面。⑤组织是一个影响力系统。⑥组织是一个沟通系统。⑦组织是一个人格整合系统。⑧组织是一个人-机配合的系统。

行为科学时期的组织理论对组织问题的研究和管理都是一场革命。在研究取向上，这些理论面对现实，广泛收集资料，不囿于偏见；从静态的研究转向动态的研究，对组织进行行为的研究；从对组织管理原则的研究转向对组织本质的探讨；从对正式组织的研究转向注意非正式组织，由此获得了极为丰富的研究成果。这些理论将组织看成社会心理系统、影响力系统、平衡系统、人格整合系统、沟通系统等，引起了组织观念的变革。

行为科学时期的组织理论的贡献还在于它们引起了管理哲学的变革。这些理论促成了组织管理方式由监督制裁走向人性激励、由专断领导走向民主领导、由唯我独尊走向意见沟通。

但是，行为科学时期的组织理论也有一些缺失，主要表现在：①重视事实真相的研究，只求收集资料，使研究陷入支离破碎；②过分偏重对组织中人的行为的研究，

甚至根本否认组织结构与法令的重要性；③行为科学家一味追求"客观性"，极力避免"价值判断"，这并不符合社会科学的研究精神；④行为科学研究的对象虽然是人，但未能涉及外在环境对人的影响；⑤有轻视正式组织作用的倾向。

03 第三节 系统、权变的组织理论

一、系统组织理论的基本概念

自20世纪60年代起，社会科学研究进入一个新的纪元——系统时代。系统组织理论认为，一个系统就是一个整体，只要被拆散，系统就会损失它的一些重要特性，因此必须从整体来研究系统。系统组织理论崛起的一个重要原因就是为了弥补和纠正古典组织理论的缺失。系统组织理论认为，人们既不能纯粹以静态的组织观去研究组织，也不能只从动态的角度去分析组织，应以系统的观点去分析和研究组织中的各种问题，尤其是要注意组织与外在环境的互动关系，即应将组织视为一个"开放系统"进行研究，由此便产生了系统组织理论。

系统组织理论在组织研究中的出现，反映了一种更为广泛的理论发展，它为科学研究指出了一个更高的发展方向，为理解和综合各学科的知识提供了基础，实现了学科之间的整合。系统组织理论在对自然界和人类社会不同类型系统分析的基础上，提出了一些适用于不同类型系统的专用概念，掌握和理解这些概念，在组织研究中十分重要。

（1）整体性、协作性。系统由相互联系的部分或成分构成。整体不仅仅是各部分的总和，系统本身也只能解释为整体性。系统是各构成要素按照同一目的、依据一定规则运行的集合体。这个集合体是作为一个整体，通过各部分的相互协作来完成某种功能。整体性、协作性是系统管理的精髓。

（2）开放系统观点。系统可从两个方面来研究：一是开放系统；二是封闭系统。开放系统与其环境交换信息、能量与材料。生物系统和社会系统，从根本上说，是开放系统；机械系统既可能是开放系统，也可能是封闭系统。开放系统和封闭系统的概念是难以从绝对意义上来确定的，系统都是相对开放或相对封闭的。

（3）投入-转换-产出模型。人们可以将开放系统看作一个转换模式。系统在与环境的动态关系中，接受各种投入，并用某种方法将投入进行转换，从而输出产出。这是系统运行的主程序。

（4）系统的界限。系统都有与其环境相分割的界限。界限的概念可以帮助人们理

解开放系统与封闭系统之间的不同。封闭系统有固定而不可渗透的界限，而开放系统在其本身与环境之间有可渗透的界限。在物理系统和生物系统中，界限是比较容易确定的，但在组织这样的社会系统中，界限则难以确定。

（5）稳定状态、动态平衡。开放系统可以达到某种相对稳定的状态。系统通过与外界的信息、能源和材料的不断交流保持动态平衡。

（6）反馈。反馈的概念在理解系统如何保持稳定的状态时非常重要。反馈是系统的一种自我调节活动，是将输出的或系统中的信息再输入系统中，以影响未来的转换过程和输出活动。反馈既有正反馈，也有负反馈。负反馈是一种表明系统偏离预期方向并应重新调整到新的平衡状态的信息输入。

（7）等级层次关系。系统组织理论的一个基本观点是各系统之间的等级层次关系。系统由次一级的子系统组成，同时又是超系统的一部分。系统是由各子系统构成的一个等级层次体系。

（8）寻求多目标。生物系统和社会系统都具有多目标即多目的。由于社会系统是由具有不同价值观和目标的个人组成的，因此其会寻求多目标。

二、社会系统组织理论

社会系统组织理论的创始人为美国著名社会学家帕森斯。帕森斯对社会生活中的组织现象有其独特的研究。他认为，所有社会组织本身就是一个社会系统，每个大的社会系统下面又有若干小的社会系统，整个社会则是一个最大的社会系统。社会系统在本质上由组织成员的行为活动或行为关系构成，因此，在研究组织时，应重点研究这些行为活动及行为关系。帕森斯认为，各种社会组织都面临四个基本的问题，组织存在的目的就是要解决这些问题。

（1）对外适应。组织是社会系统中的一个有机体，是社会大系统中的一个小社会系统，组织应适应外界环境提出的有关要求，并作出相应的反应，以提高应变能力。

（2）目标达成。组织目标是组织社会功能的具体体现，组织管理的目的就是要推动组织目标的达成。

（3）内部整合。通过协调组织内部的各种关系——人与人之间的关系、部门与部门之间的关系、上下级之间的关系，组织成员能够步调一致、同心协力地实现组织目标。

（4）模式维持。使组织中的文化模式与价值系统符合社会的要求，以赢得社会的认可，并维持组织的生存和发展。

对如何解决上述四个问题，帕森斯提出可通过下面三个阶层去完成：

（1）决策阶层。主要负责制定整个组织长远发展的政策和目标，主要解决"模式维持"问题。

（2）管理阶层。负责调整组织内部各部门的活动，以及调整本组织与外部有关的社会团体的关系，主要解决"内部整合"和"对外适应"问题。

（3）技术阶层。主要任务是运用专门的技能和工具，按照既定的工作计划和步骤，解决"目标达成"问题。

三、权变组织理论

权变理论学派是20世纪70年代在西方形成的一个管理学派。所谓权变，就是权宜应变。权变组织理论认为，在管理中要根据组织所处的内外条件随机应变，没有一成不变、普遍适用、"最好的"管理方法和技术。权变组织理论从系统观点来考察问题，其主要代表人物为卡斯特和罗森茨韦克。卡斯特和罗森茨韦克在1979年出版的《组织与管理：系统方法与权变方法》一书中，提出了以下主要观点：

（1）组织是一个系统，它由各分系统构成，组织与外部环境之间存在相互影响与相互适应的关系。

（2）组织与外部环境之间以及组织内部各分系统之间应具有一致性，管理的任务就是寻求组织与外部环境之间以及组织内部各分系统之间的最大一致性。组织与外部环境之间以及组织内部各分系统之间关系的和谐，能提高组织效能和参与者的满足度。

（3）组织与外部环境之间会呈现不同的变量形态，即不同类型的组织都有其适当的关系模式，管理的目的就是要提出最适合具体情况的组织设计和管理行动。

总之，权变组织理论认为，组织管理没有一成不变的方法和技术，管理必须根据条件和环境随机变化，并寻求与之相适应的管理方法与管理模式。权变组织理论为人们具体情况下的组织诊断和管理行动提供了重大的指导方针，有助于人们对复杂形势有更深刻的认识，有助于提高正确管理行动的可能性，有助于确定组织变革和改良的最切实的方法。

四、生态研究组织理论

20世纪60年代以后，许多行政管理学家和社会学家开始从系统和环境的相互作用关系上分析组织管理问题，并着重分析了生态环境对社会组织的影响性质、影响方式和影响过程，由此形成了生态研究组织理论。生态研究组织理论是当代行政学、管理学、社会学最重要的研究成果，它从更高的层次揭示了组织与管理活动的性质。这一理论的代表人物为美国著名行政学家里格斯。里格斯创立了"棱柱模式理论"，将社会划分为三种基本模式，即农业社会、棱柱社会、工业社会，然后分别比较这三种模式的特征以及社会环境对行政制度的影响。里格斯所说的农业社会相似于传统社会，工业社会相当于现代社会，棱柱社会则为过渡社会。棱柱社会概念的提出，既是里格斯的重要贡献，也是里格斯的理论特色。

里格斯以结构功能分析的方法，研究和分析了棱柱社会的行政系统，揭示了棱柱社会某些独特的性质。里格斯认为，传统农业社会中的组织呈现出功能混同的状况，即一个组织承担多种不同的社会功能；现代工业社会中的组织则是功能分化，即不同的组织承担相同的社会功能；棱柱社会中的组织则处于由功能混同向功能分化的转变过程之中。

里格斯指出，棱柱社会具有以下三个基本特征：

（1）异质性。这是指一个社会在同一时间，会表现出多种不同的制度、行为和观念，如同豪华轿车与马车同时出现在大街上一样。异质性现象导致对政府行政系统的异质性输入。

（2）形式主义。这是指"应然"和"实然"相背离，法律规定和实际执行不一样，所说和所做不一致。

（3）重叠性。这是指执行特定功能的机构相互重叠，如不同的机构同时承担同一种社会功能，或一种机构不承担其名义的或法定的功能，而由其他机构代行此功能。这种情况是造成权责不清、相互推诿、管理混乱和效率低下的重要原因，其实质是传统组织与现代组织的重叠。

里格斯的"棱柱模式理论"试图从生态学的角度解释影响社会生活中组织与管理现象的原因，为人们进一步认识和解释现实社会中的问题提供了新的思路。

五、对系统、权变组织理论的评价

归纳起来，系统、权变组织理论的主要观点如下：

（1）组织是一个外在环境系统中的开放系统。古典组织理论把组织看成一个封闭系统，因此仅从组织结构和权责分配方面分析组织。系统组织理论认为组织是一个开放系统，它和外部环境相互影响，组织从外部接收各种信息，然后加以转换并输出。

（2）组织是由若干子系统构成的一个大系统。古典组织理论认为组织是一个结构系统，行为科学时期的组织理论认为组织是一个社会心理系统，二者皆未说明组织的特性。系统组织理论认为，组织内部有若干子系统，它们各有不同的功能，而且彼此影响。

（3）组织是一个反馈系统。组织在达成目的或任务的过程中，对所采取的行动产生的新情况或效果加以认知与判断，看其有无差异，并作适当的修正或调整，谓之反馈。

（4）组织的生态性。组织犹如一个生态系统，对外部环境要不断适应，对内部的资源要进行整合和统一使用，以维持生存与发展。

（5）组织管理的权变性。组织管理不存在一成不变或普遍适用的方法和技术，组织管理应根据组织所处的内外环境的变化随机应变。因此，权变理论学派否认组织管理中的"两级论"，讲求组织管理中的弹性应用，注重达成组织目标的殊途同归性。

总之，系统、权变组织理论为组织管理研究开辟了一条新的出路，它能够更加明确地解释组织现象，能够对组织管理起整合作用。但是，作为一个值得进一步分析和研究的领域，系统、权变组织理论还比较抽象，所提出的许多观点并未得到经验的证明。

小 结

没有理论的实践是盲目的实践。理论对实践有重要的价值与指导意义。对组织理论的研究及其应用，有助于组织理论的丰富与发展，有助于组织管理能力的提升和组织效率的改进。

思考与练习

一、名词解释

1. 霍桑试验
2. 需要层次理论
3. 社会系统组织理论
4. 理性-法律的权力
5. 不成熟-成熟理论
6. 棱柱模式理论

二、简答题

1. 简述科学管理学派的组织观。
2. 简述法约尔的组织管理原则。
3. 简述韦伯理想型官僚组织的基本特征。
4. 简述人际关系学派的组织理论观点。
5. 简述动态平衡学派的组织理论观点。
6. 简述权变组织理论观点。
7. 简述里格斯棱柱社会的基本特征。

三、论述题

1. 评析古典组织理论的贡献及局限。
2. 评析行为科学时期的组织理论。
3. 评析巴纳德的动态平衡组织理论。
4. 试论系统、权变组织理论对组织管理的影响。

第三章 行政组织的环境与管理

学习目标

了解组织环境的性质与特点；

理解行政组织环境的构成，各环境因素之间的相互关联及对行政组织运行的影响；

掌握行政组织环境的不确定性及其管理。

导 学

任何组织都与特定的环境相联系。组织环境对组织目标、组织结构、人员关系、组织技术等都会产生或多或少的影响。组织环境对组织运行与管理既能够起到促进的作用，也可能产生消极的影响。作为一个开放系统，行政组织存在于特定的环境之中，行政组织环境的复杂性和不确定性，影响行政组织的功能、结构和运行方式。对行政组织环境的分析，有助于我们了解不同环境因素之间的相互关联及对行政组织运行的影响，有助于我们预测和把握行政组织环境的变化及其发展趋势，为行政组织的良好运行创造更加有利的环境。

01 第一节 行政组织环境概述

一、组织环境的性质与特点

任何组织都不是孤立存在的，都与特定的环境相互联系、相互作用，并且与环境之间发生物质、能量和信息的交流与转换。组织生存和发展的一个重要条件就是必须适应外部环境的变化，这种适应能力是组织管理能力的一个重要表现。而组织本身又是外部环境的一个组成部分。环境对组织施加影响，组织同时也改变着环境。

就广义而言，组织环境是无限的，包括组织外部的每一个因素。但仅就组织为了生存而必须对其作出反应的方面而言，组织环境是指存在于组织边界之外，可能对组织的总体或局部产生直接或间接影响的所有因素。

一般而言，组织环境具有以下特点：

（1）环境构成的多样性和复杂性。从构成的角度来看，组织环境是多样的和复杂的，涉及政治、经济、社会、文化、人口、历史传统、自然环境、国际环境、技术环境等诸多方面。环境因素对组织的影响和作用方式不尽相同，有些环境因素对组织的构成和运行产生直接的、重要的影响，有些环境因素对组织的构成和运行产生间接的、次要的影响。

组织环境的特点

（2）环境的变化和环境的变动性。一切皆流，一切皆变。组织环境不是一成不变的，其会随着时空的变化而发生变化。因此，组织管理的一个重要方面就在于了解和掌握环境的变化，对组织的功能、结构、运行方式不断进行调整，以适应变化了的环境。

（3）组织环境的差异性。各个国家在政治、经济、文化、人口构成、自然环境等方面都存在差异，这种差异性是人类文明发展多样性的表现之一。组织环境的差异性决定了组织管理在体制、机制、运行方式、行为方式、文化等方面的差异性。因此，并不存在适用于一切国家的组织管理模式。

（4）组织环境各因素的相互作用性。组织环境各因素之间也不是孤立存在的，而是相互联系、相互作用。某一环境因素的变化常常会导致其他环境因素的变化。组织某一方面的发展和变化，往往是多个环境因素相互作用的产物，而非某一个环境因素单独作用的结果。

二、行政组织环境的构成

(一) 组织的一般环境

组织的一般环境是指影响组织的客观社会环境。美国学者卡斯特和罗森茨韦克曾经将这种影响某一特定社会的一切组织的一般环境从文化特征、技术特征、教育特征、政治特征、法制特征、自然资源特征、人口特征、社会特征、经济特征等方面予以划分（见表3-1）。

表3-1 组织的一般环境特征

文化特征	包括历史背景、意识形态、价值观和社会准则，对权威关系、领导方式、人与人之间的关系、理性主义、科学和技术的看法，决定着组织的性质
技术特征	科学技术的发展水平，包括物质基础（工厂、设备和设施）及技术知识基础；科学技术界能够发展并应用新知识的程度
教育特征	居民的普遍文化水平；教育制度的完善程度与专业化程度；受过高等教育及专门训练的人所占比例
政治特征	社会的一般政治气候；政权集中的程度；政治组织的性质（分权的程度、职能的多样性等）；政党制度
法制特征	对宪法的重视程度，法律的性质，各政府部门的司法权；关于组织的组成、税收及控制的特殊法律
自然资源特征	自然资源的性质、数量和可用性，包括气候条件和其他条件
人口特征	可向社会提供的人力资源的性质、数量、分布、年龄与性别；人口的集中或城市化是工业社会的一个特征
社会特征	阶级结构及变动性；社会作用的明晰度；社会组织的性质及社会制度的发展
经济特征	基本经济结构，包括经济组织的类型——私有与公有的对比；经济计划的集中或分散；银行体制；财政政策；对物质资源投资的水平及消费特征

资料来源：卡斯特，罗森茨韦克. 组织与管理：系统方法与权变方法：第4版. 傅严，李柱流，等译. 陈旭明，李柱流，校. 北京：中国社会科学出版社，2000：155. 引用时有修改。

显然，影响组织管理的外部环境多种多样。从行政组织管理的角度看，以下几个方面的环境对行政组织的影响巨大且十分明显：

1. 政治环境

行政组织本身就是政治体系的一个重要组成部分，同时，行政组织的活动是在特定的政治背景下进行的。政治环境是指直接或间接影响和作用于行政组织的政治因素，包括政治制度、政治文化、政治过程等。在我国，中国共产党领导的多党合作和政治协商制度、民族区域自治制度、基层民主自治制度是我国的基本政治制度,这些基本政治制度决定了我国的行政组织及其管理与西方有很大的不同。

2. 经济环境

对于任何组织而言,组织的经济状况是一个关键的变量和环境因素。简单来说,财力资源的直接可获得性是组织产生的一个关键的约束条件,而组织管理的一切方面,都需要财政的支持。经济环境是指直接或间接影响行政组织经济因素的总和。在这里,生产力的发展水平、经济体制的性质、经济结构、经济运行的状况都会对行政组织的职能、结构、运行方式乃至组织成员的思想观念和行为方式产生直接或间接的影响。在现阶段,我国实行社会主义市场经济,这必然要求行政组织要减少微观的干预,而将重点转到经济调控、市场监管、社会管理和公共服务方面。

3. 法律环境

行政组织的组成、权力以及运行的程序和方式,皆受制于法律,无法律则无行政是法治国家的基本要求。行政组织和运行都需要以法律为依据,否则是违法行政,要被追究法律责任。在这里,法律环境包括规范和约束行政组织的行政法律法规和规章制度,也包括其他方面的法律法规及制度。

4. 技术环境

从历史上看,技术的发展直接改变了人类的生产方式和生活方式,也改变了组织的形态和组织管理方式。当代大规模组织的发展体现了技术的进步。事实上,组织不仅是一个社会系统,还是一个技术系统。技术系统是由组织任务方面的要求确定的,而其形式则是由所要求的特殊知识与技能、所采用的技术与设备以及信息处理上的要求和各种设施的布局等决定的。大量研究表明,技术不仅影响组织的结构,还影响组织的社会心理和管理。组织管理的一个重要任务就是使组织的技术与组织各个系统之间很好地适应。

5. 文化环境

所有的组织都直接或间接地受到社会文化的影响。组织的文化环境,泛指一个社会由意识形态、价值观念、伦理道德等因素构成的文化形态。文化环境对行政组织的影响,相较于政治环境、经济环境和技术环境,可能要小,但更为深远。它不仅影响组织的目标和价值,还形塑着组织中人的行为方式,影响组织的决策和选择。

除了上述主要的环境,自然环境、人口状况、国际环境也对行政组织产生巨大的影响。

(二) 行政组织的任务环境

行政组织的一般环境泛指可能对组织运行产生直接或间接影响的力量。行政组织的任务环境是指与个别组织的决策转换过程相关联的更具体的力量。行政组织的一般环境在既定的社会之中对所有组织产生的影响都是一样的，而各个行政组织的任务环境所产生的影响则各不相同。应该说明的是，行政组织的一般环境与任务环境之间的界限并不十分清晰，而且这种界限也在不断变化。行政组织的一般环境中的力量有时可能成为影响行政组织的任务环境。行政组织的任务环境由对组织获取资源的能力直接施加影响的外部利害关系人构成。顾客、竞争者、供应者、利益集团、政府部门等都是重要的外部利害关系人，它（他）们会运用各种方式对组织施加影响。

一般而言，行政组织的任务环境包括：

1. 资源的提供者

资源的提供者是指为组织提供资源的人或者组织。这里所讲的资源，泛指组织生存和发展赖以依靠的各种资源，包括人力资源、物质资源、财政资源、社会资源、权力资源、信息资源、技术资源等。行政组织所需的资源，来自政府内部的分配，不像企业组织那样需要在竞争性市场获取，但是行政组织获取多少资源，往往不具有自主性，而且资源的有限性也意味着资源分配的不均衡。因此，掌握资源以及资源配置权的行政组织，往往拥有很大的权力，亦成为其他行政组织追逐的对象。

2. 服务的对象

服务的对象是指组织为其提供产品或服务的个人或单位。在这里，服务的对象既包括一般意义上组织为其提供产品或服务的个人或组织，也包括行政组织作为执法监督者对其实施管制行为的个人或单位。服务的对象对服务种类、服务数量、服务品质、服务方式等方面的要求，往往会对行政组织的运行产生直接的影响。在强调顾客导向的今天，顾客满意已成为衡量组织运行绩效的一个重要标准。

3. 利益群体

一个社会总会产生各种各样的利益群体。在许多情况下，不同利益群体之间总是存在竞争关系，甚至利益冲突关系。行政组织制定的政策和行为，在一定程度上会影响利益群体之间的利益分配。因此，利益集团往往会利用各种方式对行政组织施加影响和压力，以期政策、决策向有利于它的方面转化。

4. 政府组织

在现代社会，行政组织深受其他政府组织（如议会、司法机关）和其他政府行政组织的影响。在我国，各级行政组织产生于各级人民代表大会，向其负责并接受其监督。与此同时，行政组织的具体行政行为亦要受到司法机关的审查和监督。行政组织之间，既存在职能分工、公务协作的关系，也存在相互制约甚至利益冲突的关系；上下级行政组织之间，既存在指挥命令的关系，也有利害冲突的关系。这种情况表明，行政组织的运行深受其他政府组织和其他政府行政组织的影响。

第二节 行政组织的环境维度与环境分析

一、行政组织的环境维度

从上面的分析可以看到,行政组织的环境大致可以分为行政组织的一般环境和行政组织的任务环境,它们不同程度地影响行政组织管理。这样,正确认识行政组织的环境因素及其发展变化,就成为行政组织管理者的一个重要任务。许多研究表明,行政组织深受环境的影响,但这种影响并不是环境的具体内容造成的,而是行政组织环境各构成要素本身的变化以及各要素之间的相互关系造成的。因此,要认识行政组织的环境,就不仅要了解行政组织环境的构成要素,还要了解行政组织环境的变化以及各要素之间的相互关系,也就是说,要了解行政组织环境的变化特征或者维度。下面将介绍关于行政组织的环境维度的几种主要理论。

(一) 艾德奇的理论

组织理论家艾德奇认为,组织的工作环境,可能在六个方面发生变化。这六个方面分别是:

艾德奇关于行政组织的环境维度的主要观点

(1) 环境的容纳力。这主要是指环境对组织生存和发展的容纳力,既包括组织所能从环境中获得资源的相对水平(如资源的丰富程度以及资源的贫乏程度),也包括组织输出被环境接受的程度(如组织产品和服务的市场占有率等)。

(2) 环境的同质性程度。这主要是指组织成员与环境中其他组织或个人等的相似程度。例如,经济落后地区的大学,其成员的知识水平与该地区人口的一般知识水平显然有较大的差异。在同质的环境下,组织环境相对简单,因为组织能够发展出一套标准化的应对方法。

(3) 环境的稳定性。这主要是指相对于其他组织来说,组织的工作环境的稳定程度。工作环境的稳定程度是相对的。一般来讲,稳定的工作环境大致有几种性质:服务的性质不易改变;竞争者较少;政府政策稳定;技术很少创新;政治环境和经济环境稳定;劳资关系良好等。不稳定或变化剧烈的工作环境则表现为:服务的性质经常改变;竞争者相当多;技术不断创新;政治环境和经济环境不稳定等。

(4) 环境的集中与分散程度。这主要是指组织范围内资源等因素平均分布的程度,包括能源提供者的分布、顾客的分布、市场的分布等。对组织而言,较集中的环境更容易控制。

（5）组织领域的一致性程度。这主要是指组织本身所划分的活动范围被环境认可的程度，如被政府和其他组织认可的程度。

（6）环境的混乱程度。这主要是指组织环境中各构成要素的发展变化对组织的扰乱程度，以及环境对组织的影响是否有规律可循等。

（二）邓肯的环境模式理论

组织学家邓肯从两个维度，即组织环境的简单与复杂和组织环境的静态与动态来分析组织环境。

组织环境的简单与复杂表明了组织的决策单位（或决策者）在决策时所面临的各种环境因素的多寡程度，以及这些因素同质性的程度。在简单的环境中，组织的决策单位（或决策者）在决策时所要处理的环境因素很少，而且这些环境因素的性质基本相同。例如，理发馆、洗衣店、养老院等组织所提供的服务都属于简单的环境。复杂的环境是指组织的决策单位（或决策者）在决策时必须考虑许多环境因素，而且这些环境因素的性质各不相同，差异很大。

组织环境的动态与静态，是指环境因素随着组织发展而发生变化的剧烈程度。如果环境因素随着组织发展并没有发生多大的变化，则称为静态；反之，则称为动态。比如，组织环境中的顾客或者服务对象的组成基本不变，而且他们的需求有规律，组织将相同的产品或服务提供给相同的顾客或者服务对象，那么这个组织面临的则是稳定的环境。

依据邓肯的理论，把组织环境的两个维度加以结合，就可以得出以下四种组织环境：

（1）静态-简单的环境。这种组织环境的特点是：环境因素少；环境因素之间差别不大；环境因素基本保持不变。处于这种环境中的组织，决策上遇到的不确定性最小，相应地，决策时承担的风险也最小。

（2）静态-复杂的环境。这种组织环境的特点是：环境因素多；环境因素之间各不相同；环境因素基本保持不变。处于这种环境中的组织，决策上遇到的不确定性中等偏小。

（3）动态-简单的环境。这种组织环境的特点是：环境因素少；环境因素之间差别不大；环境因素处在不断变化之中。处于这种环境中的组织，决策上遇到的不确定性中等偏大。

（4）动态-复杂的环境。这种组织环境的特点是：环境因素多；环境因素之间各不相同；环境因素处于不断变化之中。处于这种环境中的组织，决策上遇到的不确定性最大，决策时承担的风险也最大。

邓肯的环境模式理论给我们的最大启示是：组织管理者要理解组织环境性质的重要性，这种理解有助于降低决策风险，减少环境的不确定性。

二、行政组织的环境分析

行政组织的环境分析

组织环境对组织的目标、组织的结构、组织技术和人员关系以及管理过程都产生直接或间接的影响。但是，这种关系不是简单而又十分清楚的。尽管组织环境是客观存在的，在一定程度上，环境对组织的影响不以人的主观意志为转移，但是组织成员特别是组织管理者对环境的认识和理解、感觉和信念同样重要。组织管理者不仅要对组织环境作出反应，适应环境的变化，还要了解环境的变化，创造有利于组织发展的环境。因此，对环境的分析显得十分重要。

行政组织的环境分析，就是组织管理者对组织环境进行研究，感知和了解环境及其变化，从而制定相应的策略，适应环境的变化，乃至最终有效地创造有利于组织发展的环境的过程。行政组织的环境分析包括环境扫描、环境监视、环境预测、环境评价四个阶段。

环境扫描是对组织环境的整体作一般性的观察，目的在于了解环境变化的早期信号，观察正在发生的环境变化。一般而言，这一阶段没有固定的模式和框架，资料和数据也没有特定的范围。

环境监视是对组织环境变化的趋势进行追踪，目的在于收集足够的资料，以便分析某些趋势是否正在出现。在这个阶段，资料和数据已经局限于某一特定的范围，分析人员必须对这些资料和数据作出解释和进行判断。

环境预测是对环境变化的方面、范围和速度、强度等作出一些可能的预测，并指出预期环境变化的途径。环境预测要求的资料必须具体，而采用的方法既有系统性的，也有结构性的。

环境评价要解决的问题是明确目前环境中的主要问题是什么、这些问题对组织会产生什么样的影响，从而预测环境变化如何影响组织的战略、目标和政策，并解释其原因。在完成评价的同时，要制订具体的应对方案。

03 第三节 行政组织环境的不确定性及其管理

一、行政组织环境的不确定性

越来越多的证据表明，当今社会，无论是企业组织，还是行政组织，所面临的环境的动态性和复杂性超过了历史上其他时期。环境的不确定性成为行政组织管理必须面对的事实,而如何回应环境的不确定性则成为行政组织管理者的一个重要的课题。

不确定性意味着组织的决策者不能得到关于环境因素及其变化的足够的和充分的信息,因而难以预测环境的变化,难以把握环境因素之间以及环境因素对组织影响的因果关系。产生不确定性的原因在于组织环境的复杂性、动态性、丰富性。组织环境的复杂性,意味着组织所要面临的环境因素不仅数量多、作用大,而且各环境因素之间联系紧密。组织环境的动态性,意味着组织环境因素变动不居,更不稳定。组织环境的丰富性,意味着组织获取的资源的多寡。

行政组织环境的不确定性给组织带来很大的威胁,也给组织的发展和壮大带来机会。这里的关键在于组织要利用各种各样的策略设法将组织环境的不确定性降低到最小的程度。

组织应对环境不确定性的内部策略

二、组织应对环境不确定性的内部策略

当环境具有不确定性时,组织可以通过内部机构的调整、管理措施的应用等方式,有效化解环境不确定性所带来的风险。依据学者们的研究,组织应对环境不确定性的内部策略主要包括以下几个方面:

(1)资源储备。资源是组织赖以生存的基础。为了防止市场波动给生产和服务带来负面影响,组织可以先储备一部分由于环境因素变化而不能有效供给的关键资源。对于那些价格波动幅度大、对生产和服务影响很大的资源进行储备,以防止这些资源供应波动对组织生产和服务造成影响。同样,在产品和服务的输出方面,由于市场需求存在不同程度的不确定性,其不可能是一个稳定的速率。显然,组织也不可能随市场需求的波动随时调整生产,为调节需求与生产之间的矛盾,在需求大时,组织会从仓库提取产品供应市场。对政府而言,事关国计民生的资源如石油、粮食、药品等的储备,都是应对自然灾害、市场波动等导致的不确定性和风险的有效方法。当然,资源储备策略除了用于物资、财政等方面,也可用于其他方面,如人才储备等。

(2)平衡策略。如果资源储备策略主要被用来吸收环境的不确定性,那么平衡策略则着眼于管理环境的不确定性。如果组织环境在产品或服务的需求上呈现出近似于周期性变化的规律,那么运用平衡策略,就可以防止或减少环境的不确定性对组织运行的影响。例如,电力公司可以采用不同时段不同收费标准的方法(在用电高峰期收全价,在用电低峰期降低收费)平衡需求的波动;旅游部门可以在旅游淡季通过降低门票价格等方式吸引游客,以减轻旅游旺季游客猛增带来的压力。

(3)预测和计划策略。预测和计划策略是指组织通过理性、科学的方法,发展精确的预测能力来达到减少环境不确定性的目的。如果环境的影响能够被预测出来,组织就能提前做好准备,及早采取措施,以限制环境因素对组织的影响。例如,交通部门如果能够预测一定时期人们对服务需求的高峰值,便能提前作出计划,使组织所提供的服务维持一定的稳定性，把环境因素波动所带来的影响降低到最低程度。当然，预测本身也存在是否准确的问题，同样面临机会成本的问题。

（4）平抑以及定量配给的策略。政府可以采取限制性措施来防止环境因素对组织生产和服务所带来的冲击。例如，政府可以通过限价措施，防止某些商品暂时短缺造成的价格暴涨，以此缓解商品短缺给市场带来的冲击。如果环境的不确定性导致对产品或服务的超额需求，组织也可以采取定量配给的策略限制需求。这种策略在市场供不应求时往往被采用。政府在提供诸如医疗、住房、交通等产品或服务时，可以采取这种策略。

（5）结构的调整和改革。当组织外部环境的复杂性增加、不确定性增大时，组织也可以通过对机构、人员和组织管理方式的调整和改革来化解不确定性所带来的影响。伯恩斯和斯塔克的研究表明，当外部环境稳定时，机械式组织结构是比较有效的，而当外部环境趋于不稳定和动荡时，有机式组织结构则显得更为灵活。表3-2总结了机械式组织结构和有机式组织结构的不同。随着环境的不确定性增大，有机式组织结构更具弹性和灵活性，因此能够适应外部环境的变化。

表3-2 机械式组织结构和有机式组织结构的比较

机械式组织结构	有机式组织结构
（1）工作被分成分离的、专门化的部分 （2）工作被严格规定 （3）较多的权力和控制等级，有许多规章 （4）知识和工作的控制权集中于组织的高层管理部门 （5）沟通是纵向的	（1）雇员服务于部门的共同任务 （2）工作通过雇员的团队被重新调整和划分 （3）较少的权力和控制等级，规章较少 （4）知识和工作的控制权存在于组织的任何部门 （5）沟通是横向的

资料来源：改编自 ZALTMAN G，DUNCAN R，HOLBEK J. Innovations and Organizations. NewYork：John Wiley and Sons，1973：131.

三、组织应对环境不确定性的外部策略

上述介绍的主要是组织运用各种策略来化解环境不确定性对组织的影响。事实上，组织与环境是通过其他组织联系在一起的，也就是说，存在于社会中的组织是相互影响的。法律环境，是通过政府实施法律和管理部门的行为产生的；而经济环境则是通过市场上不同组织之间的相互竞争和合作的行为产生的。因此，当组织与环境中的其他实体（个人、团体或组织）发生关系时，可以采取外部策略来抗衡环境的不确定性。这些外部策略主要包括：

组织应对环境不确定性的外部策略

（一）竞争策略

竞争意味着由第三者所引起的两个或者两个以上的组织之间的对抗行为。比如，

对生产某种产品的组织而言，这个第三者可能是顾客，也可能是产品分配者，还可能是组织潜在的雇员。在竞争的市场中，组织必须采用各种方法和手段来吸引或者影响第三者的决策。组织处于竞争性的环境将使组织的决策趋于复杂，因为组织要考虑是否能够获取第三者的支持，这本身也不是组织单方面所能决定的。

（二）合作策略

考虑到竞争可能导致组织之间的利益损失，在环境日益动荡的今天，无论公私组织，都倾向于在保持竞争的同时，通过合作，达到风险共担、利益共享的目的。在组织管理中，合作的方式多种多样，如交易合同，即组织之间为交换产品，通过某种具有约束性的契约安排，使双方共同承担责任，减少环境的不确定性。再如联合，即两个或者两个以上的组织，为了达到共同的目的联合起来，共同承担风险，分享利益。典型的联合方式有合并、联合经营、合资经营等。在行政管理领域，越来越多的行政组织采取行政契约、公私伙伴关系等方式来提供公共产品或服务。经验表明，公私组织合作不仅能够解决政府部门经费不足、效率不高等问题，还有利于提高公共产品或服务的质量，增强整个社会的活力。

（三）参与管理

参与管理表现为组织吸收一些外部成员进入组织，参与组织的政策制定乃至具体事务的管理，以防止外部不利因素对组织的稳定与生存构成威胁。如果在组织的环境中，存在着对组织发展有威胁的成员或者群体，那么将其吸收到组织中，参与组织的决策与管理，便能将外部环境的不确定性和风险降低。

（四）公共关系

组织也可以利用公共关系，改变公众、其他组织等对自己的印象。公共关系的核心是促进公众对行政组织的政策、决策和行为的了解，消除误解，增强公众对行政组织的理解和支持。对行政组织而言，公共关系虽然重要，但更重要的是自身的行为和绩效，即行政组织的运行是否以公众为导向，是否真正做到公开、公正、透明，是否依法行政，并取得公众认可的工作实绩。

小 结

组织环境的分析与管理是现代组织管理的一个重要组成部分，是组织管理能力的一个重要表现。现代组织环境的动态性、复杂性与不确定性，使组织管理的难度增加、风险增大，因此，如何帮助组织适应和应对更加复杂的环境，提升组织的生存与发展能力，就成为当代组织管理面临的一个重要任务。

思考与练习

一、名词解释

1. 组织环境
2. 行政组织的环境分析
3. 行政组织环境的不确定性

二、简答题

1. 简述组织环境的特点。
2. 简述影响行政组织运行的外部环境因素。
3. 简要分析行政组织环境的构成。
4. 简述艾德奇关于行政组织的环境维度的主要观点。
5. 简述邓肯的环境模式理论。
6. 简述如何进行行政组织的环境分析。

三、论述题

1. 试论行政组织环境的构成及各环境因素对行政组织运行的影响。
2. 联系实际,试论行政组织应对环境不确定性的内外部策略。

第四章 行政组织的结构与设计

学习目标

了解组织结构的构成要素；

理解行政组织结构模式；

掌握在规划和选择组织结构时应考虑的主要因素以及行政组织结构设计与管理的一般原则。

导　学

组织结构是组织内部各构成部分或各部分之间所确定的关系模式，是组织中各部分之间分工合作、相互协调的一种方式。组织结构的作用就是把组织内部个人、各部门的活动按照一定的方式联结起来，使其协同一致地实现组织目标。组织结构设计是否合理，直接关系到组织职能的发挥，进而影响组织效率。

01 第一节 行政组织结构概述

组织是为了组织目标的实现，经由权力和责任的分配而对人员所做的人事安排与配合，组织结构正是这种人事安排与配合的归依所在。组织结构的设置，可展现组织中各构成要素之间的相互关系。更重要的是，组织结构是实现组织目标的桥梁和工具，是联系人们活动的纽带。组织结构在组织管理中占有十分重要的地位。

一、组织结构的概念和特点

"结构"原是生物学上的一个名词。就生物学观点而言，结构是有机体各部分（器官或组织）特定的排列组合。从系统论的角度看，结构是系统内部各组成要素之间在空间或时间方面的有机联系与相互作用的方式或顺序，简言之，结构即系统中诸要素内在有机联系的形式。据此，可以给行政组织结构下这样一个定义：行政组织结构就是行政组织内部各构成部分或各部分之间所确定的关系模式。

组织结构和其他社会系统的结构一样，是看不见、摸不着的，是无形的。这种结构虽然看不见，但是可以从组织的运行过程中将其推断出来。为了进一步把握组织结构的本质，必须对组织结构的特点予以探讨。

一般来讲，组织结构与生物的和机械的系统的结构具有共同的特点。这些共同的特点体现在以下方面：

（1）组织结构的稳定性。稳定性是任何系统都具有的一个基本特点。系统之所以能够维持有序性，是因为系统中诸要素之间有着稳定的关系。稳定是指系统某一状态的持续出现。组织结构的稳定性是指组织各构成部分之间所确立的关系模式总是趋于保持某一状态，如组织中的职权、管理幅度、管理层次、沟通线路、组织成员所承担的角色等保持相对的稳定。这样，才会产生秩序，否则将导致组织混乱和无序。

组织结构的特点

（2）组织结构的层级性。如同生物系统的结构可分为亚细胞、细胞、器官、机体、群落、生物圈等不同层级一样，组织结构也具有层级性。系统的结构层级，是人们按照系统中诸要素联系的方式、运动规律的类似性，乃至能量变化的范围和功能特点进行划分的。如对于一个组织结构，我们可以将其划分为战略层、协调层、作业层，每一层级具有不同的功能和活动方式。总之，将组织结构划分为若干层级，有助于我们对组织结构的认识。

（3）组织结构的相对性。组织结构的层级性决定了组织结构的相对性。在大系统的结构层级中，高级系统内部的结构要素，又包含了低级的结构系统；复杂大系统内部的结构要素，又是一个简单的结构系统。例如，在我国的政府组织系统之中，国务院是一个大系统，每个部、委、直属机关都是其结构要素，而每个部、委实际上又是一个结构系统。省、市、县相对于中央政府是结构要素，而其本身又是一个结构系统。认识组织结构的相对性，对于搞好组织管理至关重要。它可以改变组织管理工作的简单化、绝对化，既注意到组织的"整合"，又注意到组织的"分化"，不搞"一刀切"。一般来讲，高一级组织结构对低一级组织结构具有更大的制约性，而低一级的组织结构构成高一级的组织结构的基础，并反作用于高一级的组织结构，二者之间的关系是辩证的。

（4）组织结构的开放性及动态性。传统组织理论将组织看成封闭系统。事实上，任何系统的组织结构，都不会是绝对封闭和绝对静态的，总是存在于一定的环境之中，总要与外界进行物质、能量、信息的交换，组织结构也在交换过程中发生变化，这便是组织结构的开放性。人类社会组织结构的形式由直线式演变为直线职能式、事业部式、矩阵式，由机械式组织结构演变为有机式组织结构的历史发展，说明了组织结构的动态性。马克思认为"社会不是坚实的结晶体，而是一个能够变化并经常处于变化过程的机体"。组织结构在本质上都是开放的，目前的结构形态，是系统中各组成要素相互作用以及受系统环境影响的结果。同时，目前的结构形态，又是形成未来组织结构的基础。

二、组织结构的构成要素

组织结构的构成要素

如前所述，组织结构是组织中诸要素相互作用的关系模式。那么，组织结构究竟是由哪些主要的要素构成的呢？

美国学者卡斯特认为，组织结构的构成要素是：①组织图；②职位；③工作说明书；④法令规章；⑤权力关系模式；⑥沟通网络；⑦工作流程。

管理学家麦克法兰认为组织结构的构成要素是：①纵的层次；②平行的单位及部门；③职位的任务、责任及义务；④直线与幕僚机关；⑤变态结构，即非常设的经常性机构。

综合学者们的观点，我们把组织结构的构成要素划分为两大类：组织的"显结构"和组织的"潜结构"。

组织的"显结构"是指构成组织结构的外在要素的集合。"显结构"的构成要素有：①人员。人员是构成组织结构的前提要素。任何组织都是人的集合。②职位。职位是指符合一定规格标准的人员所担负的职务和责任的集合体。职位是构成组织机构的"细胞"。③职权。权力是人与人之间的一种特殊影响力,是一个人或许多人按预定方式引起另一个人或多个人心理或行为变化的能力。职权是一种制度化的权力,是担负一定职务的人为履行责任被赋予的法定权力。④纵的层次。纵的层次是指组织结构经纵向分化之后所形成的层级节制体系和层级的数目,这便形成了组织的指挥命令系统和沟通通道。⑤横的部门。横的部门是指组织结构经横向分化之后所形成的单位或部门。横向分化影响组织结构中的管理幅度。⑥组织规范。组织规范是组织所规定的组织成员共同接受并遵守的行为准则和行为模式。它是组织结构的一个重要构成要素。

组织结构不仅仅是人员、职位、职权、管理层次、职能部门的排列与组合,从心理学的角度和行为科学的角度来看,组织结构更重要的是组织中人的协作和配合。据此,我们把组织中人的目标、价值观念、气质、能力等方面的相互关系称为组织的"潜结构"或"潜结构"要素。组织结构的"潜结构"要素包括:①目标认同程度。一般来讲,组织成员对目标的认同程度越高,就越具有强烈的动机和合作的意愿。②价值观念趋同程度。组织成员价值观念趋同或一致,组织就会产生巨大的凝聚力。③气质协调程度。将气质不同的人合理搭配在一起,刚柔相济,形成融洽的人际关系。④能力互补程度。组织成员间能力互补,能够增强组织的竞争力和战斗力。

将组织结构的构成要素划分为两大类,对于建立和完善组织结构具有重大意义。它表明组织结构的完善不仅要注意"显结构"的优化,还要注意"潜结构"的合理,这样才能使组织结构更加完善。

三、行政组织结构的功能

所谓功能,从系统论的角度来看,是系统在与外界作用过程中的秩序和能力。行政组织结构的功能是指行政组织内部诸要素在相互作用过程中的作用和能力。行政组织结构的功能主要表现在以下几个方面:①整合功能。行政组织结构能够将行政组织内部各要素有机地结合在一起,使它们集合成为一个整体,从而实现组织的目标。②效率功能。行政组织结构建立的目的便是使行政组织能够合理、有效地运用和整合各种资源,从而使行政组织能够以最小的投入获得最大的产出。③控制功能。通过行政组织结构的建立,使行政组织确立一个统一指挥的命令系统,从而使整个组织能够步调一致,协调运行。④沟通功能。行政组织结构本身就确立了组织的上下、左右间的沟通途径与网络,良好的行政组织结构能够使信息沟通畅通无阻,发挥其沟通和协调功能。⑤心理需求功能。行政组织结构既提供任务、责任、权力,又提供职位和工作,不仅能使成员获得工作的满足感和归属感,还能满足成员自我发展的需求。

行政组织结构的功能

02 第二节 行政组织结构的分化与整合

一、行政组织结构的垂直分化——层级化

高度的分工与专业化已经成为现代组织的重要特征。在任何组织中，分工不可或缺，越复杂的组织，分工就越明显。分工的具体表现就是组织结构的职能分化，即层级化。

组织结构的分化，就是将组织结构分割为若干分支系统，每一分支系统皆与外界环境发生特定的关系。通常组织结构的分化表现为两个方面：①平行的分化，即平行建立若干职能部门，也就是分部化；②垂直的分化，即自上而下划分为不同的层级，也就是层级化。二者结合起来，就构成组织的正式结构。

组织结构的层级化就是根据劳动分工将组织垂直划分为若干个层级，每一层级的权力、管辖范围自上而下逐渐减小。组织结构的垂直分化，形成了组织的层级体系和层级数目。如军队垂直分化的结果就表现为军、师、旅、团、营、连、排等层级，不同层级的军官其地位和作用都有明显的差异。

行政组织结构的层级化就是将行政组织结构纵向划分为若干个层级，每一层级的职能目标和工作性质相同，但管辖范围和管理权限从高到低逐级减小。如我国行政组织纵向划分为中央人民政府、省级人民政府、市级人民政府、县级人民政府、乡级人民政府五个层级。行政组织结构的层级化确立了行政组织基本的沟通渠道和职权结构，即所谓的"指挥链"，也就是确立了行政组织的层级节制体系和指挥命令系统。这种层级节制的组织结构呈金字塔形态，处在不同层级的职位，其权力、责任、管辖和控制范围等皆由高到低逐级减小。

行政组织结构层级化的优点：①权力直线分布，"权力链"清楚，有利于政令统一和指挥统一；②权力集中，层层节制，上下隶属关系清楚，有利于信息传递和监督；③在层级化下，组织目标明确，分工明确，工作程序明确，有利于调动下属的积极性。行政组织结构的层级化是公共管理效率化的有力保证。

行政组织结构层级化的缺点：①过多的层级，容易带来沟通和协调上的困难；②层级的存在造成了成员间身份与地位的不同，这种差别容易加大成员相互间的行政距离，造成沟通上的障碍，这种差距也是形成"官本位"的一个根源。

二、行政组织结构的横向分化——分部化

组织结构的分部化是组织结构水平方向的一种职能分工,是按照功能、活动范围、地区或服务对象的不同建立部门或单位。在分部化的组织中,处在同一层级的各部门,其地位是平行的、权限范围是相同的,各部门之间是一种分工与协作的关系。

行政组织结构的分部化就是将行政组织按照不同的功能、管辖范围横向划分为若干个职能部门,各职能部门的工作性质不同,但行政地位是平行的、管辖范围和权限是相同的。如在我国,依据行政职能的不同,设立了财政部、文化和旅游部、人力资源和社会保障部、教育部、民政部等;依据行政组织管辖范围的不同,在中央人民政府之下设立河北省、陕西省、湖南省、福建省等。

在较为复杂的组织中,分部化是必不可少的。促成组织结构分部化的原因主要有:①组织活动日趋复杂和组织规模日益扩大,促使组织必须将工作予以分析、划分和分类,以适应专业分工和事业发展的需要;②通过分部化,可使各部门皆有明确的分工与职责范围,使各部门能够专司其职,并有效益和有效率地履行各自的职能;③通过分部化,可以使管理者有效地确定下属的工作范畴,避免因工作划分不当造成困难;④分部化符合专业化的需要,能够适才适用、专才专用,有利于发挥专业人员的作用;⑤组织协调与控制的需要。

组织结构分部化的基本依据和方式如下:

(1) 按职能分部化。即将性质相同或相近的工作置于同一部门之下。如在我国,政府管理按所承担的政治、经济、社会公共服务职能可以设立国防部、公安部、财政部、商务部、文化和旅游部、民政部、人力资源和社会保障部等。企业按基本的职能——制造、销售、研究与发展、财务、人员雇用分别设置相应的部门。这种分部化的优点在于它符合专业分工原则,事权专一,有利于提高成员的专业技术水平和工作效率。这种分部化的缺点是容易形成部门分割和本位主义,无形中增加了组织统一和协调的难度。

(2) 按行业或产品分部化。在大的、复杂的组织中,按行业分部化越来越多地被运用。如我国的农业农村部、交通运输部、水利部等实质上就是按照行业的不同来设立的。按产品分部化在企业运用更为普遍。如食品公司,一般会按照所生产产品的不同设立熟食部、饮料部、糕点部、冷饮部等。这种分部化的优点是有利于集中专业技术力量并发挥其专业特长,有利于特定产品品质的不断改良和提高。这种分部化的缺点是容易造成组织协调的困难。

(3) 按区域分部化。即将在某一地理区域进行的组织的全部活动集合到一起并统一组成一个单位。如政府行政组织按照地区划分为不同的省、市、县、乡(镇)等。这种以地理区域为依据所进行的分部化也被许多跨国公司和连锁企业采用,如微软和

沃尔玛在世界各地建立了自己的区域性管理机构。这种分部化的优点是：有利于特定区域内组织各项工作的综合协调和工作效率的提高；有利于组织根据当地的实际情况进行活动和管理；有利于组织管理者综合管理能力和协调能力的加强。这种分部化的缺点是：容易使区域性部门自成一体，发生离心现象；容易增加组织总体控制和管理的难度与成本，不利于各区域之间的合作。

（4）按服务对象分部化。即以组织所服务的对象来设立部门。如医院设立儿科、妇科，大型百货公司设立儿童用品部、妇女用品部、老年人用品部等。这种分部化的优点是：以特定服务对象划分和设立组织部门，使得组织活动的对象更加明确、职责更加清晰，可以提高服务对象的满意程度，有利于组织成员增加对特定服务对象的了解。这种分部化的缺点是：特定服务对象部门与其他职能部门之间容易出现职能交叉和重叠，容易出现组织运行失调，影响组织效率。

组织结构的分部化是组织完成其使命和目标的重要途径，组织成功实施分部化的基本原则为：①职掌明确，机能一致。同类事项应划归一个部门来处理，明确划分和界定各部门的职能范围，使各部门的职、责、权对等一致，否则，职责不明，角色不清，权责脱节，就会引发部门之间的冲突与摩擦，影响部门职能与作用的发挥。②单一指挥。每个部门及其工作人员只向一个领导者负责，否则，多头领导，政出多门，就会导致不必要的矛盾与冲突。③从属关系明确。各部门要做到责任清晰、权责对等，有明确的隶属关系。④合理竞争。使分部化的部门之间具有合理的竞争和良好的弹性，充分发挥各部门潜能。⑤主管部门和业务部门相配合。主管部门和业务部门要紧密配合，各业务部门之间也应注意相互间的协调与合作，以发挥组织的整体效应。

三、管理层次和管理幅度

管理层次是指组织系统中纵向划分的管理层级的数目；管理幅度是指一个领导机关或管理者能够直接有效地管理和控制下属或单位的数目。在单位和人数不变的情况下，管理层次和管理幅度成反比例关系。

在实际管理活动中，影响管理层次和管理幅度的因素主要有：

（1）下属受教育程度、所接受训练的程度以及工作经验和业务熟练程度。下属受教育程度，所接受训练的程度、工作经验和业务熟练程度等，都会影响管理层次和管理幅度的设计。下属的素质越高，组织的管理幅度就越大，反之亦然。

影响管理层次和管理幅度的因素

（2）工作内容和工作性质。工作内容相对简单、稳定，管理幅度可相应加大；工作内容和工作性质的相似度高，管理幅度应较大；工作内容的相似度低，管理者的工作难度和工作量就会加大，管理幅度应相应缩小。另外，工作的复杂程度高、变化大，管理幅度应较小；工作的计划明确、清晰，下属能按照计划内容和程序工作，管理幅度可相应加大；工作的灵活性强、随机性大，管理幅度就需要相应缩小。

（3）管理技术与工艺水平。组织中信息沟通渠道的健全程度、信息沟通的灵敏程度、各种软硬件设施的先进程度、先进管理方法与管理工具的应用状况等，都会影响组织管理层次和管理幅度。管理技术与工艺水平越先进，越能够有效地协调和控制组织活动，管理层次和管理幅度可适当加大；相反，就必须适当缩小管理层次和管理幅度。

（4）权力模式和授权的程度。在集权制组织中，管理权限较多地集中在上层机构或最高行政首长手中，下级的自主性很少。在这种组织中，上层机构需要处理的事务多，工作负担重，管理层次较多，管理幅度相对较窄；在分权化和授权程度较高的组织中，管理权限较多地分散在下层机构，下级的自主性较多，管理层次较少，管理幅度相对较宽。组织中的权责关系清晰，职责划分明确，监督和控制的范围就可以增大。

（5）组织环境和组织状况。组织环境简单、稳定，管理幅度可以加大；相反，组织环境复杂多变，管理难度就会增加，从而限制管理层次和管理幅度。在组织状况方面，组织规模也是影响管理幅度的一个重要因素。如果组织规模较大，管理幅度就必须相应加大，否则，就难以兼顾组织整体活动，并且会使管理层次增多。

四、组织活动的整合或一体化

整合或一体化是指在完成组织任务中使各分支系统的努力达到统一的过程。组织的垂直分化和横向分化，使得组织活动的差异性加大，这就给组织协调带来一定的困难。差异越大，协调的潜在困难就越大。因此，组织活动的整合或一体化主要来自组织活动中各职能部门间协调的需要。

在复杂的组织中，不同组织活动的整合或一体化促进了各种协调手段的发展。促进组织活动的整合或一体化的手段主要有：①目标手段。目标对组织而言具有方向指引和行为控制的功能，统一的目标能够使各部门在思想上和行动上达成一致，能够使组织成员和谐一致地努力工作。在现代组织中，目标管理已经成为提高组织效率的重要途径之一。②政策手段。在复杂的组织中，政策已经成为规范和协调组织活动的一个重要手段。各部门相互关系的协调、彼此之间的工作联系、各种活动的步调一致等都离不开统一的政策。③组织手段。实践经验表明，要使组织活动既有区分又能有效统一，就需要一种新的组织安排。越来越多的组织通过建立项目办公室、数据处理中心、委员会来协调各部门的活动。例如，企业为了协调统一行动，建立了委员会或项目小组，以协调各种活动。④信息沟通手段。组织的多样化和专门化，使

促进组织活动的整合或一体化的手段

得组织间的信息沟通越来越重要，组织将更多地依靠交互的情报信息系统来进行协调，即通过信息沟通达到相互间的了解与协作。

第三节　行政组织结构模式

组织结构模式是指从具体的组织结构形式中排除某些细节而对组织结构进行的抽象概括。这种抽象概括说明了某一组织结构的基本框架、特征及其运行方式。在研究过程中，可依据不同的标准对组织结构进行分类与分析。

一、集权式组织结构与分权式组织结构

依据组织中决策权和控制权的集中与分散程度，可将组织结构划分为集权式组织结构与分权式组织结构。

（一）集权式组织结构与分权式组织结构的含义

集权式组织结构是指在组织结构体系中，组织的事务由本组织自行处理，不设立或授权下级机关或派出机关的组织结构；或者上级机关或单位完全掌握组织的决策权和控制权，下级机关或派出机关处理事务须完全秉承上级机关或单位的意志的组织结构。

分权式组织结构是指在组织结构体系中，为了完成一定的任务或使命，设立不同的上、下级机关，使其在各自职权范围内独立自主地处理事务的组织结构；或者为适应各地区的需要，分别在各地区设立有独立法人地位、有全权处理事务，且不受上级机关指挥与监督的机关的组织结构。

（二）集权式组织结构与分权式组织结构的比较

集权式组织结构与分权式组织结构就其本身的价值而言，各有优缺点。一般来讲，集权式组织结构的优点在于：①政令统一，不会出现政出多门、意见相左现象。②能统筹兼顾，集中人力、物力资源，实现管理效能。③组织上下形成一个层级节制体系，指挥统一，命令易于贯彻执行。集权式组织结构的缺点在于：①组织目标、规划与决策偏重整齐划一，容易忽视下级机关的利益；刻板，缺乏弹性，不能收到因地制宜之功效。②下级机关没有决策权，一切秉承上级机关的意志行事，久而久之，容易形成例行公事、消极处事的工作作风，缺乏积极创新精神。③上下级控制严密，容易形成

公文旅行、推诿责任、贻误时机、缺乏效率的流弊。④在集权制下，重内轻外，"能密不能疏"，"知控制而不知纵舍"，一方面容易导致个人专断、滥用权力、压制民主的弊端，另一方面会导致庸愚无能、分裂割据等问题。

分权式组织结构在精神方面是符合民主要求的，它的优点在于：①分工合作，分权制衡，可以防止和避免上级专断和个人专断。②分级治事，分层负责，富于弹性。③尊重各级利益，可收到因地制宜之功效。④可调动组织成员的积极性，培养独立、自主、创新的工作作风。从管理上看，分权式组织结构也有固有的弊病，表现在：①单纯强调分权，忽视合适的集权，会损害组织统一，甚至会导致组织分裂。②过分分权容易导致下级机关各自为政，政出多门，不易完成组织目标。③过分分权致使下级机关彼此独立，无上级机关的监控，可能引起各下级机关之间的对立和冲突。

如上所述，集权式组织结构与分权式组织结构各有利弊，究竟建立何种组织结构，应视具体情况而定，不能厚此薄彼。

二、直线式组织结构、职能式组织结构、直线职能式组织结构、事业部式组织结构、矩阵式组织结构

根据组织结构中权责关系的不同，可将组织结构划分为直线式组织结构、职能式组织结构、直线职能式组织结构、事业部式组织结构、矩阵式组织结构等类型。

（一）直线式组织结构

直线式组织结构是最早被采用，也是最为简单的一种组织结构。其主要特点是：①各级组织按层级由上级机关垂直领导与管辖，指挥和命令是从组织最高层级到最低层级自上而下传达和贯彻；②最高首长集指挥权与管理职能于一身，对下属负有全权，政出一门；③每一层级的平行单位各自分立、各自负责，彼此无横向联系，只对上级负责。这种组织结构以权限清楚、职责明确、活动范围稳定、没有中间环节、关系简明、机构精简、节约高效见长。其缺点是：①在任务分配和人事安排上缺乏分工与协作，难以胜任复杂的职能；②组织结构刻板，缺乏弹性，不利于调动下级的积极性；③权限高度集中，易于造成家长式管理作风，使组织成员产生自主危机，在心理上形成疏远感。这种组织结构只适用于小规模组织，或者是规模较大但活动内容比较简单的组织。在古代，直线式组织结构是主要的组织结构，随着社会的发展，这种组织结构逐渐居于次要地位。

（二）职能式组织结构

职能式组织结构是在直线式组织结构的基础上发展起来的。由于管理事务日益复杂，采用直线式组织结构进行管理，容易出现管理者负荷太重、力不从心的问题。于

是，在管理者和执行者中间，便产生了一些职能机构，承担研究、设计、开发和管理工作。在职能式组织结构中，按专业分工设置职能部门，上级职能部门在业务范围内有权向下级职能部门发布命令与指示，下级职能部门要听从上级职能部门的指挥。

职能式组织结构具有分职、专责的特点。其优点在于：①有利于发挥管理人员的特长，提高他们的专业能力；②有利于将复杂工作简单化，提高工作效率；③有利于强化专业管理，提高管理工作的计划性和预见性。职能式组织结构适应生产技术复杂、管理分工细腻的要求。而且在心理上，职能式组织结构会形成一种强调专业、强调分工、强调规划的新型管理作风。其缺点在于：①多头领导，削弱了必要的集中统一，不利于划分各行政负责人和职能部门的职责权限；②增加了管理层次，管理人员过多，有时影响工作效率，使组织成员产生轻视权威的心理。

（三）直线职能式组织结构

直线职能式组织结构是将直线式组织结构和职能式组织结构相结合而产生的一种组织结构。这种组织结构有两个显著的特点：①按照组织的任务和管理职能划分部门，设立机构，实行专业分工，加强专业管理。②这种组织结构将管理部门和管理人员分为两大类，即直线指挥机构和管理人员以及职能机构和管理人员。直线指挥机构和管理人员在自己的职权范围内有决策权，对下属有指挥权，并对自己职责范围内的工作承担全部责任；职能机构和管理人员，通常只是直线指挥机构和管理人员的参谋，没有决策权和指挥权，在提供信息、预测、决策方案，以及提出各种建议和监督决策方案实施方面，从事辅助工作。

直线职能式组织结构抛弃了职能式组织结构多头领导、指挥不一的缺点，保留了职能式组织结构管理分工和专业化的优点，同时吸收了直线式组织结构集中、统一指挥的优点，因而管理系统完善，隶属关系分明，权责清晰，是比较好的组织结构。在现代社会，直线职能式组织结构有着较广的适应范围。但是，它也有自身的缺点，主要表现在：①各职能机构之间横向联系较差，容易发生矛盾和冲突；②由于各职能机构没有决策权和指挥权，事事要向直线指挥机构和管理人员汇报，从而压制了职能机构的积极性，使直线指挥机构和管理人员整天忙于日常事务而无暇顾及组织所面临的重大问题。为了弥补这些缺点，一方面，可以设立委员会，由直线指挥机构负责人主持，召集各职能机构负责人参加讨论组织的重大问题；另一方面，可以适当授权职能机构，使其具有独立管理事务的权力。

（四）事业部式组织结构

事业部式组织结构又称分权式组织结构，它是适应现代社会组织规模日趋扩大、活动内容日益复杂、变化迅速、基层单位自主经营日益重要的趋势而产生的一种组织结构。这种组织结构的最大特点是分权。它按照产品、地区、市场或顾客将组织划分为若干个相对独立的单位,这些单位称为事业部。各事业部根据最高管理层制定的方针、政策和下达的任务、指标,全权指挥所管辖单位和部门的生产经营活动,并对最高管理层负责,各事业部在人事、财务、组织机构设置方面有较大的自主权。事业部式组织结构的优点是:①最高管理层可以把主要精力放在研究和制定组织发展战略上,而不拘泥于对具体事务的管理。②由于权力下放,各事业部能独立自主地根据环境变化处理日常事务,从而使整个管理富有弹性,使组织工作更加灵活,可以做到因地制宜、因时制宜。③由于权力下放,各事业部的独立性较强,可以改变请示汇报、公文旅行、浪费时间的陋习,提高工作效率。④由于事业部是相对独立的经营单位,各事业部的经营状况同成员的物质利益挂钩,从而能调动成员的积极性。总之,事业部式组织结构"既保持了小企业的灵活性和主动性精神,又享有大公司通过集中参谋和服务设施带来的好处"①。但是,事业部式组织结构本身又存在缺陷,主要表现在:过分强调分权,削弱了组织的统一;强调各事业部的独立,缺乏整体观念和各部门之间的协作;各事业部存在自己的职能部门,有可能导致组织机构重叠、管理人员增多、人浮于事、管理费用增加等问题。

(五)矩阵式组织结构

矩阵是数学上的一个概念。数学上将多元素按照横向、纵向排列成一个矩形,称为矩阵。矩阵式组织结构就是由纵横两种管理系列组合而成的方形结构。一种是横向的职能部门结构,另一种是纵向的项目管理结构,二者交叉重叠,便组成矩阵式组织结构(如图4-1所示)。

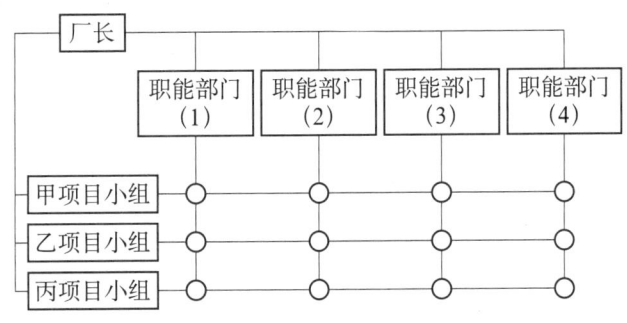

图4-1 矩阵式组织结构

矩阵式组织结构具有以下特点:①它是为了完成某种特定的任务(如完成一个工程项目或开发一种新产品),由有关职能部门组成一个小组,以利用各方力量,协调各方活动,保证任务的完成;②小组成员接受双重领导,既服从小组负责人的领导,又要受所属职能部门的领导;③矩阵式组织结构的形式是固定的,但每个小组是临时的,

---

① 艾伯斯. 现代管理原理. 杨文士,译. 胡国成,校. 北京:商务印书馆,1980:96.

在完成任务后立即被撤销。这种组织结构的优点是：①把组织中的横向联系和纵向联系结合起来，加强各职能部门之间的配合；②把不同部门的专业人员集中在一起，有利于知识互补，开发新产品；③组织结构具有很大的灵活性，应变迅速。但它也有不足之处：①小组成员接受双重领导，容易由于意见分歧，造成工作上的矛盾；②专项小组与职能部门的权力平衡，各项工作在时间、成本、效益等方面的平衡很难实现；③专项小组多是临时性的，小组成员容易产生临时心理，使成员角色知觉模糊，产生不稳定感和迷茫感。

从上面论述可以看出，任何组织结构都不是十全十美的。了解各种组织结构的特性、优缺点，目的是在管理实践中能根据组织内外环境的要求，正确地加以运用。总之，凡是有利于提高组织效能的组织结构便是好的组织结构，不存在普遍适用于一切情境的"绝佳的或者标准化"的组织结构。

04　第四节　行政组织结构设计

一、组织结构设计的概念和特点

组织管理面临的第一个重要问题便是设计出结构优良、功能齐全、运行灵活的组织结构。这是组织工作的基础和有效管理的前提条件。那什么是组织结构设计呢？

所谓组织结构设计，是指组织管理者根据组织内部因素和外部环境，规划、选择、建立一个适合本组织特点、结构优良、功能齐全、运行灵活的组织结构的过程或活动。从这一定义出发，我们认为组织结构设计具有以下特点：①组织结构设计是组织管理者有意识、有目的的活动，是组织管理者的职能之一。②组织结构设计的依据是组织内部因素和外部环境。③组织结构设计是对组织结构的规划和选择。④组织结构设计的目的是建立适合组织存在的特定条件的结构，使组织结构的设置更加合理、运行更加灵活，从而提高组织的效能。

二、组织结构的规划和选择

如前所述，组织结构设计本身便包含对组织结构的规划和选择，所以组织结构的规划和选择是指对组织存在的客观条件进行分析，在此基础上，选择适合组织存在的特定条件的结构。由于每种类型的组织结构都有其优缺点，都有一定的适用范围，因此，选择最佳的组织结构，也是判定某种组织结构是否适合组织存在的客观环境和条件。那么，进行组织结构的规划和选择要考虑哪些因素？概括起来，在规划和选择组织结构时，应主要考虑下列因素：

（1）组织环境。组织是个开放系统，与其环境交换信息、能量和物质。所谓组织环境，是指组织范围以外的一切客观事物，包括政治环境、经济环境、资源环境、社会环境、技术环境、市场环境等。组织环境的复杂性和易变性对组织结构有着十分重要的影响。在这些方面，许多组织管理学家做了有益的探索。研究表明，组织环境对组织结构设计的影响主要表现在以下方面：①组织环境决定组织目标的设立，当组织环境变化时，组织目标也要不断调整，以适应组织环境的需要。②组织环境影响组织的价值观念。③组织环境关系到组织结构的形式，在对较为确定环境下的组织结构进行设计时，可采用机械式组织结构；相反，在对较为不确定环境下的组织结构进行设计时，应采用有机式组织结构。

（2）组织战略。组织战略是指决定组织活动性质和根本方向的目标规划。20世纪60年代，美国管理大师钱德勒出版《战略与组织结构》一书，提出组织结构的设计要跟随战略变化的观点。以企业组织为例，企业组织一般要经历四个战略发展阶段，在这四个发展阶段中，组织结构也不相同。例如，在初级阶段，组织结构比较简单，组织分化程度较低，职能也单一，可采用直线式组织结构；在开拓阶段，随着向各地区开拓，组织分化程度较高，这便需要整合、协调，实行专业化、标准化战略，要求建立职能部门；在纵向综合发展阶段，即在同一行业或部门基础上职能更加分化，这便要求建立与之相适应的组织结构；在产品多样化阶段，即在原产品市场开始衰落，为更好地利用组织现有的资源、设备和技术，而转向新产品的生产和提供新服务时，要求建立新的矩阵式组织结构。据此，钱德勒得出这样的结论："除非结构随战略走，否则，毫无效果。"

（3）组织的技术。技术是组织把材料转换为最终产品或服务的机械的或智力的过程。马克思曾经指出："生产者相互发生的这些社会关系，他们借以互相交换其活动和参与共同生产的条件，当然依照生产资料的性质而有所不同。随着新作战工具即射击火器的发明，军队的整个内部组织就必然改变了，各个人借以组成军队并能作为军队行动的那些关系就改变了，各个军队相互间的关系也发生了变化。"① 很明显，手工作业的简单协作和流水线的大机器生产，需要不同的组织结构。对此，组织理论家汤普森、希克逊、伍德沃德等皆有杰出的研究。比如，伍德沃德按照生产系统工艺技术的复杂性和连续性程度及其他指标，把企业归纳为三大类型：单件和小批量生产型企业；大批量和大量生产型企业；长期流水作业型企业。经调查研究，伍德沃德认为，大批量和大量生产型企业，倾向于采用机械式组织结构；单件和小批量生产型企业、长期

---

① 马克思. 雇佣劳动与资本 // 马克思, 恩格斯. 马克思恩格斯选集：第1卷. 北京：人民出版社，1972：362-363.

流水作业型企业，则倾向于采用有机式组织结构。这是因为，单件和小批量生产型企业会遇到许多偶然事件；长期流水作业型企业有流水生产设备、工作流程，一旦发生故障，便会造成严重后果，故这种类型的企业需要不失时机地适应环境的变化，采用有机式组织结构；而大批量和大量生产型企业，一般不需要对客观情况很快作出反应，可以采用较正规和定型的组织结构。

（4）组织规模。组织规模也影响组织结构设计。规模庞大的组织层次多，这便需要实行分权式组织结构。因为在组织规模庞大、层次过多的情况下，集权过大容易使组织系统负担过重，发生信息流通阻塞的情况，导致组织无序和混乱。同时，在组织规模庞大的情况下，需要设立一定的委员会或协调控制部门来协调各个部门之间的活动。

（5）组织成员。组织结构是人类分工协作的形式，组织成员的价值观念、文化素质、个性特征也影响组织结构设计。如果组织成员协作的意愿较强，个人目标同组织目标趋于一致，个人工作能力较强，则不需要过分监控和约束，应给组织成员较大的自主权。同时，在组织成员的配备上，也要讲求组织成员之间知识、能力、气质、性格等的有机配合，以追求整体效应。

组织结构设计的程序

三、组织结构设计的程序

组织结构设计除了要考虑影响组织结构规划和选择的因素，还要注意组织结构设计的程序问题。遵循科学的程序是组织结构设计的重要前提。一般来讲，组织结构设计的程序如下：

（一）了解组织目标

任何组织都有其目标，组织是为达成目标而设立的。由于目标不同，组织的基本形式也不相同，故在进行组织结构设计时，须先了解组织目标。在了解组织目标时，不仅要了解组织的总体目标，还要明确组织的分目标。

（二）决定达成目标所需的工作计划与配置单位

目标仅是一种理想，目标的达成必须通过工作计划，而工作计划必须配置适当的单位来管理。工作计划是介于具体工作和目标之间的书面计划。从层次上讲，目标属于高层次，计划属于中层次，执行属于低层次，也就是说，目标决定计划。计划的内容是预先规定达成目标应采取的各种行动。计划是由单位来完成的，故需以计划为依据设置单位。性质不同的计划，宜分设不同的单位来管理；同时，也可将工作性质相同、对象相同或程度相同的计划，合并设置一个单位主管。需要注意的是，当完成工作计划所设置的单位超出一定的管理幅度时，宜在单位与主管人员之间增设层次，即在主管人员之下先划分若干大单位，再由每个大单位管辖若干小单位。

（三）决定实施工作计划的作业活动与配置职位

由于工作计划仅是书面文件，必须通过作业活动才能实施，而作业活动又须配置适当的职位，以便罗致人员来处理具体事务。所谓作业活动，也就是具体的行动，包括所处理的各种工作项目名称以及在何处、何时、由何人、用何种方法来处理工作项目。所谓职位，指分配给每个工作人员的作业活动，它指的是工作，而非担当工作的人。在配置职位时，应注意把性质相同的作业活动尽可能组合为一个职位，以便实行专业分工，罗致专业人才；把程度相当的作业活动尽可能组合为一个职位，以便罗致某种资格水平的人员任职；同时，要注意保持适当的工作量，以免产生闲员或冗员。

（四）权责区分

组织上自最高管理者下至职员的职位，除所管辖或经办工作的职掌外，还需规定各个职位、各个单位的活动方式、职责、权力，使各个单位、职位权责明确，以免争功诿过、职权冲突或重叠。

（五）制定组织规程和规章制度

组织规程和规章制度是指为组织活动制定的各种规则、章程、程序和办法的总称，目的是使组织运行程序化和规范化，使组织成员工作有章可循，保障组织活动有序、稳定进行。在制定组织规程和规章制度时，要力求简明扼要，同时组织规程和规章制度应具有严肃性、权威性和相对的稳定性的特点。

第五节　行政组织结构设计与管理的一般原则

无论是进行组织结构设计，还是开展有效的组织管理，都必须遵循一定的规范，即组织原则。组织原则是人们在长期的管理实践中，基于对组织发展变化的规律认识而提出的并被实践检验为正确的思想和行动的规范。它反映了人们在长期管理实践中积累的经验和教训，它是指导组织工作的准则，也是衡量、评价组织工作的基本尺度。概括起来，组织结构设计与管理的一般原则如下：

一、统一指挥，统一目标

任何组织体系都是一个完整的统一体，任何局部都是有机整体的组成部分，各自发挥不同的功能，互为条件，互为依存，从而形成一个完整的统一体。要保证各组成部分统一行动，就必须统一指挥、统一号令。

事实上，任何协作劳动都或多或少需要统一指挥、统一意志，这是协作劳动得以顺利进行的条件。正如列宁所说："任何大机器工业——即社会主义的物质的、生产的泉源和基础——都要求无条件的和最严格的统一意志，以指导几百人、几千人以至几万人共同工作。"①

统一指挥的前提条件是统一目标。如果没有一致的目标指导各个部门，部门之间以及人员之间的工作冲突不可避免。因此，要实现目标统一，就必须对总目标进行分解，分配给每个部门和每个人，使每个部门、每个人的目标成为实现组织总目标的有机组成部分；以目标为基础，建立各种形式的责任制，讲求合理分工与协调。

统一领导是统一指挥的关键。在组织中，不能出现两套或多套领导班子（机构），否则便会出现双重领导或多重领导，其结果必然导致冲突和"内耗"。正如法约尔所言："如果两个领导人同时对同一个人或同一件事行使他们的权力，就会出现混乱，如果事情继续下去，混乱便会加剧，就像一个动物机体受到外界物体侵害那样出现病态。"②

同样，在具体的组织管理中，不能越级指挥，否则会使命令接受者无所适从。

机构设置统一是统一指挥的保证。在组织中，要明确各机构之间的指挥隶属关系，划清各职能部门之间的权限。如果几个部门的领导同时对同一工作下命令，各自认为这一工作是自己职责范围之内的事，便会破坏组织秩序。这不仅使下级无所适从，而且会出现某些人利用一个部门的命令反对另一个部门的命令的情况。

总之，统一指挥原则是"一项普遍的、永久必要的原则。……如果这条准则受到破坏，那么，权力将受到损害，纪律将受到危害，秩序将受到扰乱，稳定将受到威胁……"③。

二、分层管理，分权治事

任何组织都是一个层级节制体系。分层管理、分权治事是组织中存在的一个普遍现象，也是组织管理的准则。

---

① 列宁. 列宁选集：第3卷. 2版. 北京：人民出版社，1972：520.
② 法约尔. 工业管理与一般管理. 周安华，林宗锦，展学仲，等译. 孔令济，校. 北京：中国社会科学出版社，1982：73.
③ 法约尔. 工业管理与一般管理. 周安华，林宗锦，展学仲，等译. 孔令济，校. 北京：中国社会科学出版社，1982：27，73.

要实现有效的分层管理、分权治事，就必须处理好两种基本关系：①管理幅度和管理层次之间的关系；②集权与分权之间的关系。

由于每个管理人员的能力有限，当他直接指挥和协调的下级超过一定数量时，就不可能进行有效的管理，因而必须划分管理层次，逐级管理。在被管理单位和人员不变的情况下，管理幅度和管理层次成反比例关系。一般来讲，管理幅度越小，管理层次就越多；反之则反。但是，管理层次过多，会降低工作效率。因为随着层次增多，需要的人力、物力资源增多；层次过多，易造成组织信息沟通困难，容易发生遗漏和误解；层次过多，容易导致组织失控，协调困难。

如何解决这些矛盾？实践证明，改变管理层次之间的关系，不仅能够增大有效管理的幅度，还能减少管理层次。如何改变管理层次之间的关系？首先，只设立必要的管理层次。一般来说，在大规模组织中，需要设立四个管理层次：①高层管理层，负责总目标的制定和资源的分配；②中层管理层，负责分目标的制定及完成上级决定，协调下级活动；③低层管理层，完成上级的决定及协调指导组织基层员工的活动；④基层员工，负责执行具体工作。其次，实行逐级指挥、逐级负责制。最后，实行分权管理。

如何实行分权管理？这需要解决好集权与分权之间的关系。

集权就是把决策权、控制权、人事调配权等集中于组织最高管理层。集权有利于集中领导与统一指挥。但集权将导致管理层次增多，限制下级的积极性和主动性；加之中低层管理人员无权因地制宜、随机应变，使组织缺乏弹性。分权是指下层各管理人员都有与其职责相适应的管理权力，可以根据实际情况独立地处理问题，选择达到目标的途径和方法。分权有利于提高下级积极性，有利于减少管理层次，有利于上级集中精力进行组织决策和规划。分权的缺点是下级的独立性较强，容易导致本位主义。

集权和分权是相互排斥和相互依赖的。组织既要集权，又要分权。分权能实现"近点决策"，集权能保持内部协调平衡。关键问题不在于集权还是分权，而是如何平衡二者之间的关系，寻找一个适当的形式，使二者相互补充。

在现实社会，不存在任何集权和分权的理想模式，只能视具体情形而定。具体情形主要包括：①外部环境。在外部环境多变的情况下，较多的分权可以提高组织的适应能力，增强组织同外部环境的动态平衡；反之，在外部环境比较稳定的情况下，较多的集权可以提高组织效率，保持组织内部的平衡。②组织规模。组织规模庞大容易导致决策传达和信息反馈迟缓，如实行集权，不能实现"近点决策"；相反，较大程度的分权，则有利于提高组织效率。③组织活动内容。组织活动内容比较单纯，集中领导往往有效。如果组织活动内容复杂，集中领导则会导致控制太死、瞎指挥，而实行分权较为适宜。④成员素质。成员素质较高，则可实行分权；如果成员在工作中需要较多的指导、协调和控制，则实行集权较好。⑤空间区域。如果组织分布区域广，各地条件千差万别，则集权不如分权。故集权与分权的程度只能依客观条件而定。没有集权的分权，将导致组织内部自相残杀和冲突；相反，没有分权的集权，将导致组织僵化、丧失活力。

三、职掌明确，权责一致

任何组织都是一个职、权、责体系，在组织活动中，职能、权力、责任是互为条件的。所谓职掌明确、权责一致，是指职位（务）明确，权责分明，事有归属，责无旁贷，功莫由争，过无推诿。有职无权，不能完成工作；有权无责，则可能导致官僚主义、不负责任和滥用权力。根据管理实践，在组织中要体现这一原则，必须做到以下几点：①明确事权范围。本着机能一致的原则，明确划分各个部门的事权，建立权责分明的组织系统，使一事不分归两部门掌办、两部门不同办一事；本着分层负责、层级授权的原则，使人人有定事、事事有定人；本着法制精神，依法确定各部门权限、责任范围；以工作细则与职务规范等明确各成员的权责。②实行职务分工。要分清领导和被领导、决策和执行、政务和事务、业务主管和业务辅助、主管人员和非主管人员、正职和副职、监督和非监督的职权范围，不能越级越权治事。同时，人员数目也要适度，不能"管人之官多，治事之官少"。③建立奖惩机制。厉行奖惩是达成事权明确的手段和途径。要对每个部门及其人员行使职权、尽职、尽责的情况进行考核和监督，并进行客观、公正的奖惩。

四、以人为本，人性管理

思政启示

> 管理必须讲求以人为本，人性管理。

人是组织中最主要、最基本的要素，是实现组织目标的决定性力量。组织本身是为发挥人的作用而创造有利条件，提供良好的场所。组织的活力在于组织成员的积极性、智慧和创造力的发挥，故组织结构设计和管理必须讲求以人为本、人性管理。要做到这一点，在组织结构设计时，应注意以下方面：①工作分配要符合组织成员的兴趣。要尽可能地把组织工作的需要与个人的兴趣、把实现目标和发挥个人长处结合起来。这样，才能既有利于调动个人的积极性，又有利于个人的发展。②创造条件满足组织成员合理和正常的需要。一方面为组织成员创造良好的工作环境和条件，包括技术设备、工作环境等；另一方面要满足组织成员生理的需要、安全的需要、归属和爱的需要、尊重的需要、自我实现的需要。③要增加组织成员晋升的机会，使组织成员不断产生新的希望，激发工作热忱。④加强思想交流。通过思想交流使成员产生对组织的"认同感""归属感"和"团体"意识，从而共赴事功。⑤由纪律制裁走向人性激励。"徒法不足以自行"，要讲求纪律和法制，更要注重适应人性，讲求激励。因为纪律制裁仅能满足最低限度的工作标准，有很大的消极作用，并不能最大限度地提高组织效率。而激励能刺激、激发组织成员工作的内驱力，使他们主动、自发地努力工作。

五、经济效能，讲求效率

效率是组织追求的目标之一，达到效率目标的途径也是多样的。除了前面讲的几个原则，在组织结构设计时，还应注意以下几点：①组织机构要精简。《中华人民共和国宪法》（以下简称《宪法》）规定"一切国家机关实行精简的原则"，在组织结构设计时，应严格控制组织的规模和数量，避免组织臃肿和组织重叠。②人员要精简。根据职位要求配备合格的人员，建立和健全岗位责任制，减少冗员和人浮于事的现象。③领导班子要精简。合理确定领导职数，科学配备领导班子，减少副职和闲职，避免"官多兵少"现象。④组织层次要简化。层次过多是导致组织臃肿、组织运转不灵、效率低下的重要原因。组织结构设计时，应尽量减少组织层次，减少中间环节。⑤简化办事流程。简便审批手续，减少审批环节，下放审批权，实行就地审批原则。

六、适应环境，保持弹性

从环境系统来看，组织是环境系统中的一个部分，组织与环境系统的其他部分之间存在着依赖与影响的关系，因此，环境系统的其他部分的重大变动均会对组织产生影响。为与环境系统间保持平衡，组织须作适当调整以求适应。从组织本身来看，组织也自成系统，由若干子系统构成，任何子系统有重大变动，其他子系统也需作出适当调整，以保持平衡。这样，组织结构设计必须讲求与环境相适应，使组织保持弹性：①单位区分应保持弹性。各单位区分不宜过于固定、过于刻板。②职掌权责区分应保持弹性。各单位和上下级的权责划分固然要明确，但不宜作硬性规定，应保持弹性，以便调整。③员额编制应保持弹性，以便随业务变动修订职数、调整职位及增减员额编制。④对特定任务可采用人员临时编组方式处理。所谓特定任务，包括临时性且非某一单位可单独完成的任务，因属临时性，故不宜设立单位负责，较为妥善的办法是成立工作小组（如研究小组、指导小组、专案小组等），一旦任务完成，小组予以撤销。

七、顾及平衡，协调发展

所谓平衡，是指组织系统中诸要素之间以及组织与环境之间形成的协调、和谐、有序及适应的关系。在组织结构设计时，一定要注意下列平衡关系：①分工与协调的平衡。分工着眼于专业，专业化导致整体观念弱化；协调着眼于整体，但忽视单位之间的竞争。组织结构设计不论偏向分工还是偏向协调，都将对组织目标的达成造成障碍，故须讲求二者的平衡。如技术部门或基层单位可偏向分工，但中级以上单位则须顾及平衡，高级单位则更须以整体利益为重，通过协调求取平衡。②个体利益与整体利益的平衡。如果过分强调整体利益，将导致个体利益受损；如果过分强调个体利益，将使整体利益受损。这样，须讲求个体利益与整体利益的平衡，尽可能地把整体利益与个人利益结合起来。③贡献与报酬的平衡。当组织成员对组织的贡献大于组织所给予的报酬时，则人事将难以安定，导致组织成员情绪低落，协作意愿降低，工作潜力收敛。当组织所支付的报酬大于组织成员对组织的贡献时，则会导致用人费用增加，浪费严重，产生冗员或闲员，不能起到激励作用，故须讲求按劳取酬、按绩效取酬。

最后应说明的是，组织原则固然是进行组织结构设计和管理时应遵循的基本规范，但由于客观条件千差万别，因此应根据实际情况灵活运用。这些原则只有在适应客观条件情况下才能起作用。正如管理大师法约尔所言："原则是灯塔，它能使人辨明方向；它只能为那些知道通向自己目的地的道路的人所利用。"①

小　结

组织结构是实现组织目标的桥梁和工具。行政组织结构决定和影响行政组织的效率与行政职能的实现。在规划、选择组织结构时要考虑诸多因素，因此，应从行政管理的现实需要出发，合理划分和科学设置行政组织，以发挥行政组织的功能与效用。

思考与练习

一、名词解释

1. 组织结构　　　　　　　　2. 组织结构的分化

---

① 法约尔. 工业管理与一般管理. 周安华，林宗锦，展学仲，等译. 孔令济，校. 北京：中国社会科学出版社，1982：22.

3. 组织结构的层级化
4. 组织结构的分部化
5. 组织的"显结构"
6. 组织的"潜结构"
7. 管理层次
8. 管理幅度
9. 集权式组织结构
10. 分权式组织结构
11. 直线式组织结构
12. 直线职能式组织结构
13. 事业部式组织结构
14. 矩阵式组织结构
15. 组织结构设计

二、简答题

1. 简述组织结构的特点。
2. 简述组织结构的构成要素。
3. 简述行政组织结构的功能。
4. 简述行政组织结构层级化的优缺点。
5. 促成行政组织结构分部化的动因有哪些？
6. 简述行政组织结构分部化的依据与方式。
7. 简述行政组织结构分部化应遵循的原则。
8. 影响管理层次与管理幅度的主要因素有哪些？
9. 简述促进组织活动的整合或一体化的手段。
10. 简述组织结构设计的程序。

三、论述题

1. 试论集权式组织结构与分权式组织结构的优缺点。
2. 试论行政组织结构设计及影响因素。
3. 试论行政组织结构设计与管理的一般原则。

第五章 中国行政组织结构

学习目标

了解我国各级行政机关的机构设置情况；
理解各级行政机关的法律地位；
掌握我国国务院领导体制的主要内容。

导 学

我国是单一制国家，行政机关由中央行政机关和地方各级行政机关组成。中央行政机关即国务院，也称中央人民政府，是管理国务和政务的最高国家行政机关。地方各级行政机关，即地方各级人民政府。我国目前的地方行政建制，除少数地区实行省、县、乡三级制外，大部分地区已经建立省、市、县、乡四级制。从法律地位看，地方各级行政机关具有双重属性：一方面，它们是地方各级国家权力机关的执行机关，对同级国家权力机关负责并报告工作；另一方面，它们接受上一级国家行政机关的领导，并服从最高国家行政机关（国务院）的统一领导。香港和澳门回归祖国后，依法设立的特别行政区行政机关的法律地位具有特殊性。特别行政区行政机关和立法机关的关系，不同于内地的人民代表大会与行政机关之间的立法与执行、监督与被监督的关系。

01 第一节 中央行政机关

一、国务院的法律地位

2018年《宪法》第85条规定："中华人民共和国国务院，即中央人民政府，是最高国家权力机关的执行机关，是最高国家行政机关。"明确界定了国务院在国家行政机关中的法律地位：在与最高国家权力机关的关系上，国务院处于从属和被监督的地位；在与地方各级国家行政机关的关系上，国务院在国家行政系统中处于最高地位。

（一）国务院是最高国家权力机关的执行机关

我国政治体制的基本架构是：国家的一切权力属于人民，人民行使国家权力的机关是全国人民代表大会和地方各级人民代表大会，全国人民代表大会是最高国家权力机关。国务院与全国人民代表大会的关系是：①国务院由全国人民代表大会产生。全国人民代表大会根据国家主席的提名，决定国务院总理的人选，根据国务院总理的提名，决定国务院副总理、国务委员、各部部长、各委员会主任、审计长和秘书长的人选。②国务院接受全国人民代表大会及其常务委员会的监督。全国人民代表大会有权罢免国务院总理及国务院其他组成人员；国务院编制的国民经济和社会发展计划以及国家预算及其执行情况，必须经全国人民代表大会审查批准；全国人民代表大会及其常务委员会有权向国务院及其组成机关提出质询案，受质询的机关必须负责答复；全国人民代表大会常务委员会有权撤销国务院制定的与宪法、法律相抵触的行政法规、决定和命令。③国务院对全国人民代表大会负责并报告工作。在全国人民代表大会闭会期间，国务院对全国人民代表大会常务委员会负责并报告工作。

（二）国务院是最高国家行政机关

国务院由最高国家权力机关产生，行使最高国家行政权力，在国家行政系统中处于最高地位。表现为：①国务院负责统一领导全国经济、政治、社会、文化等各方面的行政工作。在国务院担负的各项工作中，最为重要的是经济工作。此外，国务院还负责领导和管理经济工作和城乡建设、生态文明建设，以及民政、公安、司法行政、教育、科学、文化、卫生、体育、计划生育等工作，管理对外事务。②国务院统一领导各职能机构、直属机构和办事机构的工作。国务院有权改变或者撤销各部、各委员会发布的不适当的命令、指示和规章。③国务院规定中央和省级国家行政机关的职权划分，统一领导地方各级国家行政机关的工作。国务院有权改变或者撤销地方各级国家行政机关的不适当的决定和命令，以保证国家行政权力的统一和政令的畅通。④国务院制定的行政法规，发布的决定和命令，对各级国家行政机关具有普遍的约束力，各级国家行政机关必须遵照执行。

总之，国务院负责统一领导全国经济、政治、社会、文化等各领域的行政工作，负责统一领导国务院各部、委、局、行、署、办等组成机关、直属机关和办事机关，负责统一领导地方各级国家行政机关。它保证了国家行政权力的统一和政令的畅通。

二、国务院领导体制

（一）国务院实行总理负责制

国务院的领导体制在制度上经历了从合议制向总理负责制的转变历程。中华人民共和国成立之初，国务院的前身——政务院实行合议制。总理负责召集政务院会议，重要决策需经全体政务委员集体讨论决定，实行集体负责制。政务院发布的决议和命令，有些由总理单独签署，有些除总理签署外，还需要由相关部委的首长签署。1954年《宪法》第50条第1款规定："总理领导国务院的工作，主持国务院会议"，但它并没有对总理负责制进行规定。1954年《中华人民共和国国务院组织法》规定，国务院发布的决议和命令，必须经国务院全体会议或者国务院常务会议通过。"文化大革命"期间，1975年《宪法》和1978年《宪法》都没有对国务院领导体制作出明确规定，1975年《宪法》还将"总理领导国务院的工作，主持国务院会议"的规定取消。

2018年《宪法》第86条规定："国务院实行总理负责制。各部、各委员会实行部长、主任负责制。"所谓总理负责制，即总理对国务院工作中的重大问题具有最后决策权，并对这些决策以及所领导的全部工作负全面责任。总理负责制主要包括以下内容：①总理领导国务院的工作，副总理、国务委员协助总理工作，国务院各部部长、各委员会主任、审计长、秘书长负责本部门的工作，同时对总理负责。②总理负责召集和主持国务院常务会议和国务院全体会议，并对重大问题拥有最后决定权，该权力不受"少数服从多数"原则的限制。③总理拥有人事提名权。总理有权向全国人民代表大会及其常务委员会提名国务院组成人员人选。④总理代表国务院向全国人民代表大会及其常务委员会负责并接受其监督。国务院发布的决定、命令和行政法规，向全国人民代表大会及其常务委员会提出的议案，任免行政人员，均由总理单独签署。从行政管理科学化的角度看，行政首长负责制有利于明确行政责任，提高行政效率。

（二）总理的产生、任期、罢免与辞职

总理由全国人民代表大会选举产生。总理选举的基本程序为：全国人民代表大会

选举产生国家主席，国家主席提名国务院总理人选；全国人民代表大会在协商和讨论的基础上，进行投票表决，候选人获得过半数代表的同意便当选为总理；当选总理由国家主席签署主席令予以公布。总理选举的程序具有以下特点：①坚持社会主义民主原则。总理由国家主席提名，受命于国家，由全国人民代表大会选举产生。②坚持党的领导原则。中国共产党是中国政治生活中唯一的执政党，它在党内外广泛政治协商的基础上，积极慎重地向最高国家权力机关推荐总理候选人，确保党的重要领导人顺利进入最高国家行政机关。③实行等额选举制度。目前，总理选举不实行差额选举和竞争选举，只提名一个总理候选人，总理候选人在投票过程中过半数即当选。④实行间接选举制度。总理由全国人民代表大会间接选举产生，而不是由人民直接选举产生。

2018 年《宪法》第 87 条规定："国务院每届任期同全国人民代表大会每届任期相同。总理、副总理、国务委员连续任职不得超过两届。"全国人民代表大会每届任期五年，总理每届任期也是五年，连续任职不得超过两届。限制政府最高领导人的任职时间，确定政府最高领导人的任职期限，对于废除领导职务终身制、推进政治现代化和民主化，无疑具有十分深远的意义。

总理的罢免权属于全国人民代表大会。罢免案应在全国人民代表大会会议期间提出。总理罢免的基本程序如下：大会主席团、三个以上代表团或者十分之一以上的代表，可以提出对总理的罢免案；罢免案提出后，由大会主席团提交各代表团审议，然后提请大会全体代表会议表决；全国人民代表大会法定人数半数以上的代表表决同意罢免，罢免案便获通过。如果在全国人民代表大会闭会期间提出总理罢免案，必须在全国人民代表大会常务委员会认为必要的情况下，或者有五分之一以上的全国人民代表大会代表提议，召开全国人民代表大会临时会议，然后依法提出罢免案。

总理可以提出辞职。总理在全国人民代表大会会议期间提出辞职的，由大会主席团将辞职请求提交各代表团审议后，提请大会全体代表会议决定。总理在全国人民代表大会闭会期间提出辞职的，由委员长将其辞职请求提请全国人民代表大会常务委员会审议决定。全国人民代表大会常务委员会接受总理辞职请求，应当报请下次全国人民代表大会全体代表会议确认。全国人民代表大会闭会期间，总理由于出访、生病、逝世、辞职等原因缺位时，由全国人民代表大会常务委员会在副总理中决定代理人选。

三、国务院的职权配置

《宪法》以逐条列举的方式赋予了国务院广泛的行政职权。概括地说，国务院的职权可以归纳为以下五个方面：

国务院的职权

（一）行政立法权

国务院有权根据宪法和法律，制定在全国范围内具有普遍法律效力的规范性文件，即行政法规。国务院各部委有权根据法律和国务院的行政法规、决定和命令,在本部门的权限内,制定部门规章。此外,国务院还接受全国人民代表大会及其常务委员会的授权,制定某些具有法律效力的暂行规定或条例等。在行政管理实践中,往往会遇到许多法律规定之外的新问题,由于缺乏必要的实践依据,全国人民代表大会及其常务委员会制定法律的条件尚不成熟。在此情况下,国务院接受授权,可以制定暂行规定或条例。国务院接受全国人民代表大会及其常务委员会授权制定的规范性文件,需报请最高国家权力机关备案。

(二)行政提案权

国务院有权就以下事项向全国人民代表大会及其常务委员会提出议案:国民经济和社会发展计划以及计划执行情况;国家预算和预算执行情况;必须由全国人民代表大会常务委员会批准和废除的同外国缔结的条约和重要协定;必须由全国人民代表大会或全国人民代表大会常务委员会决定的任免;其他必须由全国人民代表大会或全国人民代表大会常务委员会以法律规定的事项。行政提案权使国务院可以及时、充分地向最高国家权力机关反映在行政活动中出现的新情况、新问题,并就此提出建议和意见。

(三)行政领导与管理权

国务院作为最高国家行政机关,统一领导地方各级国家行政机关的工作。国务院主要通过以下途径行使行政领导权:有权发布决定和命令;有权规定各部委的任务和职责,统一领导各部委的工作,并且领导不属于各部委的全国性行政工作;有权统一领导地方各级国家行政机关的工作,规定中央与省级国家行政机关的职权划分;有权统一领导全国经济、政治、社会、文化等各方面的行政工作。

(四)行政监督权

国务院有权改变或者撤销各部、各委员会发布的不适当的命令、指示和规章,有权改变或者撤销地方各级国家行政机关的不适当的决定和命令。根据《中华人民共和国地方各级人民代表大会和地方各级人民政府组织法》(以下简称《地方组织法》),国务院同样有权对地方政府制定的行政措施和行政规章行使监督权,有权改变或者撤销那些违反法律和国务院行政法规的规章,以保证地方各级国家行政机关忠实地贯彻执行宪法、法律和国务院的行政法规。

(五)人事行政权

国务院有权审定行政机构的编制,依照法律规定任免、培训、考核和奖惩行政人员。国务院进行人事任免的范围为:国务院组成部门的副职领导的任免,国务院直属机构、办事机构、部委归口管理的国家局、国务院直属事业单位的正职、副职领导的任免。

第二节 地方行政机关

我国当前的地方行政建制是对历史的继承与发展。秦统一全国后，推行郡县制，在全国设立了36个郡，奠定了以中央集权为特征的行政建制。此后，我国的地方行政建制虽历经变动，但其中央集权的特征基本没变。1949年中华人民共和国成立以后，行政区划和行政建制经历了多次调整，概括来说，可以分为四个阶段：第一阶段，1949—1954年，地方行政机关实行大区、省、县、乡四级制；第二阶段，1954—1966年，地方行政机关实行省、县、乡（人民公社）三级制；第三阶段，1966—1976年，行政区划和各级地方行政机关遭受严重破坏；第四阶段，自"文化大革命"结束至今，地方行政机关实行省、县、乡三级制和省、市、县、乡四级制同时并存的体制。

一、省级政府

当前，我国省级行政单位分为省、自治区、直辖市、特别行政区4类，目前全国共划分为23个省、5个自治区、4个直辖市、2个特别行政区。

（一）省级政府的地位、组成与任期

《宪法》规定，地方各级政府是地方各级国家权力机关的执行机关，对本级人民代表大会负责并报告工作。《宪法》同时规定，地方各级政府对上一级国家行政机关负责并报告工作，全国地方各级政府都服从国务院。这就是说，地方各级政府具有双重属性：既对选举产生它们的国家权力机关负责并报告工作，又必须服从上级国家行政机关的领导。省级政府同样具有双重属性：一方面，从属于本级人民代表大会及其常务委员会，执行本级人民代表大会及其常务委员会制定的地方性法规和决议；另一方面，必须服从国务院的统一领导，国务院有权向省级政府交办各项行政工作，有权改变或撤销省级政府作出的不适当的决定和命令。

《地方组织法》规定，省、自治区、直辖市的政府分别由省长、副省长，自治区主席、副主席，市长、副市长和秘书长、厅长、局长、委员会主任等组成。正、副省长，自治区正、副主席，正、副市长由省级人民代表大会选举产生。新一届省级政府领导人选举产生后，应当在两个月内由正职领导人提请本级人民代表大会常务委员会任命

政府秘书长、厅长、局长、委员会主任，并报国务院备案。在本级人民代表大会闭会期间，省长、自治区主席或市长因故不能担任职务时，由本级人民代表大会常务委员会从本级政府副职领导人中决定代理人选，待本级人民代表大会下次会议时再进行补选；在本级人民代表大会闭会期间，副省长、自治区副主席、副市长的个别任免由省级人民代表大会常务委员会决定。省级政府的任期与本级人民代表大会的任期相同，每届任期5年。

《宪法》规定，地方各级政府实行行政首长负责制。省级政府分别由省长、自治区主席、市长主持工作。在实际管理过程中，政府工作中的重大问题均须经有关会议讨论决定。省级政府会议分为全体会议和常务会议。全体会议由省级政府全体成员组成；常务会议分别由省长、副省长，自治区主席、副主席，市长、副市长和秘书长组成。

（二）省级政府的机构设置与职权

省级政府的机构设置与国务院的机构设置有一定的类似之处。根据统一领导和分层管理的原则，省级政府参照国务院机构设置情况，根据本行政区域的实际需要，设置与国务院基本相应的行政机构。中华人民共和国成立之际，省级政府的行政机构一般为25个左右。1957年，省级政府的行政机构增至45个左右。改革开放以来，随着经济建设步伐的加快，省级政府的行政机构也随之增多。1982年，省级政府的行政机构猛增至80个左右。为此，中共中央、国务院发布通知，严令省级政府的行政机构要压缩到35～40个。但此后不久，一些被撤销或合并的机构又以各种形式重新恢复。有的机构因受编制限制不得列入政府系列，转身变成"二级机构"，有的机构虽在名义上转为经济实体，实际上是所谓的"翻牌公司"。到1985年，省级政府的行政机构大多为60～70个。1988年政府机构改革主要集中于中央层面，对省级政府的触动不大。1993年政府机构改革后，省、自治区政府的行政机构平均为55个，直辖市政府的行政机构控制在60个左右。根据1998年政府机构改革的部署，2001年2月，省级政府的机构改革基本完成，省级政府的行政机构由平均55个减少到40个，截至目前，各省级政府的行政机构平均数量大体保持在40个。

省级政府所设行政机构的名称不一，比较常见的是厅、局、委等。这些机构，大多与国务院有关部门对口，有些则不完全对口，而是各省级政府根据本行政区域的需要因地制宜设立的，如盐务管理局、乡镇企业局等。根据规定，省级政府的厅、局、委等机构的设立、增加、减少或合并，由本级政府报请国务院批准，并报本级人民代表大会常务委员会备案。省级政府的行政机构受本级政府统一领导，并接受国务院主管部门的业务指导或领导。概言之，省级政府行政机构的管理和归属主要存在两种情况：①受省级政府领导，同时接受国务院主管部门的业务指导或领导；②接受省级政府和国务院有关部门的双重领导，如审计局、监察局、公安厅等。在省级行政区域内，还有国务院有关部门设立的分支机构，如民航管理局、中国人民银行分行、海关等。

这些机构由国务院主管部门实行垂直领导，不列入省级政府的行政序列，但省级政府应当协助它们开展工作，在某些事项上拥有监督及综合协调权。

省级政府的职权，根据《地方组织法》的规定，大体可以归纳为六个方面：①行政执行权。即执行本级人民代表大会及其常务委员会的决议，以及国务院的决定和命令，执行国民经济和社会发展计划、预算。②行政领导和管理权。即领导所属工作部门和下级政府的工作，全面管理本行政区域内的经济、教育、科学、文化、卫生、体育事业、环境和资源保护、城乡建设事业以及财政、民政、公安、民族事务、司法行政、监察、计划生育等行政工作。③地方行政立法权与制令权。即根据法律、行政法规和本级人民代表大会及其常务委员会制定的地方性法规，制定行政规章，以及规定行政措施，发布决定和命令。④行政监督权。即有权改变或者撤销所属各工作部门的不适当的命令、指示和下级人民政府的不适当的决定、命令。⑤人事行政权。即根据法律的规定任免、培训、考核和奖惩国家行政机关工作人员。⑥行政保护权。即保护国家、集体以及公民个人的合法财产和合法权益；保障公民的人身权利、民主权利和其他权利；保障少数民族的权利；保障宪法和法律赋予妇女的男女平等、同工同酬和婚姻自由等各项权利。

省级政府的职权

二、市级政府

20世纪80年代以来，为适应经济发展和行政体制改革的需要，我国建市的标准有所放宽，出现了"撤地建市""地市合并""撤县建市"的热潮。1985年，全国已有324个建制市。至2005年底，全国建制市增加到661个，其中，直辖市4个，地级市283个，县级市374个。2019年，全国建制市增加至679个，其中，直辖市4个，地级市293个，县级市382个。以城区常住人口为统计口径，我国的城市被划分为五类七档。城区常住人口50万以下的城市为小城市，其中20万以上50万以下的城市为Ⅰ型小城市，20万以下的城市为Ⅱ型小城市；城区常住人口50万以上100万以下的城市为中等城市；城区常住人口100万以上500万以下的城市为大城市，其中300万以上500万以下的城市为Ⅰ型大城市，100万以上300万以下的城市为Ⅱ型大城市；城区常住人口500万以上1 000万以下的城市为特大城市；城区常住人口1 000万以上的城市为超大城市。我国当前的城市，在行政级别上分为直辖市、副省级市、地级市和县级市四个层次。

（一）市级政府的组成

市级政府对本级人民代表大会和上一级国家行政机关负责并报告工作，并接受国务院的统一领导。根据《地方组织法》的规定：直辖市、副省级市、地级市的人民政府由市长、副市长和秘书长、厅长、局长、委员会主任等组成。县级市的人民政府由市长、副市长和局长、科长等组成。市级政府每届任期5年。市级政府市长、副市长由市人民代表大会选举产生。在市人民代表大会闭会期间，副市长的个别任免，由市人民代表大会常务委员会决定。市级政府的其他组成人员的人选，应当在市长、副市长选举产生后的两个月内，根据市长的提名，由市人民代表大会常务委员会决定，并报上一级政府备案。市级政府实行行政首长负责制，市长主持地方政府工作。政府工作中的重大问题需经有关会议讨论，最后由市长决定。政府会议分为全体会议和常务会议，全体会议由市级政府全体成员组成，常务会议由市长、副市长和秘书长组成（县级市政府的常务会议由市长、副市长组成）。

（二）市级政府的机构设置与职权

市级政府的内设行政机构受本级政府统一领导，并接受上一级政府主管部门的业务指导或领导，对于设在本行政区域内而不属于自己管理的国家机关和企事业单位，市级政府应当协助它们进行工作，并且监督它们遵守和执行法律、行政法规和政策。市级政府因行政级别、城市规模不同，所设行政机构的名称和数量也不相同。由于城市人口稠密、产业发达、市政建设与管理任务繁重，市级政府设置的机构一般多于同级其他地方政府。一般而言，地级以上市级政府所设机构称为"委""厅""局"，县级市政府所设机构称为"局""委""科"。市级政府行政机构的设立、增加、减少或者合并，须由本级政府报请上一级政府批准，并报请本级人民代表大会常务委员会备案。

市级政府的职权，根据《地方组织法》的规定，与省级政府的职权基本相同，大体可以归纳为六个方面，即行政执行权、行政领导和管理权、行政制令权、行政监督权、人事行政权以及行政保护权。《地方组织法》第60条第1款规定："省、自治区、直辖市的人民政府可以根据法律、行政法规和本省、自治区、直辖市的地方性法规，制定规章，报国务院和本级人民代表大会常务委员会备案。设区的市的人民政府可以根据法律、行政法规和本省、自治区的地方性法规，制定规章，报国务院和省、自治区的人民代表大会常务委员会、人民政府以及本级人民代表大会常务委员会备案。"

三、县级政府

（一）县级政府的地位、组成与领导体制

县级政府是指县、自治县、县级市、市辖区、旗、自治旗政府。县级政府大致可以分为三种类型：①受地级市、自治州、副省级市的政府直接领导的县级政府；②受省级政府直接领导的县级政府，如北京、上海等直辖市下辖的区政府、县政府，以及

未设地区行署地方的县级政府；③在省级政府之下派驻地区行署，受地区行署指导的县级政府。

县级政府同样具有双重属性：一方面，它是县级人民代表大会及其常务委员会的执行机关，对其负责并报告工作；另一方面，它是县级国家行政机关，必须服从上一级国家行政机关的领导。那么，当县级人民代表大会及其常务委员会的意志与地级市国家行政机关发布的决定、命令发生冲突时，县级政府应该服从谁的意志呢？目前，我国宪法和有关法律尚没有对此作出明确界定。

根据《地方组织法》的规定：县、自治县、县级市、市辖区的政府分别由县长、副县长，市长、副市长，区长、副区长和局长、委员会主任、科长等组成。县长、副县长，市长、副市长，区长、副区长均由县级人民代表大会选举产生。在县级人民代表大会闭会期间，常务委员会可以决定副县长、副市长、副区长的个别人选。县级政府的其他组成人员的人选，应当在本级政府领导人员选举产生后的两个月内，根据县长或市长、区长的提名，由本级人民代表大会常务委员会决定，并报上一级政府备案。县级政府每届任期5年。县级政府分别由县长、市长、区长主持本级政府的工作。政府工作中的重大问题需经有关会议讨论，最后由行政首长决定。

（二）县级政府的机构设置与职权

县级政府设立的机构，一般称为"委""办"或"局"。其设立、增加、减少或者合并，由本级政府报请上一级政府批准，并报请本级人民代表大会常务委员会备案。由于所辖行政区域面积以及经济发展水平不同，县级政府设立机构的数量和名称也不同。

根据《地方组织法》的规定，县级政府的职权共有十项，与省级政府、市级政府基本一样。概括来说，县级政府的职权主要体现为行政执行权、行政领导和管理权、行政制令权、行政监督权、人事行政权以及行政保护权六个方面。需要说明的是，县级政府没有行政立法权，无权制定地方性法规或规章。

县级政府在必要时，经省级政府批准，可以设立派出机关。县级政府的派出机关主要有街道办事处，在一些偏远地区还设有区公所。

四、乡级政府

（一）乡级政府的组成、机构设置和职权

乡级政府是指乡、民族乡、镇的政府。乡镇是中国的基层行政建制。其中，乡为广大农村地区的基层行政建制，民族乡为少数民族聚居的农村地区的基层行政建制，镇为非农业人口占一定比例的小城市型的基层行政建制。乡级政府是乡级人民代表大会的执行机关，是基层国家行政机关。根据《地方组织法》的规定：乡、民族乡政府设乡长1人、副乡长若干人。镇政府设镇长1人、副镇长若干人。民族乡政府的乡长由建立民族乡的少数民族公民担任。乡长、副乡长、镇长、副镇长由乡、镇人民代表大会选举产生。乡级政府实行乡长、镇长负责制，乡长、镇长主持本级政府的工作，有权领导和管理乡、镇政府所设职能机构和工作人员，并对政府的各项工作负全面责任。乡、镇政府定期或临时召开乡长、镇长办公会议，讨论、决定本行政区域内的重大问题。会议参加者除正、副乡长，正、副镇长外，还包括有关工作部门的负责人。乡、民族乡、镇的政府每届任期5年。

乡级政府设有分管民政、司法、财政、文教卫生、计划生育、生产建设等方面工作的部门。按隶属关系，这些部门大体可以分为三类：①直属办事机构，如乡（镇）政府办公室、民政科（办公室）、司法科（办公室）、农经科（办公室）、文教卫生科（办公室）、计划生育办公室等。②企事业机构，如农机站、兽医站、水利站、经管站、食品站、文化站、广播站、学校、卫生院等，这些机构原为县乡政府设在乡镇的机构，现在已经交由乡（镇）政府管理。③双重领导机构，如公安派出所、工商所、税务所、财政所、粮管所、信用社等，它们是县级政府的职能部门设在乡、镇的派出机关，接受县级政府职能部门的领导，同时接受乡（镇）政府的领导。

乡级政府承担社会、经济、政治、文化等领域的基础性事务工作。根据《地方组织法》的规定，乡、民族乡、镇的政府行使下列职权：①行政执行权。执行本级人民代表大会的决议和上一级国家行政机关的决定和命令，发布决定和命令。②行政管理权。管理本行政区域内的经济、教育、科学、文化、卫生、体育事业和财政、民政、公安、司法行政、计划生育等行政工作。③行政保护权。保护国家、集体和个人的合法财产和合法权益，维护社会秩序，保障公民的人身权利、民主权利和其他权利；保障少数民族的权利；保障宪法和法律赋予妇女的男女平等、同工同酬和婚姻自由等各项权利。

（二）乡级政府指导下的村民委员会

《中华人民共和国村民委员会组织法》规定，村民委员会是村民自我管理、自我教育、自我服务的基层群众性自治组织，实行民主选举、民主决策、民主管理、民主监督。村民委员会协助乡、民族乡、镇的政府开展工作；乡、民族乡、镇的政府对村民委员会的工作给予指导、支持与帮助，但是不得干预依法属于村民自治范围内的事项。村民委员会由主任、副主任和委员共3~7人组成。村民委员会主任、副主任和委员，由村民直接选举产生。任何组织和个人不得指定、委派或者撤换村民委员会成员。村民委员会每届任期5年，届满应当及时进行换届选举。选举村民委员会，由本村有选举权的村民直接提名候选人，候选人的名额应当多于应选名额。选举时，应当设立秘密写票处。选举实行无记名投票、公开计票的办法，选举结果应当当场公布。

村民委员会的组织体制，使广大农民第一次获得了自由选举"社区领袖"的民主权利，增强了乡村社会的自主性和独立性，实现了乡村自治及其民主化的制度创新。

03 第三节 特别地方行政机关

除省级政府、市级政府、县级政府、乡级政府等一般地方行政机关外，我国还在一些特别行政区域内设置特别地方行政机关，这些特别地方行政机关包括民族区域自治政府和特别行政区政府。

一、民族区域自治政府

我国是统一的多民族国家，实行民族区域自治制度，即在中央政府的统一领导下，各少数民族聚居的地方实行区域自治，设立自治机关，行使自治权。《宪法》第112条规定："民族自治地方的自治机关是自治区、自治州、自治县的人民代表大会和人民政府。"民族自治地方的政府，即民族区域自治政府，是民族自治地方权力机关的执行机关，是民族自治地方的行政机关。

（一）民族区域自治政府的设置原则

民族自治地方分为自治区、自治州和自治县三级。自治区与省同级，自治州与地级市同级，自治县与县同级。对应地，民族区域自治政府也分为三级，即自治区政府、自治州政府和自治县政府。民族区域自治政府的设置原则如下：

民族区域自治政府的设置原则

1. 坚持以民族聚居原则为基础

民族区域自治政府是以少数民族聚居区为基础、以少数民族干部为主体建立起来的。我国各民族区域自治政府的民族组成，大体可以分为四种类型：①以一个少数民族聚居区为基础建立的民族区域自治政府，如西藏自治区人民政府、吉林省延边朝鲜族自治州人民政府、青海省循化撒拉族自治县人民政府等；②以一个人口较多的少数民族聚居区为基础，并包括一个或几个人口较少的其他少数民族聚居区建立的民族区域自治政府，如新疆维吾尔自治区人民政府、内蒙古自治区人民政府等；③以两个少数民族聚居区为基础联合建立的民族区域自治政府，如湖北省恩施土家族苗族自治州人民政府、湖南省湘西土家族苗族自治州人民政府、四川阿坝藏族羌族自治州人民政府等；④以三个或三个以上的少数民族聚居区为基础联合建立的民族区域自治政府，如甘肃省积石山保安族东乡族撒拉族自治县人民政府等。

2. 参酌现实条件和历史情况

《中华人民共和国民族区域自治法》（以下简称《民族区域自治法》）第 12 条规定："少数民族聚居的地方，根据当地民族关系、经济发展等条件，并参酌历史情况，可以建立一个或几个少数民族聚居区为基础的自治地方。"我国各民族分布呈现出"大杂居、小聚居"的特点。在少数民族聚居区内的民族成分也不是单一的，有的以一个少数民族聚居为主，有的以几个少数民族聚居为主，有的在一个人口较多的少数民族聚居区内又分布着若干其他少数民族的小聚居区。各少数民族聚居区内的自然条件、经济结构和生产水平也不相同。在漫长的历史进程中，一些少数民族形成了世代沿袭、相互认可的聚居区域界线和文化传统。在建立民族区域自治政府时，需要参酌当地民族关系、经济发展和历史情况。

3. 以维护国家统一，促进民族团结、民族平等和各民族共同发展为目标

思政启示

> 维护国家统一，促进民族团结、民族平等和各民族共同发展。

在我国这样一个多民族国家，国家统一、民族团结是推进现代化建设的根本保证，也是实现各民族共同发展的根本利益所在。《民族区域自治法》规定："各民族自治地方都是中华人民共和国不可分离的部分。""民族自治地方的自治机关必须维护国家的统一，保证宪法和法律在本地方的遵守和执行。"这就是说，民族区域自治政府只是作为地方行政机关而存在，并不拥有国家所拥有的权力。民族区域自治政府要维护国家统一，促进民族团结、民族平等和各民族共同发展，禁止对任何民族的歧视和迫害，禁止破坏民族团结和制造民族分裂的行为。

4. 保障少数民族的自治权利

《宪法》和《民族区域自治法》规定：民族区域自治政府对于本区域范围内的政治、经济、文化等地方性事务，有权根据当地民族的特点、愿望和要求，在不与宪法、法律相抵触，不影响中央政府统一领导的前提下，行使自治权。

（二）民族区域自治政府的地位、组成和机构设置

民族区域自治政府对本级人民代表大会和上一级国家行政机关负责并报告工作。在本级人民代表大会闭会期间，对本级人民代表大会常务委员会负责并报告工作。同时，各民族区域自治政府都是国务院统一领导下的国家行政机关，都服从国务院领导。民族区域自治政府的特殊性表现为：自治区主席、自治州州长、自治县县长由实行区域自治的民族的公民担任；政府组成人员，应当合理配备实行区域自治的民族和其他少数民族的人员；政府所属工作部门的干部中，应当合理配备实行区域自治的民族和其他少数民族的人员；政府执行行政职权时，要使用当地民族通用的一种或几种语言

文字；对于本区域内的政治、经济、文化等地方性事务，政府有权根据当地民族的特点、愿望和要求，在不与宪法、法律相抵触，不影响中央政府统一领导的前提下，行使自治权。

根据《地方组织法》的规定：自治区、自治州的政府分别由自治区主席、副主席，自治州州长、副州长和秘书长、厅长、局长、委员会主任等组成。自治县政府由县长、副县长和局长、科长等组成。自治区、自治州、自治县的政府的任期与本级人民代表大会相同，即每届任期5年。自治区主席、副主席，自治州州长、副州长，自治县县长、副县长由同级人民代表大会选举产生。在同级人民代表大会闭会期间，副主席、副州长、副县长的个别任免，由同级人民代表大会常务委员会决定。自治区、自治州、自治县的政府的其他组成人员的人选，应当在主席、副主席，州长、副州长，县长、副县长选举产生后的两个月内，根据行政首长的提名，由同级人民代表大会常务委员会决定，并报上一级政府备案。自治区、自治州、自治县的政府均实行行政首长负责制。

各级民族区域自治政府的机构设置除其民族特点外，与同级的一般地方行政机关差不多。由于民族自治地方大多处于边远地区，自然条件较差，经济发展水平相对落后，因此民族区域自治政府的机构一般稍少于同级一般地方行政机关的机构。根据《地方组织法》的规定，民族区域自治政府的内设行政机构受本级政府统一领导，并且依照法律或者行政法规的规定受上级政府主管部门的业务指导或领导。民族区域自治政府机构的设立、增加、减少或者合并，须由本级政府报请上一级政府批准，并报请本级人民代表大会常务委员会备案。

二、特别行政区政府

《宪法》规定：国家在必要时得设立特别行政区。在特别行政区内实行的制度按照具体情况由全国人民代表大会以法律规定。随着香港、澳门回归祖国，香港特别行政区和澳门特别行政区先后成立。香港特别行政区和澳门特别行政区的成立，给我国传统的单一制国家结构形式增添了新的成分。特别行政区成立以后，除了全国统一的宪法和国旗、国徽、国籍、货币外，特别行政区还有自己的基本法和区旗、区徽、区籍、货币。特别行政区实行与内地不同的政治、经济和文化制度。除外交和国防事务属中央政府管理外，特别行政区实行高度自治，享有行政管理权、立法权、独立的司法权和终审权，享有独立的地方财政权，实行独立的税收制度，享有独立的外事权。

（一）特别行政区行政长官及其职权

根据《中华人民共和国香港特别行政区基本法》（以下简称《香港特别行政区基本法》）和《中华人民共和国澳门特别行政区基本法》的规定，香港特别行政区行政长官与澳门特别行政区行政长官的地位、资格、产生、任期和职权基本相同。现以香港特别行政区行政长官为例加以说明。

香港特别行政区行政长官是香港特别行政区的首长，代表香港特别行政区。香港特别行政区行政长官对中央人民政府和香港特别行政区负责。特别行政区行政长官的法律地位是双重的：一方面，行政长官作为特别行政区的首长，是特别行政区的最高地方长官，对中央人民政府和特别行政区负责；另一方面，行政长官作为特别行政区的首长，负责领导特别行政区政府，对特别行政区立法会负责。香港特别行政区行政长官由年满四十周岁，在香港通常居住连续满二十年并在外国无居留权的香港特别行政区永久性居民中的中国公民担任。行政长官的产生通常包括提名和任命两道程序。《香港特别行政区基本法》规定：香港特别行政区行政长官在当地通过选举或协商产生，由中央人民政府任命。香港特别行政区行政长官任期五年，可连任一次。《香港特别行政区基本法》还规定，香港特别行政区行政长官必须廉洁奉公、尽忠职守。行政长官就任时应向香港特别行政区终审法院首席法官申报财产，记录在案。

特别行政区行政长官有下列情况之一者必须辞职：因严重疾病或其他原因无力履行职务；因两次拒绝签署立法会通过的法案而解散立法会，重选的立法会仍以全体议员三分之二多数通过所争议的原案，而行政长官仍拒绝签署；因立法会拒绝通过财政预算案或其他重要法案而解散立法会，重选的立法会继续拒绝通过所争议的原案。《香港特别行政区基本法》第53条规定："香港特别行政区行政长官短期不能履行职务时，由政务司长、财政司长、律政司长依次临时代理其职务。"

特别行政区行政长官行使下列职权：①领导特别行政区政府。②负责执行基本法和依照基本法适用于特别行政区的其他法律。③签署立法会通过的法案，公布法律；签署立法会通过的财政预算案，将财政预算、决算报中央人民政府备案。④决定政府政策和发布行政命令。⑤提名并报请中央人民政府任命各司司长、副司长，各局局长、各处处长等主要官员。⑥依照法定程序任免各级法院法官。⑦依照法定程序任免公职人员。⑧执行中央人民政府就基本法规定的有关事务发出的指令。⑨代表特别行政区政府处理中央授权的对外事务和其他事务。⑩批准向立法会提出有关财政收入或支出的动议。⑪根据安全和重大公共利益的考虑，决定政府官员或其他负责政府公务的人员是否向立法会或其属下的委员会作证或提供证据。⑫赦免或减轻刑事罪犯的刑罚。⑬处理请愿，申诉事项。

《香港特别行政区基本法》还就香港特别行政区行政长官与立法会的关系作出明确规定。香港特别行政区行政长官如认为立法会通过的法案不符合香港特别行政区的整体利益，可在三个月内将法案发回立法会重议，立法会如以不少于全体议员三分之二多数再次通过原案，行政长官必须在一个月内签署公布或依基本法解散立法会。香港特别行政区行政长官如拒绝签署立法会再次通过的法案或立法会拒绝通过政府提出的财政预算案或其他重要法案，经协商仍不能取得一致意见，行政长官可解散立法会。行政长官在解散立法会前，须征询行政会议的意见。行政长官在其一任任期内只能解散立法会一次。由此可见，香港特别行政区行政长官与立法会之间具有一定的制衡关系。

香港特别行政区行政会议是协助行政长官决策的机构。香港特别行政区行政会议的成员由行政长官从行政机关的主要官员、立法会议员和社会人士中委任，其任免由行政长官决定。行政会议成员的任期应不超过委任他的行政长官的任期。香港特别行政区行政会议由行政长官主持。行政长官在作出重要决策、向立法会提交法案、制定附属法规和解散立法会前，须征询行政会议的意见。行政会议的意见对行政长官具有影响力，但不具有约束力。

特别行政区设立廉政公署和审计署，独立工作，对行政长官负责。

（二）特别行政区行政机关及其职权

香港特别行政区行政机关与澳门特别行政区行政机关的地位、职权基本相同。现以香港特别行政区行政机关为例加以说明。

《香港特别行政区基本法》规定，香港特别行政区政府是香港特别行政区行政机关，香港特别行政区政府设政务司、财政司、律政司和各局、处、署。香港特别行政区政府的主要官员由在香港通常居住连续满十五年并在外国无居留权的香港特别行政区永久性居民中的中国公民担任。香港特别行政区政府行使下列职权：①制定并执行政策；②管理各项行政事务；③办理基本法规定的中央人民政府授权的对外事务；④编制并提出财政预算、决算；⑤拟定并提出法案、议案、附属法规；⑥委派官员列席立法会并代表政府发言。《香港特别行政区基本法》规定，香港特别行政区政府必须遵守法律，对香港特别行政区立法会负责；执行立法会通过并已生效的法律；定期向立法会作施政报告；答复立法会议员的质询；征税和公共开支须经立法会批准。《香港特别行政区基本法》还规定，香港特别行政区律政司主管刑事检察工作，不受任何干涉。

小　结

国务院是最高国家行政机关。国务院在国家行政机关中的法律地位是：在与最高国家权力机关的关系上，国务院处于从属和被监督的地位；在与地方各级国家行政机关的关系上，国务院在国家行政系统中处于最高地位。从法律地位看，地方各级行政机关具有双重属性：一方面，它们是地方各级国家权力机关的执行机关，对同级国家权力机关负责并报告工作；另一方面，它们接受上一级国家行政机关的领导，并服从最高国家行政机关（国务院）的统一领导。香港和澳门回归祖国后，依法设立的特别行政区行政机关的法律地位具有特殊性。

思考与练习

一、名词解释

1. 国务院
2. 总理负责制
3. 村民委员会
4. 民族区域自治制度

二、简答题

1. 简述国务院与最高国家权力机关的关系。
2. 简述国务院作为最高国家行政机关其地位的具体表现。
3. 简述国务院的职权。
4. 简述省级政府的职权。
5. 简述民族区域自治政府的设置原则。
6. 简述特别行政区行政长官的职权。

三、论述题

试述国务院在国家行政机关中的法律地位。

第六章 行政组织的社会心理与管理

学习目标

了解组织管理心理的基本理论;

理解如何有效地激发人的工作动机;

掌握群体意识与管理的关系。

导 学

行政组织是由人组成的,因此要研究人的心理与行为,主要是研究人与人之间的各种关系,如交往、沟通、竞争、冲突、指挥、控制、组织和领导等。行政组织的社会心理与管理就是要重视对行政组织中人的研究,重视对人的潜能的挖掘和运用。

01 第一节 组织管理心理及其基本理论

随着现代社会的发展，人们越来越认识到，在影响组织的各种因素中，人的因素是最为重要的，只有充分开发人力资源，挖掘人的潜能，发挥人的主动精神，才能创造出最佳的组织效率。因此，做好人的工作，激发人的热情，研究组织管理心理，已经成为现代管理所面临的迫切任务。

一、组织管理心理研究的重要性

组织管理心理研究的重要性

组织管理心理研究是心理学尤其是社会心理学应用于管理实践，与管理学相结合的产物。它专门研究组织中个人与群体的行为活动规律。组织管理心理研究的重要性主要表现为：

（一）适应现代管理理论的发展趋势

西方管理理论经历了一个从技术崇拜到倡导人的本质回归的过程。自蒸汽时代以来，科学技术的巨大进步创造了一个又一个奇迹，实现了无数人类企盼千年的梦想，从而造成了人对技术的崇拜，技术似乎是万能的。20世纪初泰勒的管理理论被命名为"科学管理理论"就是这种观念的反映。然而，技术进步在给人类带来巨大物质财富的同时，也出现了一种无视人的精神需要、压抑人性甚至奴役人的所谓"技术专制"的倾向。所以，一些关心人类生存状态的有识之士指责西方社会是一个只见物、不见人的单面社会。第二次世界大战以后，特别是20世纪60年代以来，关心人，张扬人性，倡导人的本质的回归，成为西方一种巨大的社会思潮。这种社会思潮表现在管理理论本身的进步上就是，管理中越来越重视人的因素，突出对人的关怀，强调人性化管理，以人为本。组织管理心理研究正是这种倾向的自觉和集中的体现。

（二）适应现代管理实践的要求

管理无非是对人、财、物、信息等要素的管理。在这些要素中，人是唯一能动的要素，是唯一有意识、有目的的要素，因而也是唯一的主体。财须人理，物须人管，信息也为人所用，所以，管理说到底是人在进行管理，是对人的管理，又是为了人而进行管理，人是管理的实质与核心。随着世界范围内科学技术的迅猛发展以及社会的巨大进步，管理实践也发生了质的变化。劳动过程的变化主要体现为进入信息时代后，对脑力劳动的要求越来越高。随之而来的是劳动者素质的提高。劳动者素质的提高，要求管理方式有所提高。互联网、通信技术等的普遍应用，使行政组织减少了管理层次，拓宽了管理幅度，建立了扁平式组织，正逐步推行民主化管理，在这种情况下，必须加强组织管理心理研究。

（三）适应我国国情的需要

我国是世界上人口最多的国家，人力资源相当丰富。要发挥人力资源的作用，必须不断提高人口素质，开发人力资源，使我国的人力资源成为优秀的人力资源，在这个过程中，懂得组织管理心理，利用组织管理心理去搞开发，是相当重要的。

二、组织管理心理的基本理论

具体地说，组织管理心理的研究内容，是指在组织管理活动中，人与人之间的各种社会心理现象，其中主要包括个体、群体、组织等心理活动的规律性及各种理论。

（一）个体心理

个体心理主要包括人的个性倾向性和个性心理特征两个方面的内容。在管理中，管理者既要尊重每个人的个性，又要千方百计调动人的积极性。如何调动人的积极性？必须考虑人的心理特点，从满足人的需要出发，充分挖掘人的潜能。在这个过程中，动机理论和激励理论无疑是相当重要的。

所谓动机理论，主要是研究个人在需要、动机、行为和挫折之间关系的理论。因为组织管理心理理论告诉我们，在组织管理中，最重要的就是对人的管理。要实现对人的管理，首先就要调动人的积极性，而只有充分满足人的需要，激发人的内在动机，才能使人自觉地去努力完成组织的预定目标。个人的能力有大小，工作水平有高低，在相同情况下，如果个人受到很大的激励，就能产生很高的积极性，产生比较好的工作绩效，所以研究动机和激励问题，是组织管理心理研究的重要组成部分。

（二）群体心理

群体心理主要包括群体心理的基本理论、群体动力等内容。

群体心理的基本理论主要是指群体的结构、群体的功能、群体的行为等。通过对群体心理的基本理论的研究，揭示在群体、个体和组织三者之间群体所起的中介作用。群体的力量不仅对组织起着重要的作用，而且对个体也有重大的影响，这种影响既可以是正向的、积极的，也可能是反向的、消极的。因此，组织中的管理者掌握这些理论无疑是非常重要的。

群体动力是指在群体中人与人之间相互接触、相互影响、相互作用所形成的一种社会秩序，主要包括群体规范、群体压力、群体意识和群体凝聚力以及群体中的矛盾、冲突和竞争等内容。对这些因素进行研究和分析，不仅可以揭示群体的性质，加深对群体的理解，还能使管理者自觉地运用科学的方法，合理地调动一切积极因素和扶植建设性力量，实现组织目标。

（三）组织心理

组织心理主要包括组织心理的基本理论、组织发展与变革等内容。

组织心理的基本理论就是研究在各种组织系统中，组织环境对成员完成组织目标所造成的心理和行为影响。组织心理的基本理论主要在于通过对组织环境的分析和组织结构的设计，为成员提供更适宜的工作环境，以利于成员积极性的提高。组织结构直接决定了组织中正式指挥系统和沟通网络，它不仅影响信息和其他要素的沟通与利用效率，而且影响组织系统中的社会心理气氛。因此，恰当的组织结构，对于有效地实现组织目标，是至关重要的。所以，组织结构设计是否合理，直接关系到组织事业的成败。为了使组织结构保持动态的合理性，领导者又必须关注组织发展与变革。

有关组织心理的详细内容，请参见行政组织中的领导、行政组织中的决策、行政组织的沟通、组织变革与发展等章内容。

02 第二节 组织中的个体行为与激励

激励是一个从组织成员内在心理状态到组织成员外部行为、从组织成员个人的工作绩效到整个组织目标实现程度的非常复杂的过程。简单地说，激励大体上是一个需要产生动机、动机支配行为、行为实现目标、目标满足需要的过程。

一、个体行为与激励

（一）个体行为机制

个体的行为首先是个体在一定的刺激下产生内在的愿望与冲动，即产生需要；然后个体就会设计目标和方法满足这种需要，即产生动机；接下来是个体采取实际行动来实现动机，即产生行为；最后行为无论成功与否，都会通过反馈来决定和影响下一轮行为，这便构成了个体行为机制的主要内容。任何激励理论都离不开对这一过程某一环节的作用。

1. 需要

需要是指个体对改变自身当前存在与发展条件的主观渴望与内在冲动。需要实质上是个体因某种心理或生理刺激而产生的心理活动的不平衡状态。需要的作用在于它是人类一切行为的内在基础，如果人类没有需要，人类也就不复存在。

2. 动机

动机是指个体行为的内部驱动机制。动机和需要同为内在的心理活动，二者非常接近和相似，但需要本身只是一种内在冲动，并无具体的对象和满足方法，而动机则是需要的进一步延伸，与能够满足需要的具体对象和满足方法联系在一起。或者说当个体为满足需要去寻求具体对象和满足方法时，需要已不再是需要，已转化为动机。比如，想吃是需要，想吃什么、想怎样吃就是动机了。动机的作用在于对行为的支配，具体来说，主要表现在三个方面：①发动行为，即在行为发生前动机是推动行为发生的初始动力；②导向行为，即在行为发生中动机引导和规范行为指向特定目标；③维持与调整行为，即在行为发生后动机决定行为是持续下去还是改变或停止。

3. 行为

行为指个体的一切活动，分为内部行为（心理）与外部行为（行动），外部行为又分为本能性行为与习得性行为。组织行为学的激励理论研究的主要是习得性行为。当动机付诸实际行动，也就从内部行为转化为外部行为了。

4. 反馈

行为的目标实现称为成功，成功的体验会导致强化，强化可以决定下一轮行为的性质和模式，如持续、加强等；行为的目标不能实现称为失败，失败的体验会导致挫折，挫折也可以决定下一轮行为的性质和模式，如中止、转向、调整等。

（二）激励及激励的功能

所谓激励，就是激发和鼓励组织成员的工作动机，使其潜在的工作动机尽可能充分发挥和维持，从而更好地实现组织目标。通俗地说，激励也就是平常人们所说的调动和维持工作积极性。显然，这是一个与现实密切相关的问题，是管理者都非常关注的问题。所有的激励理论，无论其具体内容如何，都有一个基本假设，即组织成员都是有能力做好工作的，或者说都有胜任工作的潜能。问题是有时他们缺少做好工作的愿望或内在动力，即缺少工作动机。管理者要做的就是使组织成员缺乏工作动机时怎样产生工作动机，有了工作动机后怎样强化工作动机，工作动机被强化后怎样维持工作动机，这就是激励要解决的问题。

激励究竟有没有作用？或者说经过激励的行为与未经过激励的行为有没有区别？答案是肯定的，而且因激励的手段及强度的不同而有很大区别。然而无论激励的具体形式如何，激励状态下的行为绩效均大大优于无激励状态下的行为绩效。组织管理无非就是对人、财、物、信息等要素的管理，财力资源和物力资源的管理早已达到精确量化的高水平，信息资源的管理随着互联网和通信技术的发展，目前也达到了相当高的水平，所以在日益激烈的竞争中，人力资源管理就显得越来越重要。人力资源管理的核心正是怎样激励人的潜能。具体来说，激励在组织管理中的功能主要表现在：①吸引人才，壮大组织力量；②发挥人的潜能，提高工作效率；③激发人的创造性。

二、激励理论及其应用

根据激励作用的着力点，可以将目前组织行为学中影响较大、应用较广的激励理论分为三类：针对人类行为心理基础与动力的内容-给予型激励理论；针对人类行为过程的过程-比较型激励理论；针对人类行为的结果-反馈型激励理论。

（一）内容-给予型激励理论

1. 马斯洛的需要层次理论

需要层次理论的基本特征是将人的需要理解为一个复杂的、等级式的系统。马斯洛将需要分为生理的需要、安全的需要、归属和爱的需要、尊重的需要和自我实现的需要五个自低向高的层次。

生理的需要是指人生存所必需的、最基本的生理性需要，包括对食物、水、空气、住房、性等方面的需要。生理的需要是满足和维持生命的必要条件，是最低层次的需要，也是其他需要的基础。这类需要必须首先得到满足，否则人就无法生存，更谈不上其他需要的满足。

安全的需要是指人对身体、经济等方面安全可靠、不受威胁的需要，包括对自己及家人的人身安全、生活稳定、职业保障、免除疾病、避开危险、老有所养等的需要。一旦生理的需要得到满足，安全的需要就会凸显出来。在安全的需要得到满足前，人不会转向更高层次的需要。

归属和爱的需要（也称社交的需要），指人对友谊、爱情、隶属关系等的需要，属于人的社会性需要。如果此类需要得不到满足，人就会出现精神健康方面的问题。

尊重的需要是指人对理解、尊重、赏识、荣誉等的需要。尊重的需要分为内部的方面和外部的方面。内部的方面包括人对环境的适应、胜任工作、自信、自尊等；外部的方面包括一定的地位、威望，合理的评价，他人的信赖与尊重等。尊重的需要若得不到满足，人就会失去自信，产生自卑感、软弱感、无力感，陷入消极、沮丧。尊重的需要若得到满足，人就会充满自信，产生勇气、成就感。所以，尊重的需要是人有所作为、有所成就的重要激励因素。

自我实现的需要是指人对自我完善、提升自身价值、不受外界干扰、充分发挥自我潜能、"成为其所想成为的人"的需要。这是高层次的需要，应该是以其他需要均已得到满足为前提。不过追求自我实现的需要的人，因为全神贯注于高层次需要的满足，反而自觉或不自觉地牺牲了较低层次的需要。

正确理解马斯洛的需要层次理论应特别注意以下两点：①需要的满足是人类行为最基本的原则。需要层次理论认为，人总是有各种各样的需要，较低层次的需要得到满足后，又会产生更高层次的需要。较低层次的需要的对象往往是比较具体、物质化的、外在的东西，满足它的途径比较少，容易得到较充分的满足。而较高层次的需要的对象则不那么具体，属于精神体验的、内在的因素更多一些，满足它的途径比较多，但不大容易得到充分的满足。需要层次越高，越不容易得到充分的满足，至于最高层次的自我实现的需要可能永远不会得到真正、完全的满足。正因为如此，人永远不会彻底满足所有的需要而不再产生新的需要，不断地满足这些需要构成了人类行为的基本动因。②需要层次间的动态关系。人的各需要层次不是并列的，也不是静止的，而是存在着动态关系。一方面，各需要层次间存在着递升的关系；另一方面，各需要层次间存在着成长的关系，即需要层次的变化与人的成长密切相关。

马斯洛的需要层次理论在人类行为规律及激励研究方面有着重大贡献。主要表现在：①揭示了需要在人类行为中的根本性作用和层次结构。研究人的需要及其在人类行为中的作用并非始自马斯洛，但像需要层次理论这样深入揭示人类需要内在层次结构、突出强调需要在人类行为中的根本性作用，应该说的确始自马斯洛。这一理论大大丰富了行为科学对需要的认识，并使之成为行为科学的重要理论基础。②探讨了各需要层次间的动态关系。需要层次理论另一高明之处是深入探讨了不同需要层次间的动态关系。虽然未必准确，但较以往只是研究人类有什么需要并将其归结为人类本性的传统理论来说，它是大大前进了一步。③简单实用。需要层次理论虽然是纯粹理论研究的成果，但是内容并不高深，道理简单实用，因而不仅在理论界有重要影响，在管理学界中也影响较大。

在管理学界，对需要层次理论的争论非常多，这些争论大都以批评为主，对需要层次理论的批评主要集中在两个方面：①关于需要五个层次的划分。许多批评者认为马斯洛关于需要五个层次的划分假说成分太多，缺乏实证。于是主张增加层次者有之，如马斯洛自己就曾在尊重的需要和自我实现的需要之间加上求善、求美两个新的层次，使需要层次发展为七个层次；主张减少层次者也有之，如美国耶鲁大学组织行为学教授奥尔德弗就提出一种叫作 ERG 的需要层次理论。②关于各需要层次间的关系。一般认为，马斯洛对需要层次间的关系的理解比较机械和绝对。比如，是否所有人在低层次的需要得到满足后都会递升到高层次的需要？有没有人沉溺于低层次的需要而完全没有成就欲？是否一定要在低层次的需要得到满足后高层次的需要才会出现，有没有人为尊严、自由而不惜赴汤蹈火？各需要层次间是否相互排斥，有没有鱼与熊掌兼得的可能？

需要层次理论给我们的启示是：首先要善于运用有针对性的激励措施。需要层次理论告诉我们，激励措施只有"投其所需"才有激励作用。其次要善于运用多样化的特别是非物质的激励措施。人的需要本来就是多层次的，满足需要的手段当然也是多种多样的，高层次的需要尤其如此。

2. 赫茨伯格的双因素理论

与马斯洛的需要层次理论主要来自理论研究不同，赫茨伯格1959年提出的双因素理论始于社会调查。所谓双因素，就是指激励因素和保健因素。管理中常用的一些手段、常出现的一些事件，都会对员工的工作积极性产生一定影响。不过有些因素，如上司、同事、监督等虽然可以引起员工的满意，但影响并不大，搞得好可以使员工消除不满意，搞得不好则会使员工非常不满意。这类因素就是保健因素。而另一些因素，如工作富有成就、工作成绩得到认可、工作本身重要等，搞得不好就会引起员工的不满，但搞得好一定会使员工非常满意，即起到激励作用。这类因素在这方面远远超过保健因素，属于激励因素。

双因素理论与传统的激励理论有一点很大的不同。传统的激励理论将员工的反应划分为"满意"与"不满意"这样对立的两极，将能够引起员工反应的因素归结为单一的激励因素。组织如果将这类因素给予员工，员工就会受到激励，达到满意状态；组织如果不将这类因素给予员工，员工就不会受到激励，达到不满意状态。而在双因素理论看来，这种观念是错误的。事实上，能够引起员工反应的因素应分为能够消除不满意的保健因素和能够引起满意的激励因素两类。那些具体的、物质的、外在的或者说短缺性的因素并不能起到激励作用，至多能消除员工的"不满意"状态，达到没有不满意状态，还不是满意，因此这类因素不是激励因素，只能称为保健因素。要想让员工达到满意状态，即受到激励，还必须在消除不满意的基础上再给予非物质的、内在的或者说成就性的因素。这类因素才能真正起到激励作用，才可以成为激励因素。

赫茨伯格的双因素理论实际上是在马斯洛的需要层次理论基础上发展起来的。双因素理论不仅继承了需要层次理论力图找到能够引起工作积极性的因素并将其给予员工以提高工作效率这一思路，而且其保健因素大体相当于低层次的需要，激励因素大体相当于高层次的需要，更为明确地彻底否定了自泰勒以来认为金钱万能的"经济人"理论。在双因素理论看来，金钱不仅不是万能的，甚至根本不是激励因素。这一方面是管理理论的进步，另一方面也反映了时代的进步。

对双因素理论也存在一些争论，对它的批评主要有：①调查对象不具有代表性。赫茨伯格的调查对象主要是有生活保障的"白领阶层"，因而并不能反映普通员工的情况。保健因素对"白领阶层"不起激励作用，不能说对普通员工也不起作用。②没有考虑心理防御机制。人有自我保护的本能，很可能在别人面前表现得更"高尚"、更有事业心、更有成就欲。

双因素理论给我们的启示是：要更多地考虑人的社会性、情感性、心理性的需要，充分重视人的成就欲与事业心在调动积极性中的作用。特别是随着物质生活条件的改善和人们素质的普遍提高，这点越来越重要。要尽可能地防止激励因素向保健因素的转化所导致的激励成本上升和激励手段减少。

（二）过程-比较型激励理论

1. 弗鲁姆的期望理论

美国著名心理学家和行为科学家弗鲁姆在1964年出版的《工作与激励》一书中提出期望理论。按照需要层次理论的理解，行为、动机、需要三者是密切相关的。人的工作行为取决于工作动机，而工作动机又取决于需要。如果一个人同时有多种需要，那第一位的需要，即优势需要，将成为决定性的支配力量。

但现实生活中，人们发现实际情况要更复杂。那就是决定行为的力量绝不仅仅是动机，一定还有别的因素。正是这些因素决定了有的动机转化为行为，有的动机没有转化为行为。那么这些因素是什么呢？其实仔细分析一下就会发现，人放弃动机的原因是估计自己做某件事成功的概率太低，或者说估计到自己的实际能力与所要达到的目标之间存在一定的差距。这种行为主体对自己的实际能力与目标之间差距的估计称为"期望概率"，而行为主体对目标价值的估计称为"目标价值"。这正是弗鲁姆期望理论要告诉我们的：工作积极性的强弱取决于工作动机的强弱，工作动机的强弱取决于激励力量的大小，而激励力量的大小取决于目标价值与期望概率的乘积。

期望理论的内容可以表达为下述公式：

$$工作动机 = 激励力量 = 目标价值 \times 期望概率$$

正确理解期望理论的关键在于正确理解上述公式中的"目标价值"与"期望概率"及其相互关系。

目标价值，顾名思义是指目标的重要性，目标越重要，价值越高。显然，目标价值与激励力量成正比。但必须注意，在期望理论中，目标价值并不是目标本身的客观价值，而是行为主体对目标重要性的评价。目标本身的客观实际价值只有一个，但不同主体对它的评价各不相同，或者说相同的目标对不同的主体可能有不同的目标价值。

期望概率，顾名思义是指目标实现的可能性的大小。不过这种概率不是客观的概率，而是行为主体对自己实际能力与目标之间差距的一种主观估计，或者说是一种主观概率，也称"期望值"。期望概率或期望值是弗鲁姆理论的核心概念，故称弗鲁姆理论为期望理论。

激励力量取决于目标价值与期望概率的乘积。期望理论告诉我们：激励力量的大小既不单纯取决于目标价值，也不单纯取决于成功可能性，而是取决于目标价值与期望概率的乘积，即取决于目标价值与期望概率的综合作用。

期望理论非常具有启发意义。它启示我们：①要正确认识目标价值。目标在激励中实际起作用的价值不是管理者心目中的价值，也不是激励目标的客观价值，而是行为主体的主观感受价值，因此不要只从管理者的角度认定或根据客观指标以及某种社会上的一般看法与标准来确定目标价值，还要从激励对象的角度来考虑问题。②要重视目标难度的设计。期望概率，特别是主观概率的引入，不仅很好地解释了一些曾经难以理解的现象，还丰富了激励手段。它告诉我们，不仅设置目标能起到激励作用，设计好目标难度也能起到激励作用，而这并不需要更多的资金投入。最后要注意目标价值与期望概率两个激励因素的配合使用。目标价值与期望概率的巧妙配合可以出现乘积效应，使激励效果大大扩大。

但是期望理论在理论上和实践中也存在一些问题。一是理性人的前提是否具有普遍性。期望理论将人假设为时刻都能冷静计算，将自己的利益最大化的理性人，而现实中并不是每个人处理每件事时都能像拍卖场上的竞价者那么冷静地计算能力与目标之间的关系。人总有非理性的一面，一时冲动、感情用事的情况经常发生。二是期望概率比较难把握。期望概率原则上应在 0 和 1 之间，但若等于 0，即被激励者毫无希望，其与目标价值的乘积也为 0，再高的目标价值也无激励作用；若等于 1，则期望概率没起作用，不能说是聪明的管理者，究竟设定为多少通常很难把握。三是没有考虑负目标价值的影响。期望理论只考虑了奖励性的正目标价值，完全没有考虑惩罚、剥夺之类负目标价值也会影响工作动机，实际上任何管理实践都离不开奖惩并用、恩威并施。

2. 亚当斯的公平理论

美国管理心理学家亚当斯 1956 年提出一种专门研究利益分配的合理性，以及这种合理性对工作积极性影响的理论，该理论被称为公平理论。公平理论认为，每个人都有追求公平的倾向，而是否公平则是被激励者通过对自己得到的报酬与自己所作的贡献的比较得出的。如果有客观标准，则被激励者会与客观标准进行比较；如果没有客观标准，则被激励者会与类似的情况进行比较。

传统的激励理论总是认为人们的工作积极性与他们所得到的报酬是直接的正相关关系，即得到的报酬越多，工作积极性越高，得到的报酬越少，工作积极性越低。公平理论则认为，人们的工作积极性不仅取决于所得到的报酬的绝对值，而且取决于所得到的报酬的相对值。为了了解这个相对报酬，人们就会进行比较。如果比较的结果是自己的收支比与他人的收支比不相等、自己现在的收支比与过去的收支比不相等，便会产生心理的不平衡，从而产生追求公平的动机。公平可以通过下列方式得到：①自我安慰与观望，即改变自己对收支比的知觉，自己安慰自己。在这种心态下，人们多半会采取消极观望行为。②转换比较对象，即换一个与自己的收支比大体相当的比较对象以求得心理平衡。③影响比较对象，即设法降低比较对象的比值。要做到这点有两个办法，即降低比较对象所得到的报酬和提高比较对象的付出。④改变自己，即设法提高自己的比值。⑤摆脱目前的分配关系。即找一个待遇更好、令人心情更舒畅的地方。

当然，不同的人因个性、价值观念、知觉、不公平感的程度等的不同而有不同的反应。但总的来说，不公平感肯定会降低工作积极性，对工作不利，这些是管理者不愿意看到的结果。

公平理论存在的主要问题是：①可操作性比较差。虽然公平理论是从操作层面研究公平问题，但其可操作性比较差，其本身并没有说明如何实现公平。②完全将不公平感当作消极因素。不公平感虽然是一种主观感觉与内心体验，但其产生也有一定的客观原因。所以研究不公平感的产生有助于管理的合理化。

（三）结果-反馈型激励理论

结果-反馈型激励理论是将激励的作用点定位于行为的目标或结果对下一步工作积极性的影响。比较有代表性的有洛克的目标设置理论和杜拉德等人的挫折理论。

1. 洛克的目标设置理论

美国马里兰大学心理学教授洛克1968年提出目标设置理论。洛克与同事经过大量的实验研究和现场调查，发现无论采取何种激励手段，都离不开目标设置，各种激励因素多半也有一定的目标，因此研究激励问题最根本的就是高度重视目标设置并尽可能地设置合适的目标。那么，怎样才能知道目标合适呢？洛克认为可以从以下三个方面去研究：①目标的具体性，即目标能够精确观察和测量的程度；②目标的难度，即目标实现的难易程度；③目标的可接受性，即目标被员工认可的程度。

此外，影响目标激励作用的还有一些其他因素，如达到目标后的奖励是否及时有效，是否存在竞争对手，管理者是否提供达到目标的相应指导、帮助和条件等。

推行目标设置理论的主要困难：①目标难度的确定比较困难。设置目标难度时，"既不能太难，也不能太容易"，这个分寸在实际工作中很难把握。②目标量化的困难。一般来说，越是具体、"有形"的工作，确定明确的量化目标越容易；而那些抽象、"无形"的工作，则确定明确的量化目标比较困难。③目标公平合理比较困难。目标设置时较多地考虑组织成员个人因素，但实际上还存在很多工作以外、个人以外的问题，如目标难度的认同就会受到社会比较的影响。这使得目标确定难，确定让组织成员认可的目标更难。

2. 杜拉德等人的挫折理论

前述各种激励理论基本上是从正面鼓励、支持组织成员。实际上，负面的、失败的体验，同样也可以起到激励作用，甚至起到正面激励无法替代的作用。美国心理学家杜拉德等人的挫折理论对此进行了专门研究。

在组织行为学中，所谓挫折，是指人的动机因受到主客观条件的限制与干扰，不能完全转化或完全不能转化为相应的行为，从而无法实现预定目标时的情绪状态和内心体验。理解挫折概念要特别注意两点：①挫折与失败的区别。失败是一种客观事实，挫折则是一种主观感受。失败可能导致挫折体验，挫折是对失败的体验，但二者并不是一回事。一个简单的道理是，对同一个失败事实，不同的人会有不同的挫折感。②并非所有的失败都能导致挫折。首先是主体必须认为目标很重要。如果主体认为目标无所谓，那么失败就不一定能导致挫折感。其次是主体必须认为目标能达成。如果主体认为目标根本不可能达成，那失败也不会导致太强的挫折感。再次是主体必须已经付出了相当大的努力。如果主体本来就没有付出多大的努力，那么即使失败，其挫折感也不会太强。最后是现实中目标的实现确有一定困难。如果没有困难，没有失败，有付出就一定有收获，当然也不会有挫折感。

人遇到挫折后在心理与行为上会出现一些相应的反应。这些反应有的可能是积极的，有的则可能是消极的。其中，心理方面的消极反应主要是出现一些消极情绪，如愤怒、焦虑、沮丧、无所谓等。

人遇到挫折后经常出现的行为方面的消极反应主要有：①攻击。这是最常见的，也是最激烈的行为反应。②防卫。这是指人遇到挫折时为了保全名誉、尊严等，自觉或不自觉地采取一些自我保护行为。③替代。即用彼事的成功替代此事的失败，从而获得心理平衡。

挫折的普遍存在要求管理者重视挫折与管理的关系：①注意挫折教育。挫折教育是善意地告诉人们，一要正确认识挫折。人人都渴望成功，惧怕失败，这种心情是可以理解的。但应该认识到成功与失败并非完全对立，二者不可分割，有成功就有失败，失败其实是成功的必要代价。二要学会分析挫折产生的原因。不要纠缠于失败本身，失败有时已经是既成事实，关键是找出原因，引以为戒，下不为例。三要提高挫折承受能力。挫折是心理体验，承受能力如何，非常重要。②学会关心与宽容下属。很多人觉得工作和生活很累，感觉心里压抑、心理负担重。所以，在管理中，管理者应该开明、厚道，学会关心和宽容下属，让他们有一个比较宽松的工作环境。③避免挫折。管理者应该善意地帮助下属避免无谓的挫折，好的管理者不仅要提出目标，还应该特别注意：尽可能不要给下属提出跨度太大甚至根本无法实现的目标。如确需提出，应将目标进行适当的分解。尽可能为下属顺利达成目标而考虑，提供和创造实现目标的必要的客观条件。要为下属顺利达成目标提供必要的经验、方法等方面的帮助和指导。④心理宣泄与心理治疗。任何组织都由人组成，所以管理者虽不一定成为心理学家，但应懂一点心理学、行为科学。在条件许可的情况下，组织可以为成员设置必要的宣泄渠道，为成员提供可能的心理咨询。

03 第三节　组织中的群体行为与群体凝聚力

一、群体及其功能

（一）群体与群体的发展阶段

1. 群体

群体是指介于组织和个人之间，通过一定的社会互动关系集合起来的，进行共同活动的集合体。如果将组织理解为一个人际关系系统，那么个体就是构成这个系统的要素，而群体则是介于组织系统与个体要素之间的子系统。

一般来说，群体至少应有如下特征：①有一定数量的人；②有稳定、持续的社会互动关系；③成员在心理上有归属感。

认识群体至少应划清四种界限：①群体不是个体，个体是一个人，群体是一些人。②群体不是组织。组织具有自己独立而完整的目标，群体目标则只是组织整体目标的分解，不具有独立的意义。③群体不是群众。群众是指某种偶然的聚集，群体具有稳定性、持续性。④群体不是社会分类。社会分类是社会学研究者根据研究的需要而划分的，同类社会成员本身并没有归属感，群体成员则因共同的目标及稳定、持续的社会互动关系等而产生一定的归属感。

不同类型的群体，其行为特征也不同。所以，在群体的理论研究和管理实践中常常要区分群体的类型。由于研究角度不同、划分标准不同，分类也会不同。①按规模分类。按人数的多少，可将群体分为10人以下的小型群体、10~20人的中型群体和20人以上的大型群体。②按群体成员彼此关系分类。按群体成员彼此关系的亲密程度与依赖程度，可将群体分为合作群体、协调群体和协作群体。③按群体形成的原因分类。按群体形成的原因，可将群体分为正式群体与非正式群体。④按群体作用的性质分类。按群体作用的性质，可将群体分为工作群体与社会群体。⑤按群体存在的时间分类。按群体存在的时间，可将群体分为永久性群体与临时性群体。⑥参考样本群体。参考样本群体也称理想化群体，其作用主要不是完成任务，而是提供比较的标准或模仿的规范。

群体类型如此复杂，这就要求管理者学会从不同角度看问题：一是对不同类型的群体要有不同的管理方法。不同类型的群体，其目标、功能、关系绩效标准等都不同，管理方法自然也应该不同。二是对不同类型群体的成员要有不同的评价标准。现实生活中，每个人都会同时存在于多个群体之中，扮演不同角色，因而人是多面的，看人也就不能只看某一方面。

2. 群体的发展阶段

影响群体行为的因素除群体类型外，还有群体所处的发展阶段。处在不同发展阶段的群体，其内部关系、作用性质等都会有显著的区别。群体的发展阶段一般包括形成阶段、磨合阶段、成长阶段和成熟阶段。在不同阶段，群体的工作中心不同，管理方法也不同。

（1）形成阶段。群体建立之初，其基本的工作任务应是确定方向、目标以及实现目标的方法，使群体成员之间相互熟悉、相互接纳，消除陌生感，初步形成群体成员之间的相互信任、相互依赖。因此，群体形成阶段管理工作的重点主要是：确定目标和实现目标的工作计划；明确群体内部的责权关系，分工设岗；创造群体成员相互熟悉和接近的机会；初步建立基本的规章制度和沟通网络。

（2）磨合阶段。随着工作的逐步展开，成员间的接触日益频繁，群体内部会出现大量成员间工作关系、人际关系方面的问题。因此，群体磨合阶段管理工作的重点主要是：进一步补充、细化和明确各项规章制度，严格规范各岗位的责权关系；鼓励合理化建议；完善沟通网络，鼓励和提倡将矛盾摆到桌面上来，反对回避矛盾，反对放任自流；适当调整机构和人员。

（3）成长阶段。经过磨合阶段，群体内部的工作关系、人际关系逐步协调，成员的合作意识得到加强，制度基本健全、合理，内耗大幅度降低，群体进入成长壮大阶段。在成长阶段，管理工作的重点集中到了工作任务上，要注意充分发挥成员的潜力和群体的整体优势；特别重视效率和决策优化；进一步完善沟通网络，特别注意沟通网络中的反馈系统，特别要加强上下级的沟通；注意研究成员的需要结构，建立合理的激励机制。

（4）成熟阶段。经过成长阶段，群体的各项规章制度已经基本完善，每个成员已经找到了符合自己能力和兴趣的位置，成员间的相互配合日益默契，群体进入成熟阶段。在成熟阶段，管理工作的重点主要是形成并稳定群体的工作方式与风格，注意成员高层次需要的满足和成员的成长，强化评估机制，寻求新的兴奋点。

这里需要说明两点：首先，上述群体的发展阶段是简化、典型的，在实际群体发展过程中，上述阶段不可能截然分开，而是相互交叉、相互重叠，所以很难明确界定群体当前究竟处于哪一阶段。其次，在实际群体发展过程中，群体的发展阶段并不总是严格依上述次序递进。群体有可能滞留在某一阶段不继续发展，如人际关系过于紧张、复杂可能使群体长期陷入解决这方面的矛盾的局面而难以进入下一阶段。群体也有可能从后一发展阶段退回到以前的发展阶段，如已经进入成长阶段、成熟阶段的群体，会因成员的重大冲突或调整、工作任务与协作关系的重大改变而重新进入磨合阶段。

（二）群体的功能

群体之所以产生和存在，是因为它所具有的特殊社会功能。群体的功能主要如下：

群体的功能

（1）完成组织所赋予的任务。群体的功能主要是完成组织所赋予的任务。组织要想有效地实现目标，必须通过群体间的合理分工和密切合作，把任务逐层分配给较小的单位、部门去执行。群体对组织来说，主要就是承担、执行和完成组织所分配的任务，以保证组织目标的实现。

（2）满足群体成员的需要。群体对成员的主要功能是满足其心理的需要，而这也体现了个体加入群体的动机。群体成员的需要是多种多样的，有的需要可以通过工作得到满足，有的需要则可以通过群体内人际关系的相互作用得到满足。例如，个体通过加入群体，可减少独处时的不安全感，免于孤独、恐惧，从而满足其安全的需要；个体通过加入被别人认为很重要的群体来得到别人的承认，从而满足其尊重的需要；群体能使成员觉得自己活得很有价值，从而满足其自我实现的需要；群体还可以满足成员的社会需要。对许多人来说，这种工作中的人际关系的相互作用是他们满足情感需要的基本途径。另外，只有在群体中，个体才能实现其权力的需要。

（3）把个体力量汇合成新的力量。群体的功能之一是使个体有机地组合成一种新的力量。例如，在同一工种、同一研究领域组成的群体，其成员在群体中由于彼此相互影响、相互促进，从而提高工作水平。同时，群体还由于能把不同工种、不同行业、不同学科的人组合起来，从而可以完成个体力量或单一工种、单一学科的力量所无法完成的任务。

二、群体意识与管理

个体在群体中相互作用、相互影响，就产生了群体意识。群体意识对个体的行为产生一定的影响，不同的群体可能产生不同的群体意识。典型的群体意识表现在参加群体的个体的"我们"的情感上，也就是用"我们"的共同意识在心理上区别于其他群体成员。

（一）群体意识的主要内容

群体意识的主要内容

群体意识是群体成员所共有的信仰、价值与规范。群体成员将遵守群体规范、维护群体利益作为自己的责任。群体意识对群体成员的行为有潜移默化的改造作用，其形成的基础是群体成员的共同目标和利益、群体成员间的感情和友爱以及群体成员在共同活动中的相互影响和相互作用。群体意识主要包括以下内容：

(1) 群体的归属意识。这是个体自觉地归属于群体的一种情感。有了这种情感，个体就会以群体规范为准则进行活动，自觉地维护群体利益，并与群体内的成员在情感上产生共鸣，表现出相同的情感、一致的行为以及所属群体的特点和准则。例如，一个大学生在社会上表明自己的身份时，总是说自己是某个学校的，到了学校，则说自己是某个系的，到了系里，又说自己是某个班的。这种表现身份的意识，就是一种归属意识。对于群体的归属意识，由于群体的凝聚力不同，其表现程度也就不同。群体的凝聚力越大，其成员的归属意识就越强，并以自己是这个群体的成员而感到自豪。所以，先进群体成员的归属意识比落后群体成员的归属意识要强。

(2) 群体的认同意识。由于群体成员有着共同的目的、共同的利益，同属一个群体，群体成员对群体外部的一些重大事件和原则，都自觉保持一致的看法，自觉地使意见统一起来。一般来讲，群体中会产生两种认同：一种是由于群体内人际关系密切，群体对个人的吸引力大，群体能实现个人价值，使成员的各种需要得到满足，于是成员会主动地对群体产生认同感。这种认同是自觉的。另一种认同是被动的，是在群体的压力之下，为避免被群体抛弃或受到冷遇而产生的从众行为。后一种认同是模仿他人，受到他人暗示的影响而产生的，尤其是在外界情况不明、是非标准模糊不清，又缺乏必要的信息时，个体对群体的认同会更加容易。

(3) 群体的促进意识。在现实生活中我们常常可以看到，个人单独不敢表现的行为，在群体中敢于表现，个人单独不能做到的事情，在群体中能做到。这是归属意识和认同意识使个体把群体看作强大的后盾，在群体中无形地得到了一种力量的支持，从而鼓舞个体的信心和勇气，唤醒个体的内在潜力。特别是当群体成员表现出与群体规范一致的行为，做群体期待的事情时，就会受到群体的赞扬，这会强化个体的行为。群体能否对成员产生促进作用，受一定条件的制约。这些条件表现为：①群体成员必须服从群体的规则，为群体的利益服务，而不能成为群体的越轨分子；②群体成员对群体认同，并希望得到群体的保护和支持，群体成为个人利益的维护者。如果缺乏这两个条件，群体对成员的促进作用就不会发生，有时反而会起阻碍作用，使成员在群体中降低活动效率。

(二) 群体意识与群体规范

从以上对群体意识内容的分析可以看出，在组织管理中要产生良好的群体意识，群体规范起着相当重要的作用。群体规范是产生群体意识的基础，而群体意识又会强化群体规范，二者有着密切的联系。群体规范是指群体所确定的行为标准。群体规范主要有风俗、文化、语言、舆论、公约、时尚等行为规范及各种不同的价值标准。群体规范可能是群体内部正式规定的，但大部分是在群体中自发形成的，能够为群体成员所公认，并潜移默化地影响成员的行为和人格的发展。

一致性是群体存在的重要条件，这种一致性具体表现为群体成员在行为、情绪和态度上的统一。群体成员在相互作用的互动行为中,彼此接近、相互趋同,在模仿、暗示、从众、服从等心理因素的影响下,形成群体规范。群体规范一旦形成,就会反过来对群体产生影响。这种影响具有以下特点:存在的广泛性;作用的持久性;对成员行为影响的深入性和直接性。

概括来说,群体规范的基本作用主要有:①维系群体的整体性。群体的存在形式是它的整体性,这种整体性主要是通过群体规范来确立和维护的。"没有规矩,不成方圆",群体规范是群体成员行为、感情和认知一致性的集中体现,是群体赖以存在的基本规则。可以说,没有群体就没有群体规范,而没有群体规范,群体也就不复存在。②认知的标准化。群体规范规定了成员遵守的认识与评价标准,有助于形成共同的看法和意见。③行为的定向性。这主要体现在划定了成员活动的范围,制定了成员活动的基本规则。④惰性。这是群体规范消极的一面。规范是对行为的一种约束,它在保持群体的稳定性和一致性的同时,也把成员的行为限制在一个水平,使成员习惯于在规定的范围内思考、活动,从而不利于成员积极性和创造性的发挥。

三、群体凝聚力

(一)群体凝聚力及其影响因素

群体凝聚力是指群体对成员的吸引程度和群体成员之间关系的紧密程度。群体凝聚力是一个中性概念,是对群体成员关系的客观表达。影响群体凝聚力的因素很多,大体有群体与个体两个方面。

影响群体凝聚力群体方面的因素主要有:①目标的设置。群体目标设置公平、合理,能够代表群体成员的共同利益,则群体凝聚力较强;反之,则群体凝聚力较弱。②工作的性质。工作任务程序性比较强,必须依赖群体成员的互助合作才能完成,则群体凝聚力较强;反之,则群体凝聚力较弱。③群体面临的客观环境。群体面临的环境越复杂多变,压力、威胁、不确定性越大,群体凝聚力就越强。④以往所取得的成就和所处地位。群体以往所取得的成就越大,在组织中的地位越高,群体凝聚力就越强;反之,群体凝聚力就越弱。⑤人际关系与沟通。人际关系越融洽,沟通状况越好,群体凝聚力就越强;反之,群体凝聚力就越弱。⑥群体的管理。群体管理者提倡团结,鼓励合作,奖惩公平,分工合理,注重沟通,群体凝聚力就较强;反之,群体凝聚力就较弱。

影响群体凝聚力个体方面的因素主要有:①成员的个性和品质。群体成员个性开朗,品质高尚,兴趣相投,则群体凝聚力较强;群体成员个性偏执,心胸狭隘,妒忌猜疑,缺乏共同兴趣,则群体凝聚力较弱。②成员在群体中的地位。成员处于群体中心位置,被其他成员接纳程度高,则群体凝聚力强;成员处于群体边缘的成员,群体凝聚力弱。③成员对群体的依赖性。成员对群体依赖性较强，群体凝聚力较强；成员独立性与自主意识较强，群体凝聚力较弱。

影响群体凝聚力的因素非常复杂，一旦出现群体凝聚力方面的问题，绝不是谈谈心、做做思想工作、发扬风格、姿态高一点就能解决的，必须仔细、深入分析问题，找出根本解决措施。

（二）群体凝聚力对群体行为的影响

群体凝聚力是维系群体的力量，是群体存在和发展的基础，其当然会对群体行为有直接而重要的影响。

（1）群体凝聚力与工作绩效的关系。两者之间有着密切的关系。但值得注意的是，得到群体凝聚力强化的群体行为如果与组织目标一致，群体凝聚力就可以提高群体的工作绩效；得到群体凝聚力强化的群体行为如果与组织目标不一致，群体凝聚力不仅不能提高群体的工作绩效，还会降低群体的工作绩效。

（2）群体凝聚力与成员满意度的关系。一般来说，群体凝聚力会提高成员的满意度，但满意度高最终对群体的工作究竟是好事还是坏事要具体情况具体分析。因为满意度高既可以令群体成员对群体忠心耿耿、尽职尽责，也可以使群体成员安于现状，维护既得利益，产生惰性，拒绝改革。

（3）群体凝聚力与成员成长的关系。群体凝聚力对成员成长也利弊参半。从有利于成员成长的一面来说，凝聚力强的群体使成员产生安全感，成员在遇到困难时容易得到他人的支持和帮助；从不利于成员成长的一面来说，凝聚力强的群体中的成员有时会产生较强的依赖性，缺少独立性和创造性。

小 结

行政组织的社会心理与管理就是要重视对行政组织中人的研究，重视对人的潜能的挖掘和运用。组织管理心理的研究内容，是指在组织管理活动中，人与人之间的各种社会心理现象，其中主要包括个体、群体、组织等心理活动的规律性及各种理论。激励是一个从组织成员内在心理状态到组织成员外部行为、从组织成员个人的工作绩效到整个组织目标实现程度的非常复杂的过程。激励大体上是一个需要产生动机、动机支配行为、行为实现目标、目标满足需要的过程。群体是指介于组织和个人之间，通过一定的社会互动关系集合起来的，进行共同活动的集合体。如果将组织理解为一个人际关系系统，那么个体就是构成这个系统的要素，而群体则是介于组织系统与个体要素之间的子系统。这个子系统的功能、意识和凝聚力对加强组织管理起着很重要的作用。

思考与练习

一、名词解释

1. 需要
2. 激励
3. 群体
4. 群体的归属意识
5. 群体凝聚力
6. 群体规范

二、简答题

1. 组织管理心理研究的重要性主要体现在哪些方面？
2. 简述群体心理包括的内容。
3. 马斯洛需要层次理论的主要贡献表现在哪些方面？
4. 简述双因素理论给我们的启示。
5. 简述期望理论在实践应用中存在的主要问题。
6. 简述公平理论存在的主要问题。
7. 管理者应如何重视挫折与管理的关系？
8. 简述群体功能的主要内容。
9. 简述群体意识包括的内容。
10. 简述群体凝聚力对群体行为的影响。

三、论述题

1. 谈谈你对马斯洛需要层次理论的理解。
2. 论述群体发展各阶段的特征及管理手段。

第七章 Chapter 7　行政组织中的领导

 学习目标

了解领导有效性理论的基本内容；
理解领导素养提高的途径；
掌握领导的含义与特点。

 导　学

在行政组织中，不同的领导行为与领导作风，会造成组织不同的社会心理气氛，从而影响成员的积极性和组织目标的实现。在迅速变化的今天及未来的组织中，领导的作用绝对不容忽视。从组织行为角度探讨领导、领导力是很重要的，通过研究，可以提高领导工作的适应性、科学性和有效性，最大限度地调动组织成员的积极性。

01 第一节 领导及其权力基础

一、领导的含义与特点

（一）领导的含义

对于领导，到目前为止，还没有一个统一的定义。目前几种有代表性的观点，表述的侧重点又有所不同，如认为领导是一种行为，领导是一种艺术，领导是一个活动过程，领导是一种能力，但从中可以发现它们存在共同之处，即领导是指引和影响个人、群体或组织在一定条件下实现目标的行动过程。

与领导这一概念相近的概念有两个：①人们通常所说的领导者、领导人、领袖；②领导行为，即领导过程、领导活动、领导工作。领导行为是领导者的行为，因而在日常生活与管理活动中这两个概念一般是不必区别的。但对领导科学而言，它们则是两个不同的研究领域。前者主要包括领导素质、领导能力、领导心理等方面的研究，后者主要包括领导作风、领导行为模型、领导决策等方面的研究。

领导者是指在组织中处于指挥与决策位置，承担相应责任，行使相应权力，履行相应义务的角色。

领导行为是指领导者符合领导角色规范的，指挥、引导组织及其成员实现组织目标的行为过程。

（二）行政组织领导的特点

行政组织领导，就是指行政组织中的领导者依法运用国家公共权力，通过决策、指挥、组织、协调、监督、控制等方式，引导和影响所属成员达成公共目标的活动过程。

行政组织领导具有如下特点：①时代性。行政组织领导是一个历史范畴，其领导的内容、方式、方法随着时代的变迁而变化，不同的历史时期、不同的社会制度都会给行政组织领导一定的时代印记。②权威性。行政组织领导是依法运用国家公共权力对社会公共事务进行管理与领导的活动过程，它是国家法律的一种运用和体现，法律的权威性和严肃性决定了行政组织领导的权威性。③综合性。公共管理是对整个国家社会公共事务的管理。它的涉及面广，涉及的内容复杂，因此，行政组

行政组织领导的特点

织领导不是单一性质的领导，它是综合性的领导，具有政治领导、经济领导、文化领导和业务技术领导等综合性的领导的特点。④执行性。政治是国家意志的体现，行政是国家意志的执行。行政管理从总体上讲就是在执行国家的意志，行政组织领导以执行国家的法律法规和上级机关的决定与命令为天职。

行政组织领导的基本职能

二、行政组织领导的基本职能

领导职能就是领导的职责范围与作用方式，各级各类领导都有其职责范围。从行政管理的基本要求来看，行政组织领导的基本职能如下：

（一）决策职能

决策是领导者最基本的职责。作为组织活动的领路人，领导者最根本的任务就是要为组织制定出正确无误和高质量的决策。因为领导者既是决策问题的发现者和决策目标的确定者，也是决策方案的最后拍板者，所以决策活动几乎贯穿领导活动的各个环节，无论是高层领导者，还是基层领导者，其领导活动的最终成效都主要取决于决策正确与否和决策质量的高低。因此，决策是领导活动的核心，是领导能力的综合体现。

（二）组织职能

组织就是将人群合理、有效地组合起来，以实现组织目标的过程。组织职能的内容主要包括：①设计合理的组织结构，即根据组织工作和任务的需要设计组织机构，使机构之间、部门之间能够协调配合并有效运转，使组织内部各部门的职责、权限明确一致，使各部门的职能和作用能够充分、有效地发挥，使组织内部的人、财、物能够得到合理的搭配和运用，真正做到人尽其才、物尽其用。②恰当配备和安排人员。通过工作分析和职位分析，制定岗位责任制、目标责任制，使内部人才结构合理、优势互补，形成合理且具有成长性的人才队伍，充分发挥人力资源的作用。③建立严格的规章制度。组织机构的有序运转，必须依靠严格的规章制度来保证。大量事实表明，有效的领导必须规定严格的纪律，必须有严格的规章制度，对于违反规章制度的人，该批评的一定要批评，该处分的一定要处分。严格的规章制度是保证组织效能发挥的有效手段与途径。

（三）用人职能

"为政之本，在于选贤。"用人是领导的另一大职能。在领导活动过程中，领导者要能够不断地发现人才、不断地培养人才，要能够正确、合理地使用人才，这是领导职责的基本要求,也是领导能力的体现。从古到今,有作为的领导者,首先是能够"识人善任"的领导者。"识人善任"的内容主要包括:①坚持德才兼备的用人标准;②任人唯贤,唯才是举;③人事结合,量才使用;④用人所长,避人所短;⑤放眼未来,培养人才。

(四)协调职能

协调就是领导者通过及时调整各种关系,使各个部门、各种人员之间能够有机地配合,顺利完成组织任务,达成既定目标的活动。在管理过程中,由于种种原因,经常会出现人与人之间、人与部门之间、部门与部门之间的矛盾和冲突,这些状况的存在都会影响全局工作的顺利进行,这就需要领导者加以协调。协调的目的是使各个方面的工作能够有机地结合起来,以取得更好的整体效益。

(五)监督职能

监督就是检查督导,是根据组织规定的目标和任务经常地检查下级工作执行情况,及时查明产生偏差的原因并纠正偏差,以便改正错误,总结经验教训,不断改进并提高工作水平和效率。任何管理活动,都离不开监督,没有必要的监督,就不能保证组织成员严格按照上级的决策和指令办事,就不能控制工作的秩序和进程。因此,监督是保证组织各项计划顺利完成的一个重要手段,是防止组织成员违反组织规定、玩忽职守行为发生的一种武器,也是领导者发挥领导作用的一种方式。

(六)教育职能

思想教育对于领导者来说是一项重要职责。思想教育能够统一组织成员的认识、思想,使组织成员能够正确理解组织的意图,自觉克服远离组织目标的思想行为,能够将个人目标与组织目标有机结合起来,处处以大局为重,积极主动地为组织贡献自己的才华和力量。同时,积极、恰当的思想教育,还有利于调动组织成员的积极性,提高工作效率。

三、领导的权力基础

组织的存在,从某种意义上说依赖于权力的存在,而权力掌握在一定的领导者手中。那么,领导者的权力由何而来?它的基础是什么?这是研究组织领导必须面对的问题。美国著名决策理论家西蒙认为构成权力的基础有四个要素:信任的权威、认同的权威、制裁的权威和合法的权威。而美国学者弗伦奇提出了权力的六项基础:强制的权力、报酬的权力、合法的权力、榜样的权力、专家的权力和信息的权力。从国外学者对权力基础的分析,可以看出,权力是一个过程,它仅在拥有权力的人与受权力影响的人相互作用时存在。因此，从某种意义上说，权力是一种影响力，在探讨权力基础时，必须对领导影响力有一个全面的认识。

（一）领导影响力的作用

领导影响力就是领导者在领导过程中，有效改变和影响他人心理和行为的一种能力或力量。领导活动多是在领导者与被领导者的相互作用下进行的。领导工作的本质就是人与人之间的一种互动关系。在领导活动过程中，领导者如果不能有效地影响或改变被领导者的心理或行为，就很难实现领导的功能，组织目标也就无法实现。因此，领导影响力在领导活动过程中发挥着重要作用。具体表现在：

（1）领导影响力是整个领导活动得以顺利进行的前提条件。领导者虽然掌握着一定的权力，但不能恃权无恐，因为领导并非完全是一种强权意志。被领导者是有思想、有感情的人，领导效果如何，或者说权力运用的效果如何，只能以被领导者"接受""承认"的程度来衡量。强制领导行为最终会导致组织成员的反抗。因此，权力的运用，要让被领导者心悦诚服，志愿随从，只有这样，才能真正发挥领导的作用。

（2）领导影响力影响组织群体的凝聚力。如果领导者具有良好的影响力，就能增强组织成员对组织的认同感、信赖感，就可以使组织成员自觉自愿地支持组织的工作，增强组织的凝聚力；相反，如果领导者在组织成员中缺乏影响力，就会降低领导威望，影响领导者在组织成员中的形象，使组织缺少凝聚力。

（3）领导影响力可以改变和影响组织成员的行为。领导影响力的一个重要基础就是领导者个人的品德修养和人格魅力。领导影响力实质上是领导者综合素质的反映，是领导者自身魅力的体现。品德高尚、有魅力的领导者，其言行会对组织成员起到感召和榜样的作用。这种感召和榜样的作用，可以潜移默化地影响组织成员的行为，使组织成员的行为能够顺应和符合组织管理与发展的需要。

（二）领导影响力的构成要素

领导影响力（或者说权力）的构成要素有两个方面：权力性影响力和非权力性影响力。

1. 权力性影响力

权力性影响力又称强制性影响力，它主要来源于法律、职位、习惯和暴力等。权力性影响力对人的影响具有强迫性、不可抗拒性，它通过外推力的方式发挥作用。在这种方式的作用下，权力性影响力对人的心理和行为的激励是有限的。权力性影响力的构成要素主要有：①法律。合法权力由国家法律、法令和主管部门的决议、决定、命令直接规定，它对权力接受者而言，具有不可抗拒的约束力。因为职位权力及权力的大小，都是由有关的法律法规作了明确规定的，法律的权威性和强制性，使合法权力具有明显的强制性。②职位。职位就是领导者所占据的工作岗位。领导者的权力首先来自职位权力,也就是说,只要处在某一领导职位,就自然而然地被赋予影响力和权力,而且职位越高,权力越大,影响力也越大。这种影响力是职位所赋予的权力性影响力,与领导者个人的基本素质关系不大。③习惯。社会发展的历史积淀,使得在社会生活中对领导者形成了一种观念,即领导者不同于一般的普通人,他们有权力,权力可以迫使人服从。这一观念逐渐形成了某种社会观念,使人们自觉服从领导,认为服从领导是一种习惯,是一种天职。这种长期形成的观念和习惯,无形中给领导者增加了影响力。所以,只要是领导者,就自然而然地获得了这种权力性影响力。④暴力。暴力是一种能强制使人服从的力量,拥有这种力量,就可以直接指挥和命令他人服从,就可以强制他人服从。

2. 非权力性影响力

与权力性影响力相反的另一种影响力是非权力性影响力。非权力性影响力也称非强制性影响力,它主要来源于领导者的人格魅力,以及领导者与被领导者之间的相互感召和相互信赖。非权力性影响力的构成要素主要有:①品格。领导者品格主要包括领导者个人的品性、人格。领导者的品格反映和体现在领导者的一言一行中。优秀的品格会给领导者带来巨大的影响力,使人产生敬慕感,对人产生感召力。领导者要十分注意自己的品格修养,优秀的品格不仅是担任领导者的素质要求,也是领导权力基础的重要组成部分。②才能。领导者的才干、能力也是领导影响力的一个重要组成部分。有才干的领导者不仅会给本部门、本单位带来效益,而且会使被领导者产生敬佩和信任。这种敬佩和信任就是一种心理磁力,它会吸引被领导者自觉地接受和服从领导。③知识。一个人拥有知识也就拥有了最宝贵的财富。知识本身就是一种力量,而且是科学赋予的力量。一个人如果他在某个领域或者某个方面具有特殊才能或者专长,便会对他人形成一种影响力,这种影响力可称为专长权力。拥有这种影响力的领导者,不仅可以取得良好的工作效果,而且能在行使权力的过程中具有某种优势。④情感。人与人之间一旦建立了良好的情感关系,便产生了亲切感,相互之间就增强了影响力。如果领导者能够与下属搞好关系,建立良好的情感关系,他的威信就高,影响力就大。

02 第二节 领导有效性理论

领导问题如此重要,历来关于领导的研究可以说不可胜数,这些研究大体可以分为领导心理方面的研究和领导行为方面的研究,这两方面的研究也就构成了若干种领导有效性理论。

一、领导素质理论

领导心理方面的研究主要体现为领导素质理论的研究。领导素质理论也称"完人理论"或"特质理论",是专门探讨究竟什么是理想的领导者应具备的基本条件的理论。学者对领导者心理特质进行研究,试图找出领导者与非领导者特质上的区别。例如,有的研究者认为,只要测定好的领导者和差的领导者的特质,比较其差别,就可以找到问题的答案。1940年,曾有人列出20份不同的性格表,认为表上所列的性格就是领导者的特征。之后又有不少人提出个人才智、工作能力、自信心、决断能力、客观性、主动性、可靠性、干劲、善于理解人、体贴人以及感情的稳定性、追求成功的强烈欲望、同他人合作的能力、个人品德的高度完善性,甚至体貌等都能决定领导者的水平。还有人认为领导特质是与生俱来的,先天不具备这些特质者就无法当领导。

研究者在现实生活中也找到了一些依据。例如,一般领导者在社交性、坚持性、创造性、协调性、处理问题的能力等方面都超过普通人,其性格特征也有别于普通人。但是,持反对意见者认为,很多领导者并无上述特征,并且很多有上述特征的人也并未成为领导者。不同的研究所得出的结论往往不一致,而且常常出现相互矛盾的情况。

事实上,领导行为只能发生于特定情境下的领导者和被领导者之间。

二、领导行为理论

正是由于领导素质理论研究中存在上述问题,在组织行为学及领导学中,这方面的研究自20世纪40年代开始受到冷落,其逐步让位于从领导行为的角度研究领导问题。20世纪30年代末至60年代先后出现了几种有一定影响的领导行为理论。

(一)领导风格类型理论

美国心理学家勒温早在1939年就开始进行有关领导风格类型的研究。他以权力定位为基础,将领导风格分为专制风格、民主风格和放任风格三种类型。

专制风格的领导者将权力定位于领导者个人,实行高度集权,亲自决定所有的政策和活动,根据领导者个人对群体成员工作绩效的看法进行褒贬与奖惩,群体成员完全被动地进行工作。民主风格的领导者将权力定位于整个群体,由群体成员讨论一致通过或者根据多数原则进行决策,管理中注意发挥群体成员的积极性、主动性和创造性,顾及群体成员的需要和愿望,根据群体成员工作的实际情况进行褒贬和奖惩,群体成员有机会决定自己的分工、进程和方法。放任风格的领导者将权力定位于群体成员个人,实行高度分权,其在管理中只以旁观者的姿态出现,不对群体成员进行褒贬与奖惩,群体成员在无政府状态下完全独立地进行工作。

自勒温之后，美国和日本学者对领导风格类型理论进行了许多理论与实验研究。多数成果不断验证和支持了勒温关于民主风格是最佳领导风格的观点，但也有不少研究提出了自己的观点。

(二) 领导行为四分图

出于对领导素质理论的不满，美国俄亥俄州立大学的一批学者从1945年就开始了对领导行为的系统研究。他们收集了大量下属对领导行为特征的描述，并对这些描述进行分类。他们发现，数以千计的领导行为特征可以分为两类：一类是关心，即领导者对下属的重视和关心，如关心下属的需要，听取并尊重下属的意见，信任下属，注重与下属的关系，等等，简单地说，这属于重视人、重视人际关系的领导行为，称为"关心人"。另一类是结构，即领导者对组织的重视和关心，如建立明确的组织结构和制度，规定组织成员的工作职责，制订和执行组织工作程序与计划，布置和检查工作进度与成效，有严格的管理手段，等等，简单地说，这属于重视事、重视组织的领导行为，称为"重组织"。

领导行为特征研究结果表明，"关心人"和"重组织"是两个不同的、相互独立的维度，但这两个维度在实际中并不一定相互排斥、非此即彼。有的领导者可以表现得只居其一，如更关心人或者更重组织；有的领导者可以表现得两个维度都高或都低。也就是说，实际的领导行为是两个维度的组合，这可以表达为领导行为四分图（如图7-1所示）或者说有四种领导行为，即低组织低关心人、高组织低关心人、高组织高关心人、低组织高关心人。

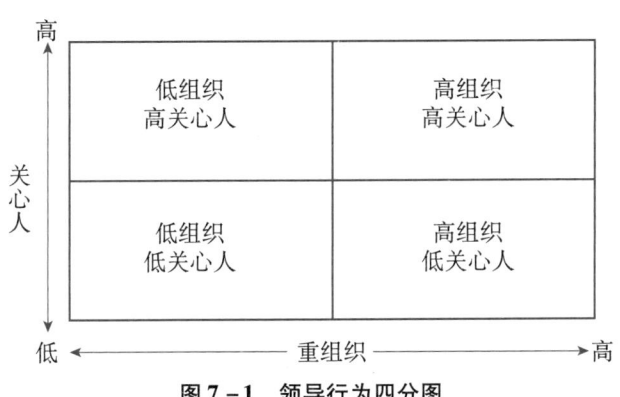

图7-1 领导行为四分图

大量研究表明，在这四种领导行为中，两个维度都高的领导行为常常比某一个维度低或两个维度都低的另外三种领导行为更能使下属取得高工作绩效和高满意度。

(三) 管理方格理论

美国行为科学家布莱克和默顿在俄亥俄州立大学和密执安大学研究的基础上于1964年提出了管理方格理论。

管理方格理论仍然沿用了两个维度：一个是对人的关心，另一个是对生产的关心，但不再像此前的领导行为四分图那样，在每个维度只划分性质不同的高与低两种类型并由此形成四种领导类型，而是在每个维度分别划分由低至高的9个等级或程度（如图7-2所示）。这些数字不表示具体数量，而是代表9个程度，即从1至9表示从低到高的9个程度。每个维度的各个关心程度都分别与另一维度的各个关心程度两两配合，形成81种不同的领导类型。他们从中选出五种最有代表性的领导类型来说明自己的理论。

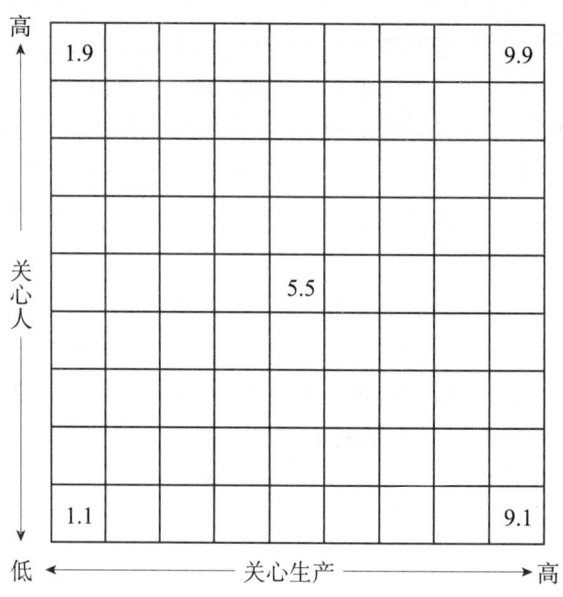

图7-2　管理方格理论

在如图7-2所示的五种典型领导类型中，9.9型人际关系好，士气旺盛，工作效率高，成员利益与组织目标结合好，因此被称为最佳类型。

管理方格理论并不是简单地用于领导类型划分，而是用于评价和训练管理人员。

1.1型，也称贫乏的管理。这种领导类型对人、对生产的关心都维持在最低程度。

9.1型，也称权威与服从的管理。这种领导类型高度关心生产，对人的关心程度很低。

5.5型，也称组织人管理。这种领导类型在完成必需的生产和对人的适度关心之间维持适当的平衡。

1.9型，也称乡村俱乐部管理。这种领导类型高度重视人际关系和满足个人需要，但对生产的关心仅维持在最低程度。

9.9型，也称协作管理。这种领导类型既高度关心生产，也高度关心人。

领导素质理论强调的是领导应该有什么，多用于领导选拔；而领导行为理论更多地强调领导应该怎样做，多用于领导培训。正因为如此，领导行为理论比领导素质理论更具应用价值。

（四）领导行为连续带理论

美国学者坦南鲍姆和施密特是较早对领导风格类型理论倡导"民主风格"、领导行为四分图倡导"高组织高关心"之类最佳领导假设发出不同声音的学者。在研究中他们发现，组织中的领导者常常无法确定什么是最佳决策，也不知道究竟应该由自己来直接决策还是授权下属来决策。鉴于此，坦南鲍姆和施密特1958年提出领导行为连续带理论。这一理论将领导风格类型理论和领导行为四分图结合起来，如图7-3所示。

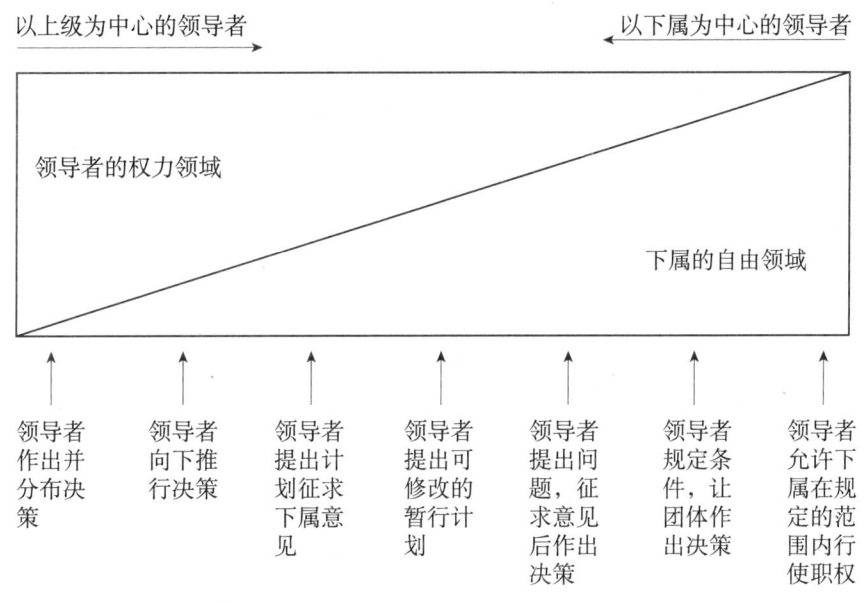

图7-3 领导行为连续带理论

坦南鲍姆和施密特认为，领导行为有专制和民主两种类型。专制型领导强调对工作的领导，并用权力去影响下属。民主型领导注重人员的领导，在工作上给下属相当大的自由。领导者在实际工作中运用职权的程度越高，就越接近专制型领导；领导者在实际工作中运用职权的程度越低，就越接近民主型领导。如此就出现了一个由专制型领导到民主型领导的连续带，即在典型的专制型领导和典型的民主型领导之间存在许多过渡类型的领导行为。这些领导行为本身无所谓优劣，领导者应善于根据具体情况从连续带中选择一种合适的。

领导行为连续带理论认为领导行为不是固定的，要根据不同情况采取不同方式，这实际上是将情境理论因素也作为决定领导行为的重要因素，并且已经有了根据实际情况权衡利弊、灵活应变的思想，已经具备"领导权变理论"的雏形，是领导行为研究中一个很大的进步。

三、领导权变理论

随着研究的深入和实践的发展,人们越来越清楚地认识到,要找到一种适合任何组织、任何性质的工作和任务,任何对象固定的领导特质和领导行为,是不现实的。没有一成不变的、普遍适用的"最好的"领导理论和方法。领导行为的效果,不仅取决于领导者的素质和能力,而且取决于诸多客观因素,如被领导者的特点、领导环境等,它是诸多因素相互作用、相互影响的结果。没有"最好"的领导行为,一切要以时间、地点、条件为转移,这便是领导权变理论的实质。

(一) 费德勒模型

20世纪60年代陆续出现了多种领导权变理论。首先对领导权变理论作出理论评价的是美国心理学家费德勒。1962年,费德勒提出"有效领导者的权变模型"(通常也称为费德勒模型)。该模型将领导者素质研究和领导行为研究有机结合,并将其与情境分类加以联系研究领导绩效。费德勒认为,群体绩效如何,与领导者的风格、特定的情境以及领导风格和情境之间的匹配关系有关。因此,他提出领导效果取决于以下三个情境因素:

(1) 领导者与下属的关系。这是指领导者为下属所接受的程度,即信任、忠诚、喜爱和愿意追随的程度以及领导者对下属的吸引力。当领导者与下属之间关系融洽,领导者信赖下属,下属也给予领导者支持和保持忠诚时,领导环境就好。

(2) 任务结构。任务结构是指任务的明确程度和下属对这些任务的负责程度。如果这些任务明确、常规性、例行性程度高,而且下属责任心强,那么领导环境就好。

(3) 职位权力。这是与领导者职位相关的正式职权以及各方面的支持程度。与领导职位相关的权力越大,领导者所控制的奖惩范围越大,则领导者对下属的控制越强,下属遵从领导的程度越高,领导环境越好。

费德勒指出,如果上述三个因素都具备,则是最有利的领导环境;如果上述三个因素都不具备,则是最不利的领导环境。根据这三个因素,费德勒把领导环境从最有利到最不利分为8种类型。费德勒对1 200个团体进行了抽样调查,得出如表7-1所示的结论。

表7-1 费德勒领导类型与情境变量之间的关系

对领导的有利性	情境类型	领导者与下属的关系	任务结构	职位权力	有效领导类型
有利	1	良好	有结构	强	任务导向型
	2	良好	有结构	弱	任务导向型
	3	良好	无结构	强	任务导向型

续表

对领导的有利性	情境类型	领导者与下属的关系	任务结构	职位权力	有效领导类型
中间状态	4	良 好	无结构	弱	人际关系型
	5	不 良	有结构	强	人际关系型
	6	不 良	有结构	弱	—
	7	不 良	无结构	强	—
不 利	8	不 良	无结构	弱	任务导向型

（二）领导生命周期理论

领导生命周期理论是俄亥俄州立大学心理学家卡曼首先提出来的。卡曼认为，对有效的领导行为，要把工作行为、关系行为和下属的成熟度结合起来考虑，生命周期理论便是反映工作行为、关系行为和下属的成熟度的曲线关系（如图7-4所示）。所谓成熟度，是指员工的技术业务、对工作的理解、自我控制能力等。每个人都有一个从不成熟到逐步成熟的发展过程。在组织中，员工成熟度的平均水平同样也有它的发展过程：不成熟—初步成熟—比较成熟—成熟。与此相适应，领导行为也应该按照"高工作低关系—高工作高关系—高关系低工作—低工作低关系"的顺序逐渐推进。领导者要根据下属不同年龄、不同的成就感、不同的责任心和不同的能力条件，采取不同的领导行为。

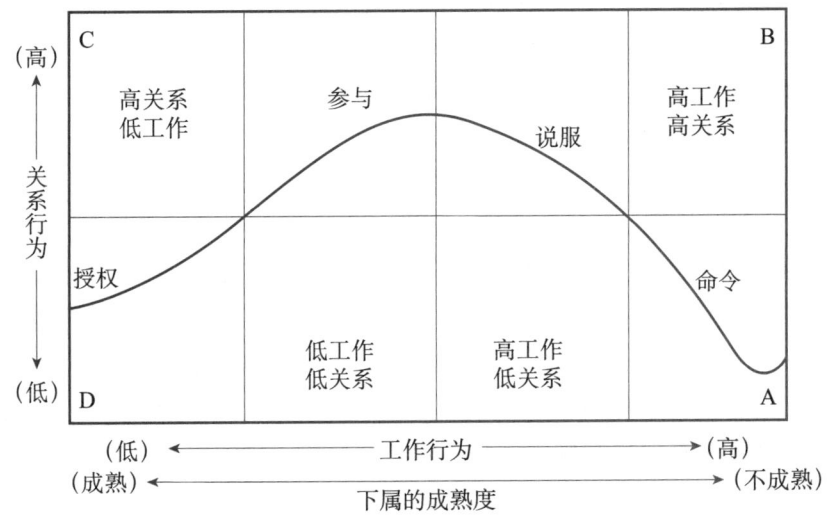

图7-4 领导生命周期理论

图7-4中的曲线表示有效领导行为。曲线表明，当下属处于不成熟状态时，采取高工作低关系的命令式领导行为最为有效；当下属进入初步成熟阶段时，采取高工作

高关系的说服式领导行为效果较好;当下属进入比较成熟的阶段时,领导者的工作行为要减少、放松,而关系行为要加强,即参与式领导行为效果最好;当下属的成熟度相当高时,授权式领导行为效果最好,但这种领导行为并不意味着撒手不管、放弃领导,而是以信任、授权的方式来工作。这是因为下属已经成熟,不需要领导者过多地给予工作上的指导与干预,他们能充分发挥自己的才能和主动精神去完成工作。

四、领导理论的发展

对领导的研究后来又掀起新一轮的高潮,研究文章与著述不断涌现,这反映了在新的经济环境条件下,领导的作用不断凸显,特别是领导在应对环境变化和领导组织变革中的作用日趋明显,各界需要对领导进行更深入、更专业的认识。

(一)超凡领导理论

超凡领导理论是由豪斯提出的。豪斯认为,具有超凡魅力的领导者拥有极大的影响力,充满自信,具有强大的支配力以及对于信念和道德的坚定性,他往往使下属认为跟随他是正确的。豪斯还指出,具有超凡魅力的领导者能够提出富有想象力、更远大的目标,从而赢得追随者的支持。这样的领导者树立了成功而又能胜任的形象,他的榜样表达了他所坚持的价值观,使追随者确认能实现其所期望的目标。

越来越多的研究表明,具有超凡魅力的领导者与下属的高绩效和高满意度之间有着显著的相关性。为具有超凡魅力的领导者工作的下属会因此受到激励并付出更大的努力,而且因为他们喜爱自己的领导,又表现出很高的满意度。由于具有超凡魅力的领导者对于下属的高绩效、高满意度并不总是奏效,领导者的超常自信有可能导致许多问题,因此,这一理论存在一定欠缺。

(二)领导交易理论

领导交易理论认为,交易型领导者向下属提出问题,表明他们需要做什么,有什么要求和条件,不注重下属参与决策,着重帮助下属树立信心。下属只要付出必要的努力,就一定能达到目标。交易型领导者通过明确角色和任务要求来指导和激励下属向着既定的目标前进。交易型领导者主要是给下属布置任务,指明途径和方法,采取一些与下属努力相交换的奖励措施,并不着力于发挥下属的积极性和主动性。交易型领导者一般有以下特点:

(1)权变奖励。交易型领导者认为良好的绩效才是奖励的前提,虽然他们也承认下属的成就,但是下属要获得奖励,就要看他是否努力以及努力的程度,下属得到的奖励要与他所付出的努力交换。

(2)主动管理。交易型领导者把管理的重点放在监督上,他们监督下属的行为。

如果发现下属有不符合规范和标准的行为，就会指导和帮助下属改正。一般情况下，交易型领导者对下属的工作和活动不进行干预，只有在下属没有达到目标时才插手。

（3）自由放任。交易型领导者容易不负责任和回避决策，他们认为目标、任务、条件和途径都已给予下属，具体实施靠下属，只要检查结果达标即可。

交易型领导者没有充分发挥领导者的职能，也没有通过领导者的魅力展现来激励下属达到目标。

第三节 领导力的提升

分析领导特点，研究领导有效性的各种理论，最终目的是提升行政组织中领导者的领导力。现代社会，竞争非常激烈，挑战与机会并存，领导者是否具备较高的领导力，关系到组织的生存与发展。为了提升领导力，领导者首先要具备良好的素养，其次要掌握高超的领导艺术，最后要掌握21世纪做好领导工作的准则。

一、领导者要具备良好的素养

领导者要具备较高的领导力，首先必须具备良好的素养。从这个意义上说，良好的领导素养是提升领导力的基础。

（一）领导素养的主要内容

通常意义上讲，领导素养主要包括政治素养、道德素养、能力素养、知识素养和心理素养。

领导素养的主要内容

1. 政治素养

政治素养是指人作为政治角色对政治，特别是对自己所承担的政治义务和所享受的政治权利的理解、把握、反映和见诸行动等的总和，是人在政治关系和政治生活中培养出来或必须具备的个体特质，是高度政治化的结果。对于领导者来说，政治素养是第一位的，因为政治素养从根本上决定领导的性质和方向，是领导素养的核心和灵魂。

2. 道德素养

道德素养是指一定群体或组织乃至整个社会在一定时期调节人与人之间关系的价值标准和价值判断，道德规范和道德要求内化为心灵内容后所形成的整个精神内涵，是充满价值内容和主观取向的领导精神素养。其主要包括伦理知识、伦理造诣、道德规范内化程度、约束取向、价值维度、慎独程度、情操、气节、风格、境界、作风、勇气、正气、责任感、法纪信守等因素，反映领导者对他人以及个人对社会的认识和态度。道德素养主要包括：事业心和使命感；进取心；胸怀宽阔；公正；自身廉洁。

3. 能力素养

能力是指人在心理、生理要素的基础上，经过后天的培养和努力，在实践过程中逐步形成的认识世界与改造世界的才能、本领和技能。领导能力由领导者在社会中特殊的职责所决定，是指领导者有效地实施领导，完成组织目标所必须具备的知识、才能等的总和。能力素养是一种横贯所有领导素养的多方面、多种类的领导素养，是所有领导素养在联系或作用于现实时产生的作用力集合而成的个体特质，是领导者开展工作的必备条件，是提高领导绩效的决定性因素，是领导者素养体系的主体内容。能力素养主要包括：①政治能力；②科学决策能力；③选才用人能力；④计划规划能力；⑤组织协调能力；⑥沟通与人际交往能力；⑦控制与自控能力；⑧应变与解决复杂矛盾的能力；⑨开拓与创新能力；⑩学习能力。

4. 知识素养

知识与实践密切联系，是人们在改造世界的过程中获得的认识与经验的总和。具体来说，知识素养主要包括：①宽广的知识面；②熟悉现代管理知识；③一般的科学知识；④本职专业知识；⑤丰富的社会实践知识。

5. 心理素养

领导者必须具有健康的心理素养，心理素养主要包括：①乐观的情绪；②坚强的意志；③广泛的兴趣；④开朗的性格。

（二）领导素养提高的途径

领导素养的提高，特别依赖于领导实践，但又不完全取决于领导实践，也就是说，要结合领导实践才能达到提高领导素养的目的。领导素养的提高，既要靠领导者自觉努力，又要靠组织和相关机构共同努力，是领导者主观因素和客观条件相互作用的结果。具体来说，领导素养提高的途径有以下三条：

1. 教育

教育是最基本的领导素养提高途径，领导者的全面发展或者领导素养的全面提高都要依靠教育。教育有六种基本方式：①系统、正规的学校教育；②有组织的社会教育，也就是权威的社会教化；③自由的社会熏陶，即自然发生的教育；④有期待的家庭教育；⑤有意识的自我教育；⑥补充性的大众化教育，也就是培训。对领导者的教育，要充分动用社会各种资源，充分发挥教育者和教育手段的作用，全面、立体地提高领导者的素养。

2. 实践锻炼

领导者亲身参加社会实践，是素养提高的关键环节。领导活动不是抽象的理论研究,而是实实在在地解决具体问题,这种解决具体问题的能力只有通过领导活动中才能提高。"纸上得来终觉浅,绝知此事要躬行"强调的就是亲身实践的重要性。领导者参加实践活动的途径有多种:深入基层调查研究,以提高观察分析能力;承担各种不同的任务,如主持会议、组织起草和修改文件、解决下属纠纷等,以提高判断能力、分析问题和解决问题的能力;实施日常管理工作,进行决策、组织、指挥等管理活动,以提高综合管理和灵活应变能力。

3. 修持

修持是公认的德才标准内化、德才水平提高的修炼过程,是在自我要求、自我推动、高度自律的状态下进行的品格锻炼、精神锤炼和才能提高的过程。修持是一种内向和内省的方法,完全依靠人的自觉性,依靠原来就具有的一定程度的领导素养,而后才有可能提高。在这里,特别需要指出的是,领导者应具有勇于批评和自我批评的精神。领导者只有将自己置于公众和舆论的监督之下,善于了解和接受来自外界的批评和意见,善于自我批评,努力自省、自讼,做到有则改之、无则加勉,才能不断认识自己,克服自身的缺陷,发扬自身的优点,提高自身素养。

二、领导者要掌握高超的领导艺术

领导艺术更强调个性化和灵活性,领导艺术是科学理论与领导实践相结合的产物,是领导者解决问题和处理问题的熟练程度、工作水平、创造能力的反映。所谓领导艺术,是指领导者在领导活动过程中,自觉地运用领导学理论和管理学理论,熟练、有效地完成领导任务的技巧、方法和手段的总和。领导艺术以领导者的素质为基础,是领导者品德、智力、能力、性格和经验等的综合反映。在领导工作中,领导者要想掌握高超的领导艺术,一要了解领导艺术的特点,二要掌握领导艺术的内容。

(一) 领导艺术的特点

领导艺术的特点

领导艺术是非规范性和非模式化的技巧,领导者在实际工作中要运用好这一技巧,必须了解领导艺术的特点。领导艺术的特点主要包括:①随机性。领导艺术是非规范性和非模式化的技巧,它表现在领导活动和领导过程中,这就决定了它在领导活动中的运用,必然是因人、因事、因时、因地而异的。这就要求领导者在处理问题时,必须根据不同的情况,迅速地作出判断,采取灵活多变的手段,以提高领导效能。②创造性。领导艺术能够体现领导者的创造力,尤其是对一些特殊事件的处理,最能体现领导者特有的风格、新颖的构思和与众不同的创造力。③多样性。领导艺术是领导者品德、智力、能力、性格、经验等的综合反映,这就决定了领导者在运用领导艺术解决问题时,必然呈现出多样性。表现为:不同的领导者在处理相同事件中,可能会采取不同的领导艺术;

同一种领导艺术由不同的领导者运用,可能会产生不同的领导效果;同一领导者采用不同的领导艺术,也会产生不同的领导效果。④科学性。尽管领导艺术具有以上三个特点,但并不意味着领导艺术的运用可以随心所欲、毫无规律。领导艺术是科学理论与领导实践相结合的产物,它必然符合和反映事物发展的客观规律,具有一定的科学性。

(二)领导艺术的内容

领导艺术的内容非常丰富,特别是它包含了非规范化、非量化的一些巧妙技巧,因此要概括领导艺术的内容比较困难。这里仅列举一些常见的领导艺术,它们对提高领导者的领导水平能够起到一定的借鉴作用。

1. "弹钢琴"艺术

关于"弹钢琴"艺术,毛泽东同志曾经作过通俗的解释:"弹钢琴要十个指头都动作,不能有的动,有的不动。但是,十个指头同时都按下去,那也不成调子。要产生好的音乐,十个指头的动作要有节奏,要互相配合。"① 首先,"弹钢琴"艺术要求领导者善于处理好中心工作与其他工作的关系,既要抓住主要矛盾,又要兼顾其他方面的工作,防止工作中的片面性和绝对化。其次,"弹钢琴"艺术要求领导者注意组织内部各要素之间的有机联系,善于做好协调平衡工作,使各要素之间形成相互联系、相互配合的良好格局。领导者运用好"弹钢琴"艺术,就能正确处理全局和局部、主要矛盾和次要矛盾的关系,做到突出重点,兼顾一般,从而使工作井然有序、忙而不乱地进行。

2. 擅长用人艺术

"知人善任"是领导者的主要职责之一,要履行好这一职责,就必须掌握"知人善任"的领导艺术。从某种意义上说,用人成功与否是领导活动成败的关键。因此,领导者在用人过程中应坚持以下原则:

(1)扬长避短。一方面,"金无足赤,人无完人",看准人的长处加以利用,是合理用人的真谛所在。"智者取其谋,愚者取其力,勇者取其威,怯者取其慎"(《帝范·审官》)便说明了这一道理。另一方面,避人之短,不是说不看或看不到人的短处,而是说在用人时不要老盯着人的短处,要想方设法在限制其短处起作用的同时弥补其短处,促使其长处得到充分发挥。

(2)量才任职,职能相称。做到这一点的前提,首先是对各职位的具体要求、任务和职责等有一个明确的规定,为量才任职设立客观的标准和依据;其次是正确鉴别人才的类型、特点、层次,并按能力的大小安排相应的职位;最后是要做到职、责、

---

① 毛泽东. 毛泽东选集:第4卷. 2版. 北京:人民出版社,1991:1442.

权"三位一体",使人才在其位,有其权,负其责,尽其能。

(3) 诚信不疑。既然根据人才的特点将其放到了合适的位置,就应该对其给予充分的信任,让其大胆地开展工作,创造业绩。心理学研究表明,每个人都有自尊心,当人受到尊重时,他的才智就能够得到充分发挥。尊重和信任是使用人的前提,如果领导者既要使用一个人,又不充分信任他,就会使他在工作中缩手缩脚,并产生离心倾向。同时,信任下级也是领导者自信的表现。

(4) 明责授权。明责授权就是领导者根据下级所担负的责任授予相应的权力,使下级都能有其权、负其责、使其智、成其事。首先,领导者在授权时应考虑组织规模,授权范围应视领导者能够弄清问题并作出正确决策的范围而定。其次,要看组织业务活动的性质,专业性越强,应授予下级越大的权力。

(5) 用养并重。领导者不仅要用才,更要爱才、护才、养才,以避免人才的浪费。这就需要建立一套完整、配套的人才保护培养制度。这一制度应主要包括鉴别系统、监督系统、服务系统、使用系统、培训系统和保障系统,以解决人才的后顾之忧,为人才不断成长与成熟创造条件。同时,在用才、养才的过程中,要注重对潜在人才的培养与开发,使人才辈出。

3. 运用时间的艺术

在现代社会,时间的价值越来越被人们认识。领导者肩负的任务很繁重,时间对于领导者来说已经不仅仅是个人的问题,往往直接影响事业的发展。所谓"机不可失,时不再来"就是这个道理。在日常生活中我们不难发现,有些领导者整日忙忙碌碌,却收效甚微,业绩平平,主要原因之一可能就是不懂得合理地运用时间,缺乏良好的运用时间的艺术。因此,如何正确地运用时间,以最少的时间获得最大的效益,也就成为领导者必须掌握的技巧。

(1) 要科学地安排时间。在时间安排上,要根据工作任务和近期目标,按照事情的轻重缓急科学地制订计划,合理地安排时间。美国管理学家艾伦·莱金提出了一个时间的计划方法,即领导者应该把每天需要处理的事务全部列出来,然后按照轻重缓急分为A、B、C三类。A类最为最重要、最紧急,是必须立即办理的事情;B类次之;C类再次之。这样分类,领导者既能把主要精力放在A类事务的处理上,又不会遗漏B类和C类事务。

(2) 要善于节约时间。在时间的控制上,要尽可能地防止时间浪费。这就要求领导者在处理事务时,应该考虑三个"能不能"的问题:①能不能取消它?②能不能与其他工作合并?③能不能采用更简单的方法代替它?要做到:不应该办的坚决不办,能合并的及时合并,能简便的尽量简便。美国《今日世界》杂志曾经列举了领导者节约时间的十大秘诀:①处理公务时一定从重要的事情做起,顺序不能颠倒;②用大部分时间去处理最难办的事情;③把一部分工作交给秘书去做;④少写信,能用电话解决的就用电话,一定要写的,就尽量写便条;⑤减少会议;⑥拟好安排工作的时间表；⑦分析自己利用时间的情况；⑧减少不必要的报告文件；⑨把传阅文件减少到最低限度；⑩尽量利用空隙时间看文件。在现代社会，领导者随意浪费时间的行为是不可原谅的。

三、21 世纪做好领导工作的准则

21 世纪需要非常的领导素质和高超的领导艺术。领导学的研究者都非常关注这个问题，对领导者提出了各种各样的要求和建议，形成了一些具有共性的准则。作为行政组织领导者，认真尝试去遵守这些准则，会对工作有一定的帮助。

（1）胸有全球化战略。全球化已经成为不可逆转的趋势。21 世纪领导工作面临的挑战主要是高新技术快速发展，它将促进全人类走向全球化和多极世界。在全球化进程中，各国之间的联系空前紧密，相互之间的依存度日益增加。这就要求领导者既要懂科学，又要有远见，善于抓战略和善于学习。要做到这些，必须胸有全球化战略。

（2）在工作中善于保持平衡。这里的"平衡"，主旨是不仅要具有应付变化、适应变化的平衡艺术，还要有求变防变的意识，具备在千变万化中求得平衡的艺术，以使组织朝着正确的方向前进。

（3）建立学习型组织。在现代社会，衡量组织成功的尺度是创新能力，而组织的创新能力来源于不断学习。建立学习型组织，既是时代的要求，也是组织领导者使自身的领导艺术得以发挥的根本保证。因为通过组织学习，可以提高组织成员的素质，并在此基础上促使组织成员认识到自己在组织中富有挑战性的价值，从而从主观上配合领导者，主动维护组织的利益，遵守共同的权威规则，促使组织目标实现。

（4）以人为本，善待下级。这是一条非常重要的准则，也是搞好上下级关系的根本原则。要做到这一点，领导者要注意以下几个方面的问题：①真正关心下级，理解并尽量满足他们的合理需求；②尊重下级，给他们在工作中实现自我价值的机会；③善于分权、授权，相信下级的能力；④奖惩要及时，真正实现奖优罚劣；⑤一视同仁，不要对下级存有不必要的人为主观偏见；⑥善于倾听下级的呼声，并做到及时反馈；⑦敢于为下级承担工作责任，使下级敢于发挥自己的聪明才智，施展潜能；⑧善于沟通，作风民主。

小 结

从组织行为角度探讨领导、领导力是很重要的，通过研究，可以提高领导工作的适应性、科学性和有效性，最大限度地调动组织成员的积极性。行政组织领导就是行政组织中的领导者依法运用国家公共权力，通过决策、指挥、组

织、协调、监督、控制等方式，引导和影响所属成员达成公共目标的活动过程。领导职能就是领导的职责范围与作用方式，各级各类的领导都有其职责范围。组织的存在，从某种意义上说依赖于权力的存在，而权力掌握在一定的领导者手中。那么，领导者的权力由何而来？它的基础是什么？这是研究组织领导必须面对的一个问题。历来关于领导的研究可以说不可胜数，这些研究大体可以分为领导心理方面的研究和领导行为方面的研究，这两方面的研究也就构成了若干种领导有效性理论。分析领导特点，研究领导有效性的各种理论，最终目的是提升行政组织中领导者的领导力。现代社会，竞争非常激烈，挑战与机会并存，领导者是否具备较高的领导力，关系到组织的生存与发展。为了提升领导力，领导者首先要具备良好的素养，其次要掌握高超的领导艺术，最后要掌握21世纪做好领导工作的准则。

思考与练习

一、名词解释

1. 领导
2. 行政组织领导
3. 领导影响力
4. 权力性影响力
5. 非权力性影响力

二、简答题

1. 简述行政组织领导的特点。
2. 简述行政组织领导的基本职能。
3. 领导影响力的作用具体表现在哪些方面？
4. 简述领导素质理论的主要内容。
5. 简述管理方格理论的主要内容。
6. 简述领导生命周期理论的主要内容。
7. 简述心理素养的主要内容。
8. 简述领导艺术的特点。

9. 领导者在用人过程中应坚持的原则主要有哪些?

三、论述题

1. 试分析领导素养的主要内容。
2. 结合实际论述如何提高领导者的素养。
3. 论述领导艺术的主要内容。
4. 论述 21 世纪做好领导工作的准则。

第八章　行政组织中的决策

学习目标

了解组织决策的基本理论；
理解行政组织决策的程序与方法；
掌握组织决策改善的主要内容。

导　学

决策是人类改造自然和社会的实践活动的重要组成部分，在行政组织运行过程中，很多问题的解决都离不开决策。在现代社会，随着政治现代化过程中公民参与的增多，民主、宽容精神的弘扬，管理科学的不断演进，行政组织决策理论研究逐渐发展起来，在行政组织管理中决策的地位也日益重要。

01 第一节 行政组织决策概述

一般来说，行政组织管理活动蕴含着组织领导、沟通、协调、控制、决策、人事任免等多种功能。在这些功能中，行政组织决策是最重要且具有主导性的一项功能。从一定意义上说，行政组织决策是行政组织管理活动的先导，一切行政管理过程和行政行为都离不开行政组织决策。行政组织决策，直接关系到行政管理目标的实现；行政组织决策水平，将影响行政组织管理活动的生机和活力。

一、行政组织决策的特征和类型

行政组织决策的特征

（一）行政组织决策的特征

行政组织决策是指行政组织系统为履行行政管理职能，就所要解决的行政问题制定和选择活动方案，作出决定的过程。行政组织决策是管理决策的一种，它除了具有一般决策所共有的特征，还具有自身的一些明显的特征。这些特征主要有：

1. 行政组织决策主体的特殊性

行政组织决策的主体是具有行使国家权力的行政组织。也就是说，只有法律授权的行政组织才有权进行行政组织决策，而其他组织作出的决策，都不属于行政组织决策的范畴。

2. 行政组织决策内容的特殊性

行政组织决策的内容是国家或社会的行政事务，它是以行政组织的名义，代表行政组织和公民，从全局立场和观点出发，处理涉及社会公共生活各领域的行政事务，其决策目的不是营利或谋取私利，而是谋求社会的共同利益；而企业的决策目的，是从企业的利益出发，谋取企业最大的经济利益；而个人的决策目的，是谋求个人的利益。

3. 行政组织决策依据的特殊性

行政组织决策与其他决策的一个重要区别在于行政组织决策的制定必须以国家的有关法律法规为依据。在我国，各级行政组织在进行行政决策的过程中，必须依据法定的决策权限和决策范围，必须考虑本组织的法律地位和资格，既不能越权决策，又不能违法决策。依法决策的目的，一是保证各级行政组织独立行使行政决策的权力，保证行政决策的法律效力和权威性；二是防止公共权力和决策权的滥用。

4. 行政组织决策作用方式的特殊性

行政组织决策以公共权力作为后盾，通过行政的方式作用于社会、作用于公民。行政组织决策对社会具有强制力。既定的行政组织决策，不仅对行政组织内部成员，而且对行政组织管辖范围内的一切有关的企业、事业单位等都具有约束力，任何组织和个人都必须按照行政组织决策的要求来行事。

5. 行政组织决策后果的特殊性

行政组织决策的后果一般比较重大，它会影响社会的共同利益和公民的直接利益。如人口政策、物价政策、税收政策等，几乎与每个人的生活息息相关，几乎影响每个家庭。

（二）行政组织决策的类型

社会问题复杂多样，行政组织决策过程错综复杂，因而行政组织决策的类型多种多样。一般而言，常见的行政组织决策主要有以下几种：

行政组织决策的类型

1. 经验决策和科学决策

根据决策主体的决策方式，行政组织决策可分为经验决策和科学决策。

经验决策是指决策主体根据经验所作出的决策。即决策主体在决策过程中对决策对象的认识、对决策目标的断定都是凭借主观经验和逻辑思维能力。这种决策的优点在于，决策过程比较简单，决策迅速，往往能够做到当机立断；但它的缺点也非常明显，由于决策信息不够充分，没有进行科学的分析与论证，因此，如果经验不足，就会导致决策失误。当然，在某些特定的环境或条件下，经验决策是可以被采用的，不能完全否认其作用，丰富的经验对决策有一定的参考价值。

科学决策是指决策主体依据一定的科学方法或技术所作出的决策。即决策主体在决策过程中对决策对象的认识、对决策特点及规律的研究、对决策目标的选择、对决策方案的确定等都是建立在科学论证的基础上。科学决策，有助于降低决策失误率，保证决策的正确性。采用科学决策，需要有信息、体制、人员素质、技术设备等方面的支持，否则就不可能做到真正的科学决策。

2. 战略决策和战术决策

根据决策目标所涉及的规模和影响程度，行政组织决策可分为战略决策和战术决策。

战略决策是指那些具有全局性和方向性的重大决策。这种决策一般来说影响比较深远，涉及的范围比较广，具有全局性和方向性。这种决策一般由高层作出，如确定国家经济建设的战略重点、宏观的经济政策、财政金融政策、税收政策、社会发展长远规划等。战略决策处理的问题一般都比较重大、复杂，对社会发展影响较大。

战术决策是指那些局部性的、短期的和比较具体的决策。战术决策是战略决策的延续和具体化，它主要服务于战略目标的实现，如为贯彻战略发展方针的某项工作而进行的一些具体安排等。战术决策处理的问题一般都比较简单、具体，大都采取定量分析的方法。

3. 程序性决策和非程序性决策

根据决策内容的具体情况，行政组织决策可分为程序性决策和非程序性决策。

程序性决策是指那些常见的、定型的和重复性的决策。这种决策的内容较为确定，有一定的规律可循，一般属于日常的工作范围，因而也称例行性决策。

非程序性决策是指新出现的、非常见的和无规律可循的决策。这种决策往往具有开创性和革新性。非程序性决策在决策中虽然所占比例较小，但从重要性来看，这种决策往往决定行政组织的战略方向，对行政组织的影响非常大。

4. 确定型决策、风险型决策和不确定型决策

根据决策所具有的条件的可靠程度，行政组织决策可分为确定型决策、风险型决策和不确定型决策。

确定型决策是指决策的条件确定，决策后果也可以预测的决策。这种决策由于各种条件都比较明确，每种决策结果也比较清楚，因此只要比较各个方案的优劣就可以了。

风险型决策是指决策的条件可以确定，但不能完全控制，每一种条件下决策后果虽然可以预测，但仍需要冒一定风险的决策。

不确定型决策是指决策的条件不能确定，决策后果也无法预测的决策。不确定型决策的难度大、风险也大，不确定的因素非常复杂，既有人为的因素，也有自然的因素等，但这种决策所带来的效果往往也出人意料。

二、行政组织决策的程序与方法

（一）行政组织决策的程序

行政组织决策的程序是指行政组织在决策过程中所必须经过和遵循的工作步骤。按照科学的程序进行决策，能够帮助行政组织认识和掌握决策过程中的客观规律，提高决策的正确性和有效性。行政组织决策的程序如下：

1. 发现问题，确定目标

发现问题是行政组织决策的起点，任何决策都是从发现问题开始的。在行政组织决策时，只有发现问题，才能据此寻找解决问题的途径，最终解决问题。所谓问题，就是现有现象和应有现象之间的差距。问题是决策的前提。因此，要改善行政组织管

理的现状，就要善于发现问题，认清问题的实质，弄清问题产生的主要原因和次要原因、直接原因和间接原因，以及各种原因之间的相互关系，只有这样，才能为问题解决奠定基础，为行政组织科学决策提供客观依据。

发现问题是第一步。发现问题后，就要确定解决问题所要达到的目标。一般来说，正确的目标应该具备三个基本条件：①定量化。即目标要尽可能量化，可以计算出最终的成果。②有一定的时间限制。即要限定目标实现的时间。明确的时间限定，是检查和监督目标是否按期完成的一个依据。③要明确责任。即要明确负责或承担这一目标实现的人或机构的责任，以便监督其能尽职尽责地实现目标。

2. 调查研究，拟订方案

确定目标后，就要为实现目标寻找和设计最佳的途径。这便进入行政组织决策的第二个阶段。在这个阶段，主要是做好两个方面的工作：①进行周密的调查研究。即围绕问题和目标搜集资料，对有利条件和不利条件、现实状况和未来变化等进行全面、细致的调查，彻底弄清楚它们之间的相互关系，通过对各种资料的分析、筛选、归纳、综合及整理，为决策方案的拟订提供最完整、最准确、最具体的信息和依据。②在调查研究的基础上，拟订若干个备选方案。拟订方案是一个十分重要且复杂的过程，拟订方案时应注意以下问题：①方案要具有可行性。也就是所拟订的方案要符合客观的人力、物力和财力的要求，不能超越实际情况，凭人的臆想解决问题。②方案要具有多样性。即在初步拟订方案的过程中，要拟订两个以上的方案，使方案的最后选择留有余地。③方案要具有完备性。即在方案的制订中，既要有总体方案，也要有某一方面或某一阶段的具体方案；既要有战略方案，也要有战术方案，这样就可以在具体实施过程中堵塞各种漏洞。④方案要具有突破性。即拟订的方案要能够抓住问题的实质和关键，也就是要能够抓住主要矛盾，主要矛盾解决了，其他的矛盾就可以迎刃而解。⑤方案要尽可能定量化。即拟订的方案要有全面、具体的数据，要有明确的数据分析。定量化的东西有助于决策层和决策者对各种方案进行比较分析和选择。总之，在拟订方案的过程中，要解放思想，集思广益，敢于标新立异，虚心听取各方面的意见和建议。这样，才能拟订出正确、科学的决策方案。

3. 分析评估，方案选优

备选方案拟订好以后，就进入决策的第三个阶段。这一阶段的工作就是对备选方案进行全面的综合分析，权衡比较，从中选出一个比较满意的方案；或者在吸取各个方案长处的基础上，综合出一个新方案。总之，最后选出来的方案应该能够用最短的时间、最小的代价实现决策目标。

如何进行决策方案的选择？一般来说，在决策方案的选择过程中，应该坚持这样几条原则：①方案的选择要以目标为准绳。即方案的分析评估与选择要建立在实现"满意目标"的基础上，而那些远离目标的方案或不利于目标实现的方案，应该被排除在外。②方案的选择要坚持整体利益和长远利益的原则。要从整体利益和长远利益出发，分析方案的利弊。③方案的选择要符合客观实际。在选择方案时，要一切从实际出发，因地制宜、因时制宜，充分考虑各方面的承受能力。④方案的选择要坚持民主集中制的原则。行政组织的决策权掌握在行政部门及其领导者的手中，因此在决策过程中主观意志起一定的作用。但是在异常多变、竞争激烈的信息社会，单凭领导者主观意志很难保证决策正确。因此，在选择方案时，要广泛听取各方的意见与建议，以保证方案正确。

选择方案是决策过程中最为关键的一步，在选择方案时，要采取科学的方法。常用的方法主要有以下几种：①筛选法。即根据一定的标准，一次次地筛选，最终选出一个比较满意的方案。②分类法。即将所有的备选方案，按性能分成几大类，一类一类地进行对比，从中选出最好的方案。③排队法。即将所有的备选方案，按照一定的标准进行评分，以得分的多少进行选择和评优。

4. 局部试点，完善决策

方案确定以后，就进入决策的最后一个阶段。但是，对于最后择定的方案，不能马上大规模地付诸实施，还必须进行局部试点，以验证其实施的可靠性。如果发现问题，就可以及时加以修改和完善。特别是一些重大的决策方案，由于其影响大，必须经过一段时间的试点，才可以全面实施。

行政组织决策的方法

（二）行政组织决策的方法

行政组织决策依据是客观的资料和信息，而资料和信息的获得途径，一是调查研究，二是科学预测。行政组织决策的方法如下：

1. 调查研究的方法

调查研究是行政组织决策科学化的基础。毛泽东同志曾指出：没有调查，就没有发言权。因此，充分的调查研究是科学决策的前提条件。常用的调查研究方法主要有以下几种：

（1）系统化调查。即在调查的过程中全面了解决策的各个方面、各个要素，以及各个要素之间的相互关系，详细地了解和掌握有关资料，在对各个要素和各种统计资料进行整理和分析的基础上，分析每一事物在整个决策过程中的地位和作用，以此作为决策的依据和参考。

（2）定量化调查。即对事物的数量关系的分析，用数学关系的模式把所调查的问题及问题的各个方面，各个要素在空间、时间等方面的变化程度、变化的趋势、未来的结果等表示出来，使决策者能够把握事物的数量关系，从而掌握决策的可靠依据。

（3）程序化调查。即把调查研究分为几个有机的组成部分或相互关联的几个步骤，并根据决策所需的资料和信息特征，有步骤地进行调查，为决策提供有价值的资料。

除此之外，调查研究的方法还有普遍调查、抽样调查、民意测验等。但无论采取什么样的方法，都必须深入实际，详细了解情况，掌握大量的第一手资料；要具体问题具体分析，把亲自调查和听取汇报结合起来；在调查过程中，还要讲求调查研究的方法和艺术。

2. 科学预测的方法

预测就是在研究分析事物过去和现状的基础上，找出事物的内在规律，然后根据事物的发展趋向，推测其未来发展状况。科学预测是科学决策的基础和依据，科学预测有助于增强行政组织决策的准确性和自觉性。常见的预测方法主要有：

（1）经验推断预测法。所谓经验推断预测法，是指行政组织依靠经验和逻辑推理进行预测，如专家会议法、德尔菲法、主观概率法等，其中最著名的就是德尔菲法。德尔菲法是专家会议法的发展，就是用匿名的方式通过几个轮回的函询，征求专家的意见，反复进行几次，使结论的可能性越来越大的一种预测方法。这种方法具有以下特点：①匿名性。通过匿名的方式征求专家的意见，可以使专家消除一些心理因素的影响，并可以参考前一轮预测结果，修改自己的意见，从而消除专家的一些顾虑。②反复反馈和沟通情况。在匿名情况下，预测领导小组对每一轮意见都要进行统计，做出反馈材料，给每个专家提供下一轮的预测参考，这样就可以达到相互启发的目的。③预测结果的统计性。对预测结果进行统计，作出定量分析，最后得出一个可能性最大的结论。

（2）头脑风暴法。即邀请一定数量的专家开会，进行积极的、有创造性的思维活动。要求与会者对一定范围内的问题，独立思考畅所欲言。在此过程中，主持人要保持清醒的头脑，讲话要有启发性。使用头脑风暴法，需要注意这样几个问题：①限制会议的内容，与会者就某一两个问题进行讨论。如果问题太多，讨论效果就不会太好，甚至跑题。②鼓励与会者独立思考，畅所欲言。③不能反驳别人的意见，不要相互批评，不能下结论。④可以补充和发展别人的意见，也可以修改自己的意见。

（3）数学模型法。即用数学分析的方法，推测事物未来的发展趋势。行政组织决策中的一些问题存在数量关系，可以用数学分析的方法，进行定量化的决策，以得出最佳方案。如人口政策，要不要计划生育，这可以根据人口总数量和人口出生率推算出来，推算的结果，就可以作为政府制定人口政策的重要依据。

（4）模拟试验法。行政组织决策中的许多问题相当复杂，尤其是定性分析式的决策，如农村改革、城市经济体制改革等都缺乏先例，没有经验可以借鉴，不能用相似的原理进行决策，这样就要采取试点的方法，先进行局部的试点，边试点边总结，边总结边完善，以避免决策失误带来不必要的损失，直到最后确定一个最优的方案。

三、现代行政组织决策体制

行政组织决策体制是用制度形式固定了承担行政组织决策任务的机构、人员设置、职权划分和运行关系的模式。现代行政组织决策体制是行政组织决策职能实现的组织和制度保证，完善的行政组织决策体制有助于领导者集中精力考虑全局问题，克服官僚主义；有助于形成功能齐全、运行灵活、富有实效的决策群体结构，发挥集体的智慧和作用；有助于采取现代化的决策方法和手段进行决策；有助于保证人民群众参政议政的权利。

行政组织决策体制，是以决策的中枢系统为核心、以参谋咨询系统和情报信息系统为辅助的相互配合、相互衔接、彼此协调的决策体制。

（一）中枢系统

中枢系统也称行政组织决策中心或政府首脑机关，它是由各级行政组织领导者组成的，在各级行政组织中拥有最高行政决策权，并在行政组织决策中起核心作用和主体作用的组织系统。它在行政组织决策体制中处于统帅和支配地位。中枢系统的主要任务是：

（1）确定决策问题和决策目标。行政组织决策以行政事务为决策对象，涉及社会行政利益和每个公民的利益。因此，行政组织必须充分了解客观实际情况，并在调查研究的基础上确定决策问题及目标。

（2）选定比较满意的决策方案。决策目标确定以后，中枢系统就要组织各方力量拟订决策方案。在决策方案拟订过程中，中枢系统要放手发动群众，让各方面的人士献计献策，并充分听取咨询机构和专家学者的意见与建议。在充分分析、研究论证的基础上，选出比较满意的决策方案。

（3）指挥局部试点，反馈完善决策。中枢系统最后确定的方案，还要在实施中加以论证，要根据实施中反馈的情况，对决策方案进行修正和完善。尤其是对于一些战略性的决策，一定要经过局部的试点，才可全面实施，以避免考虑不周全或某些地方有漏洞而造成决策失误。

（二）参谋咨询系统

参谋咨询系统是由多学科的专家、学者组成的，采用官方或者非官方的形式专门从事智力开发，协助中枢系统进行决策的辅助性组织，如美国的兰德咨询公司、英国的伦敦战略研究中心、我国的国务院发展研究中心以及各类专业研究机构和专家顾问委员会等。

参谋咨询系统的主要任务是：

（1）协助决策者发现问题、分析问题。决策离不开预测，参谋咨询系统通过调查研究以及对事物未来发展趋势的研究、分析和预测，为决策者提供充分的资料和参考，并向决策者提供合理化建议，帮助决策者确定决策目标。

（2）为决策者提供解决问题的方案、途径和方法。即在决策方案确定前，为决策者提供经过定性分析和定量分析以及可行性分析的若干方案；在每个方案中提出解决问题的主要途径和具体方法等，同时还要为决策者提出其他机构的评估意见，以便决策者作出决策。

（三）情报信息系统

情报信息系统是由专职人员、专门设备、有关运转程序和制度组成的专门从事信息收集、加工、传递、贮存等信息服务工作的综合机构。情报信息系统的主要任务就是对组织管理过程中的各种信息进行科学管理，为行政组织决策中枢系统和参谋咨询系统提供优质的信息服务。我国现有的情报信息系统主要包括信息情报部门、统计部门、档案部门、图书资料部门、咨询监督反馈部门、数据库和各办公厅（室）的综合信息处理部门。

第二节 组织决策的基本理论

一、组织决策理论的产生和发展

远古时期，政治性决策便已存在。奴隶、战俘的分配，部落间战争与和平的选择，政治领袖的兴废等社会管理活动，都涉及决策问题。但是在传统政治环境下，由于政府行为局限于税收、社会安全、社会管理、军事等狭小的范围，政府所面对的基本上是简单而确定的决策问题，决策者也主要依靠经验进行定性分析，他们甚至用掷钱币、占卜或依据"先王"的圣言等非理性的方式进行决策。此外，传统社会科学发展局限于哲学、伦理学和神学领域，政治行为研究局限于为统治者长治久安提供政治伦理规则，论证政治传统、社会等级秩序的合理性等；自然科学则在传统生产方式和意识形态的支配下，局限于天文气象、农业等方面的研究。总之，在传统政治文明中，虽然行政组织决策受到重视，并且出现了一些经典的研究著作，但仅仅局限于案例的收集和分析，局限于为统治者提供决策依据，而没有形成科学的、系统的决策理论。

决策理论的科学研究，是在工业革命后随着管理科学的发展而发展起来的，当时国家管理职能的扩张、社会科学研究规范的突破，其中主要是行为主义的兴起、结构功能方法的运用，逻辑实证论从哲学领域向社会科学领域扩张，以及传统的政治、行政二分法被超越，使得从动态的、行为的角度研究行政组织运行规律的方法，逐渐代替了静态的制度分析方法。在自然科学领域，新的研究方法的运用和研究领域的开拓，对社会科学的理论研究也有极大影响。现代管理学中的决策学派正是在这种背景下产生和发展起来的。

最早把决策作为行政组织的主要功能进行研究的,是美国行政学家古力克。1937年,他在《组织理论》一文中提出了决策是行政组织的主要功能的观点,并进行了论述。1938年,巴纳德在《经理人员的职能》一书中也提出决策概念,还提出了与决策密切相关的"动机""沟通""目标"及"组织关系"等概念,并对它们的关系进行了比较充分的论述。1940年,斯坦恩在《行为科学的一个研究途径》一文中专门论述了决策问题,对决策进行了深入、系统的研究。西蒙发展了巴纳德的决策概念。在1944年发表的《决策与行政组织》一文,特别是1947年出版的《行政行为——行政组织中决策程序的研究》一书中,他系统论证了管理决策的概念体系,从而创立了现代管理科学的决策理论学派。西蒙对决策理论的贡献主要表现在三个方面:①突出决策在管理中的地位和作用,从决策的角度分析管理行为;②对决策原理提出了很多新见解,其中突出的是以"满意标准"代替亚当·斯密以来古典经济学家的"最优标准",提出目标冲突、创新时机等问题;③强调在决策中运用定量分析、计算机技术等新的科学方法,重视心理因素、人际关系等在决策中的作用。

决策理论研究的另一个突破是20世纪50年代以来在政治学研究中实现的。第二次世界大战后发达资本主义国家经济的迅速发展,以及由此所引发的一系列社会效应,使经济发展、社会问题与政府行为的关系问题突出地表现出来。在美国,一方面经济迅速发展,科技领域新成果层出不穷,国家实力和人们生活水平有了极大提高;另一方面社会问题严重,吸毒、犯罪、性解放等困扰着美国社会。同时,美国的国内外政策又屡遭挫折,尤其是对外政策,使其陷入困境;战后几届政府所许诺的改革不见成效。在这种情况下,政府能力问题便被提了出来:为什么政府总是无能的?哪些因素导致政府无能?怎样提升政府能力?特别是政治学界,开始批判政治制度和规范研究中的政治哲学取向,提倡研究政府决策行为,提出学者参与政府决策,逐渐形成了政治学研究中的政策科学取向。

组织决策的理论模型

二、组织决策的理论模型

组织决策作为决策者在特定环境中的权力运用过程,究竟具有什么样的特征?管理学家在研究决策理论的过程中,根据自己的逻辑思路、假设,构造了各种组织决策的理论模型。这些模型,或者寻求对现实过程的客观描述,或者力图建立一个合理的理论模型,以此作为改进决策过程的依据。模型构造和分析,构成了决策理论的一个基本特色。

(一)理性决策模型

理性决策模型是西蒙首创的一个决策分析模型。作为决策理论研究的开创者,西蒙的概念体系的一个核心,便是把"过程"的观念引入决策研究之中。西蒙认为一个理性的决策过程包括四个主要阶段：找出决策的理由；找到可能的行动方案；在各个行动方案之间进行选择；对过去的抉择进行评价。

具体来说，西蒙把决策过程的第一阶段称为"情报活动"，把决策过程的第二阶段称为"设计活动"，把决策过程的第三阶段称为"抉择活动"，把决策过程的第四阶段称为"审查活动"。

西蒙指出，一般来说，"情报活动"先于"设计活动"，"设计活动"先于"抉择活动"，"抉择活动"先于"审查活动"，所以可以构造一个基本的过程序列：情报活动—设计活动—抉择活动—审查活动。但是，阶段循环比这种循环序列要复杂得多，决策的每一个特定阶段，本身就是一个复杂的决策过程。例如，"设计活动"可能需要新的"情报活动"，而任何阶段中的问题又会产生若干次要问题，这些次要问题又有各自的"情报活动""设计活动"和"抉择活动"，也就是说，大的循环中包含小的循环，小的循环中包含更小的循环。然而，随着组织决策过程的展开，总的"情报活动""设计活动""抉择活动"还是能够分辨出来。

西蒙还指出，决策结果的执行活动，仍然可以被看作政策制定活动的构成部分，执行过程是政策实现它的社会功能的必要条件，执行活动本身不过是更详尽、细节性的决策活动，使执行政策和制定政策的活动很难区分开来。

（二）系统分析模型——政策为系统的产出

系统分析模型是美国政治学家伊斯顿提出的一个决策分析模型。他针对传统政治学单纯从制度的静态分析进行研究所存在的问题，提出动态的、研究政府运行过程的政治系统论。他认为，政治系统指相对关联的结构与过程所形成的团体，其功能在于为某一个社会提供权威性的价值分配。作为一个系统，它为了适应外在环境所产生的环境压力，必须随时采取对应措施，作为必要的决策。环境中所产生的影响政治系统稳定的压力为投入；环境则指被界定的政治系统界线之外的任何条件或情境。政治系统的产出是系统的、权威性的价值分配，以及这些分配所构成的公共政策。

系统分析模型把公共政策描绘为政治系统的一种产出。系统概念的内涵，为社会中一套可认明的制度与活动，其功能在于将需求转换成权威的决定，这个决定需要获取全社会的支持。同时，系统概念也意味着：系统的要素是相互关联的，可以不断地反映环境的压力，因为系统为了生存不得不适应环境的各种变迁。总之，伊斯顿的系统分析模型从一个动态的视角，生动地描述了涉及政治决策过程的各种因素，即系统、环境、需求与支持的投入、转换过程，产出的政策，反馈等，并且描述了这些因素在整个政治运行过程中的位置，为科学认识政治过程提供了一套有效的概念工具。但这仅仅是一个初步的模型，有许多问题尚未得到正面的回答。

（三）渐进决策模型

渐进决策模型是美国政治经济学家林德布洛姆提出来的。他认为，政策的制定只是根据过去的经验,经由渐进变迁的过程,而达成的。政策制定过程一般是以现行政策作为基本方案,将其与其他的新方案进行比较后,作出哪些现行政策应修改,或应增加哪些新政策的决策。因此,决策者并不调查与评估全面的方案,只着重于那些与现行政策有渐进差异的方案;他们只考虑有限的几个方案,而不考虑所有逻辑上可能的方案;他们对每个方案也只评估几个很可能产生且很重要的后果。

决策者在决策过程中仅作边际性的调整,问题的解决在于边际的比较、方案抉择与边际分析,并不全盘考虑每项计划或每个方案。林德布洛姆认为,政府决策的全过程为渐进调整过程的根本原因在于:①社会由不同的阶层甚至不同的种族组成,不同的团体有不同的目标和政策要求,因此在多元的社会环境下,政府为了维持社会稳定,获取政策支持,通常希望保持现行政策,而不愿意进行全面的政策改革,因为它虽然可能促进特殊的社会目标,但相对地也要付出沉重的代价。②运用渐进调整的政策,还是政治上的权宜之计。通常在政策调整过程中,争论中的项目,若只限于增减预算,或修正现行计划,决策者较容易达成协议;反之,在重大政策变更之际,在决定引起极大损益的政策之时,决策者之间容易产生冲突。既然每年通过的新计划或政策会引起严重的政治紧张,那么过去成功的政策,在未来几年将会维持下去,除非发生大幅度的政府改组。可见渐进决策在化解冲突、维持社会稳定和维护政治系统方面,处于不可或缺的地位。③政党与政治领袖对于基本国策的看法一致,在竞选或争取选票以及其他争取公民支持的时候,仅对每项政策提出渐进的修改。所以,林德布洛姆的渐进决策模型既被作为策略提出,又是对政治现实的描述。④转轨的困难。现行政策可能已经投入巨额的资本,因而排除了根本上的变革。这些投资有的是经费、建筑物或其他项目,有的是心理成本、行政惯例或组织结构,因此,实际的决策情况,并非审慎地考虑全部的政策方案,而是只检讨那些不至于造成自然、经济、组织与行政失调的方案。⑤技术上的困难。决策者并没有足够的时间、智慧或经费,来调整所有的政策方案。虽然科学技术飞速发展,但是人们对自然和社会发展仍未具有充分的预测能力,以致不能了解每项政策方案所带来的后果。何况,决策者处在不同的政治、社会、经济和文化价值交互作用的情境下,无法预估每项政策方案的成本与利益。

林德布洛姆的渐进决策模型,确实为我们提供了许多有价值的观念。但它也存在许多不足。在处于稳定水平的社会,该模型的效度相当高;而在急速变迁的社会,该模型便不能满足各种社会主体勃发的新需求。另外,渐进决策模型一味地企图化解冲突,维持现状,对于社会改革显然无能为力,反映了一种消极、保守的倾向。

(四)团体决策模型

团体决策模型是美国政治学家杜鲁门提出的一个决策分析模型。他的观点集中反映在1971年出版的《政府过程》中。

团体决策模型的基本命题是:团体间的交互影响为政治活动的中心事实。一般而言，具有共同利益的个人，会正式或非正式地结合成某一个团体，以便向政府提出他们的需求，这种利益团体的存在，乃是政治生活的主要特征之一。这是具有共同态度的团体，向社会中的其他团体提出主张，目的在于建立、维持与增进共同态度所蕴含的行为模式。当利益团体向政府任何机关提出这个主张时，它就是政治性的团体了。个人在政治上如要有重要的地位，就必须代表利益团体而行为，团体便成为个人与政府间的重要桥梁。政府决策过程实际上是团体间争取影响政策的过程。在这种影响之下，政策便成为各团体之间竞争后所造成的均衡。这种均衡取决于各团体的相互影响力，一旦这种影响力的格局发生变化，政策便可能随之改变。

团体影响力的大小取决于以下因素：成员的数量、财富的多少、组织能力的强弱、领导能力的高低、与决策者接近或远离，以及团体内部凝聚力的大小等。

杜鲁门指出，在团体影响的政治运行机制中，政治系统的主要任务应该是建立团体之间的竞争规则，安排妥协与平衡利益，制定政策用以规定妥协的方式，执行妥协以解决团体间的冲突。

以上模型在一定意义上为我们理解组织决策过程提供了有效的手段。但是，由于这些模型所依据的基本是西方发达资本主义国家政治运行的实践，尤其是美国政府的决策模式，因此它们的普遍性受到影响。而且，它们只从某个特定的视角，抽取某些因素来建构分析模型，对于复杂的、动态的决策过程，进行了抽象和简单的处理，从而无法科学地、客观地反映组织决策过程的全部奥秘。

第三节 组织决策的改善

改善组织决策、提高组织决策质量是组织决策的最高目标。而组织决策的科学化、民主化和法制化是我国政治体制改革及社会主义民主政治建设的一个基本任务和目标，也是我国社会主义市场经济发展的内在要求。因此，研究如何加快我国行政组织决策的科学化、民主化和法制化的步伐，具有重要的理论意义与现实意义。

一、组织决策的科学化

组织决策的科学化是指决策者及其他参与者充分利用现代科学技术和方法特别是行政组织决策的理论和方法，并采用科学、合理的决策程序进行决策。实现组织决策的科学化，要求建立健全组织决策系统，提高决策参与人员的素质，遵循科学决策的原则。

（一）建立健全组织决策系统

现代化的组织决策系统是由以决断子系统为核心，以信息、参谋、监控子系统为支持而组成的有机整体。建立健全组织决策系统，应做到以下几点：首先要合理设置各子系统。在决策运行中，各子系统承担不同的功能、发挥不同的作用，若设置不合理，必然会有一些工作没有相应的机构承担，决策功能相互脱节，造成决策质量下降。机构的重复设置，又会引起工作上的摩擦、扯皮和责任不清，增加决断子系统协调的工作量，分散决策者的精力。因此，各子系统的设置应该贯彻精简、统一、高效的原则，合理设置，确定各机构人员的资格和能力要求。其次要充实参谋咨询机构和信息工作机构。充实、完善的信息机构，灵敏、畅通的信息网络，可避免信息的片面性和短缺，使决断子系统和参谋咨询子系统能获得更准确、更全面的信息。多一些参谋咨询机构的存在，是为了对同一个决策问题能有不同的参谋咨询机构提出不同的见解，设计出更多的备选方案。这些见解、备选方案相互竞争、相互补充，为决策者从中选出最佳方案或者博采众长形成一个综合性方案提供有利条件。

（二）提高决策者和参与者的素质

决策者和参与者的素质决定了决策水平，提高决策者和参与者的素质是决策系统改进的重要内容之一。

（1）要加强决策者集体的班子建设。从班子成员的年龄、知识、能力和性格等方面入手，合理配备决策班子，提高决策者的整体素质。

（2）提高参谋咨询人员的业务素质。要充实参谋咨询机构的力量，并考虑人员学科知识的搭配问题；加强对参谋咨询人员的教育培训，使他们成为具备现代决策理论素养、有比较宽的知识面、掌握现代决策方法和技术的高级人才；要大胆吸收、借鉴成熟的决策理论、方法和技术，特别是一整套的定性、定量和创造性思维的方法和技术，取长补短。

（3）提高信息工作人员的素质。要对信息工作人员进行思想政治和科学文化知识、信息管理技术等方面的培训，培养他们对信息工作的热情，对决策问题认识越深，紧迫感和责任感就越强，对信息的捕捉和吸附能力就越大，就能对决策提供更有效、更及时的信息。

（三）遵循科学决策的原则

科学决策原则是对决策过程中一些固有的运行规律的概括和反映，是决策科学化的一个重要条件。这些原则主要有：

（1）信息原则。科学决策必须进行调查研究，收集、传递、整理和应用准确、可靠、全面的信息，并对信息进行正确的分析判断。决策实际上就是信息的收集、加工和转换的过程。只有在充分掌握可靠信息的基础上,决策者才能做到胸有成竹,决心大、点子多。

(2) 预测原则。决策是针对现实规划未来和影响长远的行动。有效的决策离不开为决策者提供决策对象可能发展的方向和趋势。没有运用未来学和预测学研究的理论和方法,在预测未来及其后果的基础上进行的决策是盲目的决策,往往会铸成大错或导致失败。

(3) 程序原则。不同问题的具体决策分析步骤不尽相同,而其基本的程序是一致的。决策程序有其合理性和科学性,是决策过程必须遵循的。

(4) 可行性原则。决策是为了付诸行动并解决问题,力求切实可行。决策问题的解决方案,要考虑经济、技术、政治和社会心理等方面的因素。

(5) 民主集中制原则。决策者要充分发扬民主,营造自由、平等的讨论气氛,调动决策参与者的积极性和创造性,共同参与决策活动;要善于依靠集体的智慧、力量进行决策;要广泛听取专家、学者和有实际经验的人的意见,走群众路线,集思广益,避免个人认识上的倾向性和片面性。

二、组织决策的民主化

组织决策的民主化是指必须保障广大人民群众和各种社会团体以及决策研究组织能够充分参与组织决策的过程,在决策中反映广大人民群众的根本利益和要求,并在决策系统及其运行中形成民主的体制、程序及气氛。决策民主化是决策目标民主化和决策过程民主化的统一。

(一) 把民主机制引入决策系统,营造良好的决策氛围

决策活动并不是单纯的抉择活动,而是由情报活动、设计活动和抉择活动等多个相互关联的环节所构成的完整过程。因此,必须营造宽松的环境,形成平等、民主、协商的气氛,鼓励人人畅所欲言。决策者一定要发扬民主作风,正确处理民主与集中的关系;必须依靠集体决策,坚持一切重大问题经过集体讨论、民主协商、集体论证,集体作出决定,群策群力,才能增强决策的可行性、正确性。

(二) 重视发挥参谋咨询人员在决策中的作用

重视发挥参谋咨询人员在决策中的作用,这既是高层次民主化的体现,也是实现决策科学化的重要保证。①保证参谋咨询机构的相对独立性。决策者要允许和欢迎参谋咨询人员唱"对台戏",鼓励他们相对独立地进行科学研究,充分挖掘政策问题的各个方面的因素,提高研究结论的客观性和多样化,形成多个不同的方案。②在参谋咨询机构内形成民主气氛,鼓励不同观点自由讨论,既要有对决策者的顺向思维,也要

有对决策者的逆向思维，鼓励思想交锋。提倡对决策者负责和对事业负责的一致性，在重大问题上敢于向决策者表达不同的意见。③参谋咨询人员要准确定位。他们与决策者的关系是"谋"与"断"的关系。参谋咨询人员主要帮助决策者筹划方案，不能越俎代庖，不能代替决策。

（三）提高政治生活透明度，实现决策目标的民主化

政治生活透明就是政务公开、政治民主，包括：①建立重大问题通报制度。例如，一个时期内的经济形势、即将出台的重大改革措施、重大项目的立项及进展、物价指数等事关人民群众切身利益的情况，应通过各种渠道直接向社会通报；对于各种热点问题，党政机关应该与社会公众直接对话交流，听取社会公众的意见和呼声，体察民情，尊重民意，获得决策的直接依据。②强化对决策的新闻舆论监督。政务公开即办事制度、程序和结果的"三公开"，是实施新闻舆论监督的基础。新闻媒体要为民立言，敢于监督。各级党政机关要支持监督，特别是要允许对重大决策的原因、过程和效果进行报道，还要允许对重大决策的失误进行曝光。③增强社会公众参与决策的意识。实现行政决策民主化，并非人人直接参与决策，都来参加每个具体决策的直接决定。我国国情决定了行政决策只能是经常地由人民委托一部分德才兼备的人作出决策，大部分人是通过各种途径间接参与决策，把自己的利益要求和愿望通过信息、新闻途径传递到决策系统，影响决策，而他们能否参得进、议得上，有效行使法律赋予的民主权利，与他们的参与意识和参与水平直接相关。为此，各级党政机关要广泛开展决策民主教育，不断提高社会公众的政治觉悟、科学技术和文化知识水平，提高社会公众对决策民主化的重大意义和实现途径的认识，提升社会公众参加组织管理活动的积极性，提高决策的民主化程度。

三、组织决策的法制化

组织决策的法制化是指通过宪法和法律来规定和约束决策主体的行为、决策体制和决策过程，特别是通过法律来保障广大人民群众参与组织决策的民主权利，并使组织领导者的决策权力受到法律和人民群众的有效监督。决策法制化是我国实现"全面依法治国"战略方针的一个重要方面，也是实现决策科学化和民主化的重要保证。

（一）理顺决策主体关系，完善决策规则

要理顺同级政权机关的中国共产党组织、人民代表大会与政府这三个决策主体之间的关系。理顺这三者的权限、范围的原则是，既要保证党组织对决策工作的领导，又要保证人民代表大会的立法权，还要保证和发挥政府在决策中的独立地位和作用。具体措施有：①搞好党政合理分工。党的政治责任决定了其主张代表着国家和人民的

意志；党的路线、方针、政策是行政组织行动的方向和准则，其领导方式直接影响行政组织的管理方式。因此，党组织要在保证大政方针的同时，不包揽、不代替政府决策，充分发挥政府的行政决策作用。政府要在贯彻党的主张、意图的前提下，作出执行党的决策的具体措施。②理顺党委对决策的领导权与人民代表大会立法权的关系。党委和人民代表大会是领导和被领导的关系，人民代表大会在决策时，要充分体现党的方针、政策，把党的意图与人民的意愿统一起来并上升为国家意志，团结和组织人民，为实现党的目标、任务而努力。党的各级委员会要支持人民代表大会充分行使立法权，要为人民代表大会提供政情民意，提高人民代表大会的立法水平。③处理好人民代表大会与政府的关系。要按照《宪法》和《地方组织法》的规定，明确人民代表大会及其常务委员会与政府的职权范围；政府要自觉接受人民代表大会对政府重大决策的审议与监督。④人民代表大会在监督政府决策时，应切实加强与政府的联系，了解政府的实际工作情况，促使政府决策的合法性、合理性与可行性。

（二）决策程序法制化

决策程序法制化，就是将决策过程中最重要的步骤、程序以法律规范的形式确立下来，旨在防止少数决策者草率行事、滥用职权，或有意把一些方案不经过审议就出台的行为。决策过程中应加以规范的程序有：①调查程序。在决策前，决策系统应针对决策问题进行广泛的调查和研究，了解问题的性质；了解和分析现有的法律、法规和政策规定；进行实地调查，听取有关部门的情况反映，收集相应材料。②方案设计程序。在通过调查和研究界定问题性质之后，提出决策目标，起草决策方案。这个阶段是决策中最重要的实质性阶段。要明确确立咨询制度，规定不经专家、学者咨询的决策方案不得出台。决策草案也要起草多个，以便对比选优。决策草案应包括解决决策问题的指导思想、决策目标、实施范围和时限、实施手段等内容。③可行性论证程序。建立可行性研究报告制度，规定重大决策必须经过可行性论证。不同政策问题应进行不同的可行性研究。④社会交流程序。社会交流程序就是决策系统在决策过程中都要与社会公众进行双向信息交流，吸收社会代表参政议政，建立决策系统与社会群体之间良好的互动关系，使决策目标、方案能广泛地集中民智，充分反映民意。⑤决策合法化程序。决策合法化是一个优化决策、对决策行为实施监督的过程。任何决策如果背离现行的政治法律结构，都会导致社会宏观管理和控制的无序与失调。决策主体通过对决策方案的审查、批准、通过、签署和颁布，使决策方案得以修正、丰富、补充，从而增强其科学性与权威性。

（三）充分发挥决策监控子系统的作用

决策监控子系统十分重要，可以考虑从以下两个方面发挥决策监控子系统的作用：①发挥内外两大监控体系的作用。由于各部门之间业务活动联系紧密，相互比较了解，内部监控体系的作用比较有效。但由于上下级之间的隶属关系，内部监控体系很难避免自我封闭，因此需要外部监控体系发挥有益的补充作用。外部监控方式多样，有社会公众的来信来访、控告申诉、批评建议，代表的参政议政和新闻舆论监督等。外部监控既是对决策者、执行者工作的监督，也是对他们伦理道德的监督，可有效制止决策者、执行者利用职权侵犯国家和人民利益的行为。②依法保护决策监控子系统成员的权利，既要保护他们批评、监督政务的权利，又要保护他们不因监督政务而受到打击报复。

总之，科学化、民主化与法制化是组织决策改善的三个相互联系、密切配合的方面，民主化是组织决策改善的基础，科学化是组织决策改善的主导，法制化则是组织决策改善的保证。

小　结

行政组织决策是管理决策的一种，行政组织决策有着自身的一些明显的特征。社会问题复杂多样，行政组织决策过程错综复杂，因而行政组织决策的类型多种多样。行政组织在决策过程中必须遵循科学的决策程序。按照科学的程序进行决策，能够帮助行政组织认识和掌握决策过程中的客观规律，提高决策的正确性和有效性。现代行政组织决策体制是行政组织决策职能实现的组织和制度保证。管理学家在研究决策理论的过程中，构造了各种组织决策的理论模型，以此作为改进决策过程的依据。组织决策的科学化、民主化和法制化是我国政治体制改革及社会主义民主政治建设的一个基本任务和目标，也是我国社会主义市场经济发展的内在要求。

思考与练习

一、名词解释

1. 行政组织决策　　　　2. 风险型决策
3. 不确定型决策　　　　4. 行政组织决策的程序

5. 参谋咨询系统   6. 组织决策的科学化
7. 程序性决策   8. 科学决策
9. 行政组织决策体制

二、简答题

1. 简述行政组织决策的特征。
2. 简述常见的行政组织决策的类型。
3. 拟订决策方案时应注意哪些问题?
4. 决策方案选择和优化时，应坚持的原则主要有哪些?
5. 组织决策的理论模型的主要创始人是哪几位?

三、论述题

1. 试分析如何实现组织决策的科学化。
2. 试分析如何实现组织决策的民主化。
3. 试分析如何实现组织决策的法制化。

第九章 行政组织中的冲突管理

学习目标

了解冲突的处理模式；
理解冲突的性质与功能；
掌握引起冲突的主要原因和冲突的解决方法。

导 学

行政组织中存在各种层次的工作交往和人际交往，人群之间存在着相互依赖的关系，这些关系既可能导致合作，也可能导致分歧、争论、对抗甚至冲突。因此在行政组织管理中，必须探讨冲突的成因，寻找冲突的解决方法，进行有效的冲突管理，从而协调人际关系，提高组织效能。

01 第一节 冲突的性质与功能

一、冲突的性质

(一) 什么是冲突

冲突是指两个或两个以上的社会单元之间，由于目标、各自的特点和利益的不同，所产生的对立态度或行为。这一定义包含三个要点：①冲突可能发生于个人之间，也可能发生于群体之间；②冲突是在目标和利益不一致的情况下发生的，如果目标和利益完全一致，则不可能发生冲突；③冲突是一个动态的相互作用的过程，如果只有单方面的态度或行为，即使十分激烈和极端，也构不成冲突。

冲突一般表现为对抗和目标受挫，这两种情况会同时发生。对抗在态度方面表现为冲突双方的相互憎恶、敌视和否定性判断，在行为方面表现为语言攻击、破坏活动甚至人身侵犯。目标受挫是结局性的表现，由于双方都把阻止对方实现目标看成自己的成功，因此冲突的结果往往是各自目标都受挫。冲突属于高对抗性行为。

(二) 冲突的特性

冲突在日常组织管理中具有一定的特性，认清这些特性对化解冲突、提高组织管理水平有一定的帮助。冲突的特性主要有：

1. 客观性

冲突的客观性是指冲突客观存在于组织管理中，是一种不可避免的组织现象。任何组织都存在冲突，只是冲突的程度和性质有所区别。

2. 主观性

冲突的主观性是指冲突归根结底是人与人之间的冲突，冲突产生的原因和处理方法不可避免地要受主观认知的影响。

3. 程度性

冲突有程度高低的差异，这就是冲突的程度性。在组织中，根据程度的不同，冲突可分为三种：低度冲突、适度冲突和高度冲突。

二、冲突的功能

传统观点认为，冲突意味着分歧和对抗，必然给组织造成不和，

冲突的功能

破坏良好的关系，影响组织目标的实现，极端的情况还会威胁组织的生存，因而所有的冲突都是破坏性的。这种观点提供了一种简单的方法来对待冲突，就是避免和减少冲突。现代观点认为，有的冲突属于破坏性的，有的冲突属于建设性的，冲突本身并无所谓好坏，正常的、健康的组织不在于没有冲突，或一味地消灭所有的冲突苗头，而在于巧妙得当地处理冲突，并把冲突维持在最佳水平。任何冲突都可能导致消极的或积极的后果，实际结果如何，要看领导者的处理水平。

（一）冲突的积极功能

积极的冲突对组织成员心理的影响：使坚强者从幻觉中清醒，从陶醉中震惊，从不能战胜对方中看到自己的弱点，发愤图强。

积极的冲突对人际关系的影响："不打不成交"，使人加强对对方的注意，一旦发现对方具有令人敬畏的品质，就会增强相互之间的吸引力；团体间的冲突能促进成员一致对外，抑制内部冲突，增强组织的凝聚力。

积极的冲突对组织成员工作动机的影响：使成员发现与对方之间的不平衡，激发竞争、优胜、取得平衡的工作动机，振奋创新精神，发挥创造力。

积极的冲突对工作协调的影响：使人注意到以前没有注意到的不协调，发现对方的存在价值和需要，采取有利于各方的政策，并加以协调，有利于组织各项工作的开展。

积极的冲突对组织效率的影响：反映出认识的不正确、方案的不完善，要求成员全面地考虑问题，使决策更为周密。

积极的冲突对组织生存和发展的影响：冲突本身是利益分配不均的表现，它迫使成员通过互相妥协、让步和互相制约、监督，调节利益关系，使各方在可能的条件下均得到满足，维持内部的相对平衡，使组织在新的基础上获得发展。

（二）冲突的消极功能

消极的冲突对组织成员心理的影响：造成伤害，引起紧张或焦虑，使人消沉、痛苦。

消极的冲突对人际关系的影响：导致人与人之间的排斥、对立、威胁、攻击，使组织涣散，削弱组织的凝聚力。

消极的冲突对组织成员工作动机的影响：使成员情绪低落，心不在焉，不愿服从与之冲突的领导的指挥，不愿与之冲突的同事配合，破坏团结、愉快的气氛，减弱工作动机。

消极的冲突对工作协调的影响：导致人与人之间、团体与团体之间的不配合，相互封锁，相互拆台，破坏组织的协调统一。

消极的冲突对组织效率的影响：互相扯皮，互相攻击，转移对工作的注意力，政出多门，降低决策和工作效率，相互间争夺人、财、物，造成人、财、物的积压和浪费。

消极的冲突对组织生存和发展的影响：冲突达到一定程度后，双方互不关心对方的利益，有可能使组织在内乱中濒临解体。

第二节 冲突的成因

组织中的冲突多种多样，冲突的内容各不相同，所以冲突产生的原因也多种多样，有些原因是表层的，有些原因却是深层次的。因此，分析冲突的成因，首先要进行冲突分析，在此基础上找出引起冲突的主要原因。

一、冲突分析

冲突分析是管理冲突的基础，在组织管理中只有对冲突分析得当，才能有效地处理冲突。在组织行为学中，对冲突的分析主要有以下几种代表性观点：

（一）冲突类型分析

根据冲突的内容，可以把冲突分为六类：①工作冲突。当组织成员和部门之间在工作上相互依赖或密切相关而出现职责分歧和工作矛盾时，就可能产生工作冲突。②目标冲突。当组织成员、部门和组织所希望获得的终极状态互不相容时，就会产生目标冲突。③利益冲突。当组织和部门分配资源、奖金和福利可能出现不公平或者人们认为不公平的情况时，极易产生利益冲突。④权力冲突。当组织出现机构调整、职位空缺或者权责不明时，就可能产生权力冲突。⑤认知冲突。当主体的某些认知（如建议、意见和想法等）与他人或组织的认知产生矛盾时，就会产生认知冲突。⑥情感冲突。当主体在情感或情绪上无法与他人或组织相一致时，就会产生情感冲突。

根据组织内产生冲突的方向，可以把冲突分为三类：①纵向冲突，产生于上下级之间。②横向冲突，产生于同级部门之间。③直线/职能冲突，主要产生于任务单位与职能部门间，焦点常在资源分配或职能部门干预任务系统的决策方面。

（二）冲突根源分析

人类的交往形式多种多样，因而冲突的根源也多种多样。比斯诺在1988年出版的

《论冲突管理》一书中，把冲突根源归结为五种类型：①生物社会型根源。许多学者把挫折和攻击作为冲突根源。这种观点认为，挫折往往会引发攻击，而攻击会引起冲突。挫折也是由期盼比实际进步更快这样一种倾向所引起的，这就是所谓的"连锁反应"，也是在作出让步时，冲突反而激化的原因。这种倾向常见于国际性冲突之中。②个性和交往型根源。主要包括：心理失调；人际技巧缺乏或不足；人们之间的相互激励、竞争，交往方式的差异；彼此关系中的不公平现象。③结构型根源。许多冲突源于组织或社会结构。权力、地位和等级的不平等是许多冲突形成的根本原因。公民权利运动、妇女权利运动等都是由结构型根源引起的。④文化和观念形态型根源。政治信仰、社会信念、宗教信仰和文化观念的不同往往会导致激烈的冲突。冲突也产生于具有不同价值体系的人们中间。⑤复合型根源。在许多情况下，各种冲突根源复合性地发挥作用，换言之，它们相互作用产生复杂的争端。

（三）冲突过程分析

冲突是一个动态过程，这个过程大致包括五个阶段：

1. 潜伏阶段

潜伏阶段是冲突的萌芽期，此时主体对冲突的存在还没有觉醒。在这个阶段，冲突产生的温床已经存在，随着环境的变化，潜伏的冲突可能会消失，也可能被激化。当冲突产生的条件具备时，冲突就开始了。

2. 认知阶段

在这个阶段，一方或双方已经体验到冲突所带来的紧张或焦虑，冲突已经明朗，只是冲突主体还没有意识到冲突的重要性，冲突还没有给人造成实际的伤害。在这一阶段，冲突主体将决定冲突的性质，这一点很重要，因为冲突的性质会极大地影响冲突的可能解决方法。如果及时采取措施，可以缓和可能爆发的冲突。

3. 行为意向阶段

行为意向阶段是指介于一个人的认知和外显行为之间，采取某种特定行为的阶段。在这个阶段，冲突已经给一方或双方造成了情绪上的影响。不同的主体对冲突的感觉不同，这与冲突主体的个性、价值观等因素有关。之所以把这一阶段独立划分出来，是因为行为意向导致行为。很多冲突之所以不断升级，是因为一方对另一方进行了错误的理解。

4. 行为阶段

在这一阶段，冲突表面化，表现为行为已阻止冲突主体实现目标。此时，冲突已经到了非解决不可的地步，对冲突作出的行为表现方式可能是多种多样的。

5. 产生结果阶段

冲突的处理总会有结果，不同的处理方式会导致不同的结果。结果对冲突主体可能有利也可能不利。冲突如果能提高决策的质量，激发创造力，调动组织成员的兴趣，提供问题解决的渠道，培养自我评估和变革的环境，那么就具有建设性；冲突如果带来沟通不畅、组织凝聚力降低、组织成员明争暗斗，组织目标处在次要位置，那么就具有破坏性。在极端的情况下，破坏性冲突会威胁组织的生存。

二、引起冲突的主要原因

个体之间的冲突、个体与群体之间的冲突、群体之间的冲突产生的原因各不相同，下面将对这些原因分别进行分析。

引起冲突的主要原因

（一）个体之间冲突产生的原因

人们的知觉方式、性格、气质、行为趋势都是十分具有个性化的，仅仅这方面的差异，就足以形成冲突。有的人喜欢用自己的固定模式去看待别人，不符合自己固定模式的就看不惯，就横加指责。有的人脾气暴躁，办事风风火火，他们同性格内向、沉稳谨慎的人相处就很难合拍。有的人的行为趋势是进攻型的，好寻衅生事，好攻击别人，属于好斗者，在这种人周围总是冲突不断。个体差异尽管不是冲突产生的根本原因，也应该引起管理者的重视。

（二）个体与群体之间冲突产生的原因

个体与群体的关系是一种社会契约性质的关系，个体需要服从群体的意志和目标，群体也需要满足个体价值实现的要求和期望。当双方的利益和要求所保持的平衡状态被打破时，就会在个体与群体之间产生冲突。个体与群体之间冲突产生的原因主要表现在三个方面：①群体期望过高，过分强调群体利益，强调群体目标的实现，要求个体完全放弃自己的目标。在这种情况下，个体往往缺乏积极性、创造性，消极怠工，导致群体期望和目标无法实现。②个体过于自信甚至自负，自我设计超前，对群体目标不屑一顾。③群体和个体的期望都高，但在方式、方法上存在较大差距。当然，在群体和个体期望都比较高的情况下，也有可能通过有效的沟通达成平衡，避免冲突产生。

（三）群体之间冲突产生的原因

1. 目标因素

不同的价值观和目标追求，是导致冲突产生的最内在的原因。比如，从事生产、销售的经营部门与从事研究开发、法律咨询等的参谋部门，虽然同在一个单位，但是前者的目标是日常产值和经济效益，后者的目标是长远发展的规划和保证；前者表现出对单位较强烈的认同感和忠诚，后者则更倾向于把自己归为专家群体而同单位保持一定距离。这些差异的存在使得部门之间总有冲突的张力。在一般单位，人事部门强调人才的培训和储备，业务部门重视任务和产品，这里面就有见人还是见物的价值观冲突。以上事例说明了价值观和目标冲突存在的普遍性。

2. 资源因素

群体为实现目标需要利用各种资源，包括资金、设备、人员、原材料、能源、空间场地等。如果资源丰富，或者资源分配公平、有效，那么冲突就不会发生。但是地球上的各种资源都是有限的，因此对于资源的争夺，势必成为各种冲突产生的根本原因。实际上，各群体及个人之间的冲突，绝大多数是由资源因素引起的，这是一种现实的利益冲突。资源分配不公，同样不可能一劳永逸地解决，旧的矛盾解决了，新的矛盾又会出现。只要资源匮乏问题存在，分配中的冲突就不可避免。

3. 责权因素

如果说资源因素是造成冲突的客观因素，那么责权因素就是引起冲突的最典型的主观因素。责权因素引起冲突的可能性有三种情况：①责权不清。正常运行的群体一般都是分层级管理的，每一层级和平行部门都应该有明确的责任和权力。如果责权不清，相互作用的规则模棱两可，有了成绩彼此争功，出了问题互相推诿，冲突便在所难免。②权力分布不均。权力分布不均是引起冲突的原因之一。群体中或群体间的权力均衡，使相关各方都对另一方具有某种权力，彼此处于相互依赖的对等地位，这会抑制冲突的产生。但如果一方权力过小并为此感到不平，它就可能对现状提出挑战。③责权逆转。人们如果按照规定的地位层级开展工作，地位较低者服从地位较高者，是不大容易产生冲突的。但是由于工作设计的原因，有时在实际操作中地位较低者会向地位较高者发号施令，甚至控制地位较高者。这种责权逆转一旦被失权者悟到，冲突便不可避免。

4. 信息沟通因素

有相当数量的冲突是由误解造成的。虽然这类冲突与根本目标、利益的对立所引起的冲突有本质的不同，也就是说，一旦误解消除，冲突便会消失，但是这类冲突所造成的损失和影响，使人们不得不重视对其起因的认识。信息沟通不畅或错误信息的误导，是误解产生的直接原因。当然，我们不能要求信息传播做到尽善尽美、毫厘不爽，但是现代社会的信息化程度已越来越高，减少信息沟通不畅所造成的损失既是必要的，也是可行的。同时，还应该警惕人为制造的虚假信息，不要落入恶意挑起的无端冲突的陷阱。

5. 结构因素

有关研究结果表明，群体结构方面的因素与冲突有一定关系。群体规模越大，冲突产生的可能性就越大。原因可能在于：规模大了，层次就多，分工也多，信息传播渠道也更为交错复杂，这些都增加了冲突产生的机会。扩大下级人员对上级行为的参与也有可能使冲突增加。扩大下级人员对上级行为的参与原本是为了融洽上下级关系，满足下级人员被尊重和发挥创造力的需要，使冲突减少，可是这种结构性变化的结果恰恰相反，即冲突反而上升。原因在于，参与程度越高，下级人员代表不同见解的可能性越大；参与者的创造力发挥越充分，表现出来的个性特征也越明显；而且参与者的意见未必都能得到采纳，这有可能引起负面效应。但是研究者也发现，扩大下级人员对上级行为的参与引起的冲突未必都是破坏性的，在很多情况下，这种冲突激发了群体活力，提高了群体绩效，其积极作用往往大于消极作用。

03 第三节 行政组织中冲突的化解

对冲突进行有效管理，就是引导发挥冲突的建设性作用，抑制减少冲突的破坏性作用。这就需要运用冲突的处理原则、处理策略和解决方法来对冲突进行有效管理。

一、冲突的处理原则

（一）基本原则

分析冲突是为了处理冲突，分析为处理提供了依据，但不能替代处理。处理冲突，须以效果为依据，要讲究方式方法。冲突分析得当且处理得法，才能取得预期的效果，否则将会事倍功半，甚至事与愿违。得法者处理冲突不失"章法"，这就需要依据原则行事。处理冲突的原则是：倡导建设性冲突，并将其控制在适当的水平。根据现代冲突理论，处理冲突时要承认冲突具有二重性，避免冲突朝破坏性方向发展，引导冲突朝建设性方向转化。冲突理论认为，冲突具有程度性，冲突水平过低或者过高都会降低组织绩效。因此，应通过调整，使冲突维持在适当的程度。

（二）冲突的处理模式

在遵循基本原则的基础上，可以归纳出冲突的处理模式。在冲突处理中包含两种因素：合作意向，即关心对方利益的程度；固执意向，即执着于自身利益的程度。这两种因素的不同组合，构成了冲突处理的五种模式：①回避型。冲突双方的合作意向与固执意向都很低，对自身利益和对方利益都不感兴趣，采取回避冲突的方式。②争斗型。冲突双方缺乏合作意向，固执于自身利益，倾向于战胜对方并牺牲对方利益。③克制型。冲突双方的合作意向很高，宁可牺牲自身利益而使对方达到目的。④妥协型。冲突双方的合作意向与固执意向都居中，试图通过交换的方式使对方作一些让步，并都得到部分的利益满足。⑤协作型。冲突双方的合作意向和固执意向都很高，对对方利益都给予高度关注，力求通过协商和各种积极的措施保证双方利益的实现。

二、冲突的处理策略

冲突的处理策略

（一）基本处理策略

有效地处理冲突，特别是当冲突水平过高并呈破坏性时，如何有效地降低冲突水平，并使冲突朝建设性方向转化，就需要恰当运用冲突处理策略。通常冲突有三种基本处理策略：

1. 回避策略

组织中冲突各方的相互依存度低，冲突影响范围较小且不重要，或者冲突暂时"无法解决"，这时宜采取回避策略。回避策略运用的特点是：不追究原因，让冲突在某种控制条件下继续存在，但又使组织局面不至于失控。具体方法包括：①忽视。有意回避或者忽视冲突的存在，或者寄希望于冲突自行消失。例如，组织中有时发生无关大局的一般性争执，对其不予理睬可能是较好的处理方式。②分离。组织采取措施使冲突各方在一定条件下分隔，使他们不能继续发生正面冲突或者将冲突进一步激化。③限制。冲突各方的相互作用仍然存在，但组织对其加以限制，使他们减少摩擦。这通常用于正式场合。例如，在行政组织正式会议上凭借议程或者其他会议规则和主持者的权威，限制冲突各方的相互作用。

2. 缓解策略

缓解策略比回避策略更进一步，已经涉及消除导致冲突的分歧，但只是部分解决且往往是非实质性的。缓解策略运用的特点是：组织解决的是次要分歧，组织设法争取时间并且创造条件，使冲突因时间延宕而减少其重要性和尖锐性，从而变得比较容易解决。具体方法包括：①安抚。有意贬低分歧的意义，强调组织中冲突各方的共同点和共同利益，"大事化小，小事化了"。②妥协。在组织的冲突中，冲突各方不分胜负，各有得失。这种方法易为冲突各方接受，但冲突可能再起。破坏性冲突的特征之一是冲突各方关心胜负，妥协则有意使冲突各方不分胜负，"各打五十大板""打成平手""互惠交易"。

3. 正视策略

回避策略和缓解策略，可以使局面不至于失控，或者使冲突部分地得到解决，但导致冲突的主要分歧依然存在，冲突仍可能进一步激化，因而都不是彻底地处理冲突的策略。正视策略则是正面解决冲突，并且这种处理策略是实质性的。正视策略运用的特点是：针对冲突产生的原因予以处理，强调满足冲突各方的利益。具体方法包括：①正式沟通。所谓"将问题摆到桌面上"，以正式沟通的方式（面对面的会议），列举导致冲突的主要分歧（如目标的分歧、手段的分歧），就事论事，只允许讨论消除分歧，使冲突得到妥善处理。②角色互换。这种方法的核心内容可归结为"设身处地"，即设想自己在别人的地位和处境，替别人着想。该方法的直接做法是互相交换人员。但这种方法一般难以做到，因而常用间接的做法，即引导冲突各方设身处地地从对方角度着想。本着通情达理的意愿，达到相互理解、谅解和支持的目的。③服从更高层次目标。组织通过使冲突各方都关心更高层次目标，使这些目标为冲突各方所认同，从而使冲突各方致力于实现更高层次目标。

（二）减少和引起冲突的策略

组织在冲突管理过程中，不仅要关注冲突的消极功能，还要关注冲突的积极功能。如何在管理中减少和避免冲突的消极功能，增加和利用冲突的积极功能，这是组织面临的一个重要课题。组织根据利益的需要，在管理过程中要注意采取减少和引起冲突的策略。

1. 减少冲突的策略

采取减少冲突的策略主要是防止冲突的消极功能放大，力争减少或化解冲突。主要方法包括：①谈判。这是最常用、最便当的方法，在谈判桌上讨价还价总比两败俱伤的争斗更可取。谈判实质上是一种交易，一方先提出建议和要求，另一方作出评估和反应；反之亦然，直至达成协议。②设置超级目标。当冲突双方的目标不一致时，可以考虑有没有设置双方一致的、更高层次目标的可能性。③第三方介入。在双方陷入僵局时，引入第三方力量有助于缓和紧张态势。第三方可以充当调停者、协调者或仲裁者的角色。调停者的作用是使冲突双方脱离直接冲突的危险，稳定情绪，开辟对话渠道。协调者的使命是进一步斡旋，提供解决问题的方案并传递信息，促使矛盾化解。仲裁者的作用类似法官，以判定是非的方式强制性地压制矛盾，但这种做法要求仲裁者具有较高的权威。④结构调整。一种办法是对个别人员进行调整，把在冲突中起关键作用的人调离或者撤换。另一种办法是进行机构重组，对人员、职责、资源等重新配置；或者设置一个综合领导，将冲突各方归并到其下，由其协调管理。

2. 引起冲突的策略

把冲突维持在一个适当的水平，有利于激发组织的活力。当然，这个适当的水平在许多情境下可能是零；但是不容否认，在某些情境下，冲突水平太低也会使组织成员忧虑。如果在一个组织中，成员缺乏竞争意识，缺乏新思想，人员流动性小，工作绩效平平，甚至对改革不抱希望，那么就有必要挑起一些冲突来改变现状。引起冲突的策略主要有：①造成一定阶段、一定范围的目标差异。比如，将总体目标分解，拉开收入分配的档次，奖勤罚懒，尤其是大力表彰业绩好的，严厉惩治业绩差的，赏罚分明。②选派开明的领导者。减少压制不同意见和窒息新思想的可能性，为来自下级的批评建议开辟渠道，为大胆创新提供条件。③开辟多种信息渠道。信息闭塞极容易导致思想僵化，开辟信息渠道，能使思想开放。④结构调整。这既可能减少冲突，也可能引起冲突。比如，在人事结构中调入一些敢讲话和思想活跃的人，或者是将原有人员重新编组，新的价值观念和新的人员关系、新的行为方式，必然会对原有的价值观念、人员关系、行为方式形成挑战。工作任务、职能的调整，同样会带来组织结构的震荡，新的利益机制必然会引发新的冲突，而一定程度的冲突正是管理者所期望的。

三、冲突的解决方法

冲突的解决方法是在冲突研究和管理实践中总结出来的应对冲突的不同方式与技巧，它既有一定的规范性，又有一定的灵活性。掌握冲突的解决方法，对组织领导者搞好领导工作有一定的借鉴意义。

（一）基本方法介绍

由于冲突的种类和性质不同，其解决的方法也不相同。按照冲突程度的不同，基本的冲突解决方法如下：

1. 协商解决法

这是指在冲突发生之后，由冲突双方各派代表，本着协商的原则，在顾全大局的基础上，求同存异、互让互谅，促使冲突解决。一般在大目标和共同利益一致、双方的分歧属于非对抗性或暂时性的情况下，采用协商解决法比较好。

2. 仲裁解决法

冲突发生以后，当通过协商无法解决时，就需要第三方或较高阶层的专家、领导者出面调解，通过仲裁，使冲突得以解决。一般来说，仲裁者必须具有一定的权威，冲突双方都有解决问题的诚意，否则，仲裁解决法也可能无效。在仲裁过程中，仲裁者要充分听取冲突双方的陈述和意见，拿出有理有据的解决方案，使冲突解决结果令双方满意。

3. 权威解决法

当冲突经过协调和仲裁都不能解决时，应由上级主管部门作出裁决，通过组织程序迫使冲突双方接受上级的解决方案。权威解决法主要是采取强制手段解决冲突，因此这种方法往往不能从根本上解决问题。一般情况下，不宜采取这种方法。但在特殊情况下，为了不失时机地完成某项任务，领导者必须当机立断，及时地解决冲突。

4. 布莱克-薛恩的形象交换法

这一方法最早由布莱克提出来，后来由薛恩完善，主要用于组织间冲突的解决。形象交换法是通过冲突双方互相认识、了解和讨论对方形象来促进和加强沟通，以达成共识，从而解决冲突。形象交换法由六个步骤组成：①写出自己的形象。冲突双方各自用句子或形容词写出对自己的感觉和想法。②写出对方的形象。方法和上一步骤相同，只是把写出自己的形象换成写出对方的形象。③相互交换形象。双方各派一名代表把第一、第二步骤中所写出的形象和对方的形象互相交换阅读。④分别开会讨论各自的形象。讨论回答以下几个问题：为什么己方会有这些形象？为什么己方会认为对方是这样的形象？对方为什么自认为是这种形象？对方为什么会认为己方是这种形象？为什么双方形象有这些差异？⑤双方交流讨论结果。交流时只表明己方的观点和意见，明确问题所在，提供解决问题的方法，不讨论谁是谁非的问题。⑥各自提出具体行动计划。双方提出具体的行动计划，以减少各自形象方面的差异，即己方的形象如何更符合对方希望的形象。一般来说，不可能靠一次形象交换就把组织间的重大冲突都解决了，但由此冲突双方可以更好地了解对方，更好地加强合作，减少冲突。

5. 韦克斯勒等人处理冲突的方法

关于处理冲突的方法，韦克斯勒、尤克尔、戴斯勒等人提出七项建议，这些建议有一定的参考价值：①建立规范攻击性行为的准则和程序，确定公正处理冲突的原则。②预先处理可能导致冲突的事件，消除潜在的冲突。③明确工作职责和权限。④以合作和竞争并重的激励措施，取代过分强调竞争的做法。⑤明确共同的组织目标。⑥专设仲裁、调解冲突的机构和人员。⑦提供训练，以提高管理者处理冲突的能力。

（二）冲突解决方法在行政组织中的运用

随着组织行为学、政治学、社会学、行政管理学、管理心理学等学科的发展，冲突的研究得以进一步深入和完善。根据冲突产生的具体原因和运动形态，行政组织可以采取不同的解决方法。

1. 整合群体目标

群体目标一般有以下几种情况：①各成员之间无统一的目标；②各成员之间的目标基本相似，但与群体目标很不一致；③各成员目标与群体目标基本一致，但不完全重合；④各成员目标与群体目标完全重合；⑤群体目标与组织目标完全重合。领导者在协调领导关系时，首先要对不同群体的目标进行分析和归类，找出它们与组织目标之间的异同，尽量使群体目标与组织目标不发生冲突或基本保持一致。

2. 合理制定群体规范，限制冲突

群体规范是指群体所确定的行为标准。群体规范主要有风俗、文化、语言、舆论、公约、时尚等行为规范及各种不同的价值标准。群体规范可能是群体内部正式规定的，但大部分是在群体中自发形成的，能够为群体成员所公认，并潜移默化地影响群体成员的行为及人格的发展。领导者在协调领导关系的过程中，应根据领导活动的实际情况和不同群体的特点制定群体规范。在制定群体规范时，要避免生硬和脱离实际，除了采取正式规定的形式，还要积极探索多种非正式形式，促进群体规范自然形成。

3. 加强沟通，增进了解，促进冲突的解决

在领导活动中，沟通具有不可取代的作用。没有沟通就无法领导，领导必须沟通。

同样，没有沟通也无法建立和保持良好的领导关系，沟通是有效地解决冲突和避免冲突的根本方法。沟通主要包含两个方面的意义，即意义的理解与传递。事实、情感、意见、观点和价值取向构成了沟通的基本内容。

小　结

冲突是指两个或两个以上的社会单元之间，由于目标、各自的特点和利益的不同，所产生的对立态度或行为。目标的不相容性导致了冲突双方在实现各自目标时行为的相互矛盾与牵制，直至把目标不同的另一方作为冲突的对象。现代观点认为，有的冲突属于破坏性的，有的冲突属于建设性的，冲突本身并无所谓好坏，正常的、健康的组织不在于没有冲突，或一味地消灭所有的冲突苗头，而在于巧妙得当地处理冲突，并把冲突维持在最佳水平。组织中的冲突多种多样，冲突的内容各不相同，所以冲突产生的原因也多种多样，有些原因是表层的，有些原因却是深层次的。因此，分析冲突的成因，首先要进行冲突分析，在此基础上找出引起冲突的主要原因。对冲突进行有效管理，就是引导发挥冲突的建设性作用，抑制减少冲突的破坏性作用。这就需要运用冲突的处理原则、处理策略和解决方法来对冲突进行有效管理。

思考与练习

☑ 小试身手

一、名词解释

1. 冲突
2. 工作冲突
3. 直线/职能冲突
4. 仲裁解决法

二、简答题

1. 简述冲突定义的要点。
2. 简述冲突的积极功能。
3. 简述冲突的消极功能。

4. 冲突经历的主要阶段有哪些?
5. 简述冲突的处理模式。
6. 冲突的基本处理策略主要有哪几种?
7. 引起冲突的策略主要有哪些?

三、论述题

1. 试分析引起群体产生冲突的因素。
2. 结合实际阐述如何减少冲突。
3. 结合实际阐述如何引起冲突。

第十章 行政组织的沟通

学习目标

了解组织沟通的性质和意义、组织沟通的形式以及不同沟通形式的优缺点；

理解组织沟通的障碍性机制；

掌握有效组织沟通的原则和方法。

导 学

沟通是人与人之间、群体与群体之间、组织与组织之间双向交流信息的一个互动过程。组织沟通的目的就是通过相互之间的信息交流与沟通，消除矛盾和隐患，达成共识和行为上的一致，使组织成员能够齐心协力地推动组织目标的实现。组织沟通对于促进组织关系的协调、增强组织的凝聚力、提高组织效率具有积极的作用。

01 第一节　组织沟通的性质和意义

一、组织沟通的含义

从系统论的观点来看，组织不仅是目标价值系统、权力分配系统、技术工艺系统，而且是成员之间相互沟通和情感交流的心理和行为系统。组织沟通对于组织管理有着十分重要的作用。人类的整个活动可以归纳为从外界收集、提取信息，再经过大脑提炼和处理，然后输送出去以控制外在环境，达成目标的一个过程。可以说，沟通贯穿人类活动的整个过程。对于组织来讲，沟通系统是其神经系统，如果沟通不畅，则会导致组织中人与人之间、群体与群体之间的冲突与摩擦，导致组织管理混乱和无序，甚至会导致组织瓦解。

"沟通"一词的英文为communication，也有人将其译为"意见交流""意见沟通"和"情报交流"。对于什么是沟通，人们有不同的界定。美国管理学家纽曼和萨默认为，沟通是在两个或更多的人之间进行的在事实、思想、意见和情感等方面的交流。美国管理学家孔茨认为，沟通是人与人之间的信息传递。萨姆瓦在《跨文化传通》一书中，将沟通定义为"一种双边的影响行为的过程，在这个过程中，一方（信息源）有意向地将信息编码并通过一定的渠道传递给意向所指的另一方（接受者）以期唤起特定的反应或行为"①。这些定义都从不同的侧面说明了沟通的含义。

简单来讲，所谓组织沟通，是指组织中人与人之间、群体与群体之间凭借一定的媒介和通道传递思想、情感、观点和交流情报、信息，以期达到相互了解、相互支持，实现组织和谐、有序发展的行为和过程。

二、组织沟通的一般模式和基本要素

如前所述，沟通就是信息传递的过程。发讯者（信息源）把信息的内容传递给受讯者，这便构成了思想、意见或消息的交流过程。信息交流的一般过程和程序，被称为信息沟通模式，即信息沟通的基本程序，如图10-1所示。对于组织来说，信息沟通模式即组织沟通模式。

---

① 萨姆瓦，波特，简恩. 跨文化传通. 陈南，龚光明，译. 陈纳，校. 北京：生活·读书·新知三联书店，1988：15.

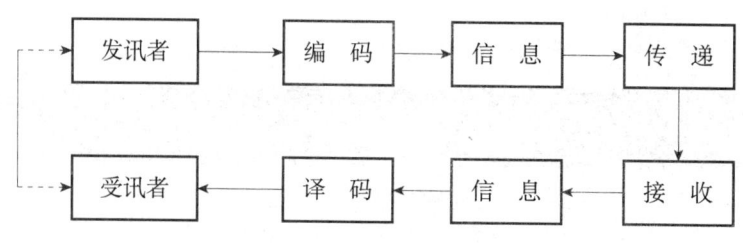

图 10-1 信息沟通模式

组织沟通的基本要素

根据信息沟通模式，可以引申出组织沟通的八个基本要素：

(1) 发讯者。即具有信息传递需求的主体或信息源。这种需求可能出自信息沟通主体寻求社会承认的愿望，也可能出自与他人分享所得所思，以期影响他人的态度和行为的愿望。发讯者所要沟通和传递的，既可能是思想、观念、想法、意见、情感，也可能是信息和情报。

(2) 编码。发讯者所要传递的意见、想法、情感等不能与他人直接分享，必须依赖某种符号来表示，这就是编码。编码是通过对言语的或非言语的符号的选择，根据所选用的语言，按照一定的语法、句法等规则将信息组合在一起，使之成为受讯者能够接受和了解的信息。

(3) 信息。一个信息就是一组言语的或非言语的符号，它所反映的是事物存在的状态和发展变化的消息、情报、指令、数据等内容。信息是组织沟通的主要内容。

(4) 渠道或媒介。渠道或媒介是信息传递的通道和载体。简单来说，渠道是信息得以传递的物理手段，媒介是信息得以传递的载体和方式，如面对面的交谈、书籍、报纸、广播、电视、录像、电报、电话、告示等。

(5) 受讯者。受讯者指获得信息并随之与信息源相关联的个体或群体。受讯者可以是信息源意向所指的对象，也可以是在信息进入渠道之后由于种种原因而截取信息的其他人。

(6) 译码。译码与编码相似，实质上是对信息进行加工的过程。所不同的是，译码指对信息源的信息进行翻译并赋予信息源的行为新的意义，使之转化为受讯者能够理解的意念。

(7) 受讯者的反应，即受讯者根据所理解的意念加以判断，采取各种不同的反应，这种反应可以在最大—最小范围内波动。当然，在信息传递中，受讯者的反应在很大程度上与信息源的愿望相似。

(8) 反馈。反馈指发讯者根据信息沟通过程中获得的某些信息，作出对沟通效果的定性判断，从而调整和适应组织沟通的情境。

以上所列举的组织沟通的八个基本要素，在组织沟通中发挥重大作用。离开了这八个基本要素，组织沟通便无从谈起。

三、组织沟通的特点

从组织沟通的一般模式和基本要素来看,组织沟通具有以下几个特点:

组织沟通的特点

(一)沟通的动态性

沟通是一种进行着的、不断变化的活动。它反映的是发讯者将所要传送的思想、意见、想法等通过编码变成受讯者所能理解的语言、文字或其他符号,并借用一定的渠道或媒介传送出去,让受讯者接收;受讯者接收之后将信息译解,变成自己的观念,并反馈给发讯者的一个十分繁杂的动态过程。

(二)沟通的互动性

沟通必须在发讯者和受讯者之间进行,这意味着沟通必须是在两个人或两个以上的人之间进行。它是沟通双方相互影响的一个过程。

(三)沟通的不可逆性

"覆水难收",说的就是话一旦说出口,就会被别人破译并无法收回。同样,受讯者一旦被某一信息影响,这一影响结果也不可能再收回。当然,可以通过发出其他信息来修正原有信息的影响结果,但无法消除已实现的效果。这一特点说明了有效的信息传递必须准确,不完整的意念或未经证实的信息若被轻易传递出去,可能会带来无法估量的后果。

(四)沟通的环境制约性

沟通总是在一定的环境下进行,并且受制于一定的环境。环境会对沟通产生一定的影响,如沟通所用语言、沟通双方的态度、沟通时间、沟通方式等,都是社会环境影响沟通的表现。

四、组织沟通在公共组织管理中的作用

沟通是现代组织管理的基石,因为任何管理系统都包括物质流和信息流的运动与转化。信息流反映物质流的状况并指挥物质流运动。可以说,管理者的职责就在于通过信息流来控制物质流。对于组织来讲,确定目标,制定决策,进行组织、控制、协调,以及人际关系的改善,组织凝聚力的形成,组织的变革与发展等,都离不开沟通。具体来讲,组织沟通在公共组织管理中的作用表现在以下几个方面:

（1）组织沟通是实现科学决策和有效计划的前提条件。组织都是开放系统，组织外部复杂多变的因素对组织的生存与发展施加直接或间接的影响。特别是在竞争日益激烈的当今社会，组织的生存与发展越来越依赖科学的、准确的、及时的决策和周密、详尽、完善的计划，而决策的科学和计划的完善必须依靠准确、完整、及时的信息。组织通过与外界沟通，可以获得所需要的各种信息，从而为组织决策和计划制订提供必要的依据和参考。

（2）组织沟通是实施有效组织协调的依据和手段。现代社会组织一个十分显著的特点就是规模庞大、人员众多、业务繁杂，并且高度专业化。在此情况下，利害冲突、意见分歧、相互掣肘和摩擦在所难免，而沟通可以消除这些弊病，提高组织的效能。

（3）组织沟通是建立和改善人际关系的必要途径。从组织行为的角度，组织是一群人对工作职责的了解、团体精神的感受、情感的交流、需要的满足所形成的一种心理状态。沟通有赖于联络，有赖于人与人之间思想、情感的交流。对组织来讲，有效的意见交流，可以增进领导者与下属之间、下属与下属之间、团体与团体之间的了解和信任，可以使团体间人际关系得以改善，集体荣誉感、责任心、士气和服务精神随之增强，这样，组织的凝聚力也会因此得到加强。相反，缺乏有效的沟通，领导者与下属之间、下属与下属之间、团体与团体之间得不到理解和信任，则会使组织处于压抑状态，士气低落，人际关系紧张，影响组织的效能。

（4）组织沟通是改变组织成员心理和行为的重要途径。信息作为一种刺激物，对人的心理和行为会产生重大影响。人们接受不同的信息，受到不同的刺激，会形成不同的态度，产生不同的心理和行为。因此，通过传递适度的信息，可以改变人们过时的心理结构和行为方式，使其适应现代社会的要求。

（5）组织沟通有助于克服官僚主义，提高组织管理的效率。在规模庞大的组织中，建立自由交流的信息沟通网络，可以改变组织管理中文山会海、公文旅行、拖拉作风、官僚主义等恶习，有利于提高组织管理的效率。

第二节 组织沟通的形式和网络

根据当今社会中的沟通现实，人们依据不同的标准将组织沟通划分为不同的形式和网络，这些形式和网络各有优点和缺点。了解组织沟通的形式和网络，有助于我们更好地认识和掌握组织沟通的规律，实现有效的组织沟通。

第十章 行政组织的沟通

一、组织沟通的形式

（一）正式沟通与非正式沟通

组织沟通的形式及其特点

按照沟通渠道，可将沟通分为正式沟通与非正式沟通。

正式沟通是指通过组织明文规定的原则、渠道进行的信息传递和交流，如组织之间的公函来往，组织内部规定的汇报、会议制度，请示、报告制度，上级命令的下达，下级情况的上报等。正式沟通的优点：沟通效果较好，比较正式、严肃，有较强的约束力。一般情况下，重要的信息沟通通常采用这种形式。正式沟通的缺点：沟通的速度较慢，刻板，缺乏弹性。

非正式沟通是指正式沟通渠道以外的信息和交流传递，如组织成员私下交流意见和看法、小道消息、传播谣言等。它不受组织监控，自由选择沟通渠道。与正式沟通相比，非正式沟通具有沟通速度快、灵活、程序简便的优点，并且往往能够提供大量的、通过正式渠道难以获得的信息；非正式沟通的信息往往反映了组织成员较真实的思想、态度、动机。非正式沟通的缺点：难以控制，信息易于失真，意见易被歪曲，各种小道消息及流言蜚语易于传播，容易导致小集体意识，如不加以有效诱导和控制，则可能影响人际关系，削弱组织的凝聚力。

（二）单向沟通与双向沟通

按照是否进行信息反馈，可将沟通分为单向沟通与双向沟通。

单向沟通是指在沟通时，一方只发送信息，另一方只接收信息，双方无论在语言和情感上都不要信息的反馈。

双向沟通是指发讯者发出信息之后，及时听取反馈意见，发送和反馈可进行多次，直到双方共同了解为止。

单向沟通和双向沟通各有利弊，具体表现在以下几个方面：①单向沟通速度较快；双向沟通需要不断听取反馈意见，故信息传递的速度比较慢。②单向沟通的效果较差；双向沟通信息比较准确，沟通效果较好。③单向沟通比较严肃、呆板，由于往往采取下命令的方式，因此当受讯者不愿意接受意见时，易产生抗拒心理，影响沟通效果；双向沟通比较灵活、自由，受讯者有反馈意见的机会，使其有参与感，能增强自信心，有助于建立和巩固双方的感情。

（三）下行沟通、上行沟通与平行沟通

按照组织结构的方式，可以将沟通分为下行沟通、上行沟通与平行沟通。

下行沟通指自上而下的信息传递和交流。下行沟通的优点：①上级把组织的路线、

方针、政策及意图传递给下级,给下级指明工作的目标,明确其职责和权力;②上级可以把工作中存在的问题与要求传递给下级,与下级协商解决,增强下级的归属感;③可以协调组织中各层次的活动,增进各层次、各职能部门之间的联系和了解。下行沟通的缺点:由于信息是逐级传递的,因此在传递过程中会发生信息的搁置、误解、歪曲,从而影响沟通的效果。此外,长期使用下行沟通,一方面易形成"权力气氛",影响士气;另一方面会养成下级依赖上级,一切听从上级的权威性人格,使下级缺乏工作的积极性和创造性。

上行沟通是指组织中的成员通过一定的渠道与决策层进行信息交流,如下级向上级定期或不定期汇报工作,进行情况或问题的反映,征求意见等。上行沟通的优点:①下级将自己的看法、意见向上级反映,能够获得一定的满足感,增强下级的参与感;②上级可以通过沟通了解下级的状况、存在的问题等,作出符合实际情况的决策。上行沟通的缺点:①在沟通的过程中,下级因地位、职务的不同而产生心理距离和障碍;②下级因害怕上级打击报复,而不愿反映真实情况。从我国的具体情况来看,下行沟通尚可,上行沟通存在的问题较多。

平行沟通又称横向沟通,指在组织中处于相同层次的人、群体、职能部门之间进行的信息传递和交流。平行沟通的优点很多,主要有:①办事程序和手续简便,节省工序和时间,办事效率高;②可以加强各职能部门之间的了解和协调,消除相互之间的冲突,增进团结;③可以增进组织之间和组织成员之间的合作和协助,培养集体主义精神,克服本位主义和个人主义的弊病。

(四)书面沟通与口头沟通

按照沟通所运用的视听媒介,可将沟通分为书面沟通和口头沟通。

书面沟通是指以书面文字为媒介进行的信息传递与交流,如通知、布告、书信、文件、刊物、备忘录等。书面沟通的优点:信息可以长期保存;对一时分辨不清的信息可以反复研究,具有一定的严肃性和规范性;在表达方式上,比口头沟通更为详尽。书面沟通的缺点:受时间限制,适应性较差,且如果书面内容阐述不清,用词不当,内容繁复冗长,则容易影响受讯者的情绪。

口头沟通是指以口头语言为媒介进行的信息传递与交流,如演说、会议、讨论、会谈、谈判、电话联系等。口头沟通的优点:简便易行;沟通双方都有直接向对方反映的机会,可以当场解决问题;在沟通过程中可体察对方的体态、手势与表情的变化,进行情感交流,增加亲切感,提高沟通效果。口头沟通的缺点:沟通范围受到时空的限制,如在人数众多时使用口头沟通就较为困难;口头沟通的随机性强,可能会传递一些与沟通主题无关的信息,浪费时间;由于是面对面的交谈,口头沟通会增加彼此之间的心理压力,造成心理紧张。

在组织管理中,书面沟通和口头沟通都是不可缺少的沟通方式,并且各有优缺点。

在组织沟通中，究竟选用何种沟通形式，必须根据信息的特点和受讯者的情况来定。一般来讲，传递重要的、需要长期保存的信息，以书面沟通为宜，而传递一般的、暂时性的信息，则以口头沟通为好；受讯者人数较少，以口头沟通为宜，而受讯者人数较多，则以书面沟通为宜。根据现代管理心理学研究，以书面沟通与口头沟通相结合的方式进行沟通效果最佳。

（五）直接沟通与间接沟通

按照信息是否需要第三者传递，可以将沟通分为直接沟通与间接沟通。

直接沟通是指发讯者和受讯者直接沟通，信息无须第三者传递。直接沟通的优点：沟通迅速，双方可以充分交换意见和看法，获得准确的信息，沟通效果较好。直接沟通的缺点：由于受时间、地点等的限制，有时使用此种方式会有困难。

间接沟通是指经过第三者进行信息传递和交流。间接沟通的优点：不受地点等的限制，应用机会多。间接沟通的缺点：浪费人力与时间，而且经过第三者传递，容易使信息失真。

二、组织沟通的网络

沟通是在两个人或两个以上的人之间进行的。在信息传递过程中，若信息并未直接由发讯者传递给受讯者，中间要经过某些人，在这一过程中，便会形成不同的沟通结构形式，这便是组织沟通的网络。一般来讲，可以把组织沟通的网络分为两大类：一类是正式沟通网络，另一类是非正式沟通网络。在每类沟通网络内部，又有若干具有不同特点的网络形式。这些不同的网络形式，不仅关系到信息沟通的效率，而且影响组织效率。

（一）正式沟通网络

根据国外组织行为研究者的试验和探究，正式沟通网络有五种基本类型，即链式沟通网络、环式（或圆周式）沟通网络、Y式沟通网络、星式沟通网络、全通道式沟通网络，如图10-2所示。

1. 链式沟通网络

在链式沟通网络中，居于两端的人仅能与内侧的一个成员沟通，居中者则可分别与其两端的人沟通。在一个组织结构中，它相当于有五个管理层次，信息可以逐级自上而下或自下而上传递。链式沟通网络一般比较正规，是较为典型的正式沟通网络。在一个组织中，如果组织规模过于庞大，需要分层授权管理，利用链式沟通网络则是较为有效的形式。这种沟通网络的缺点主要是信息层层传递，容易出现失真现象。

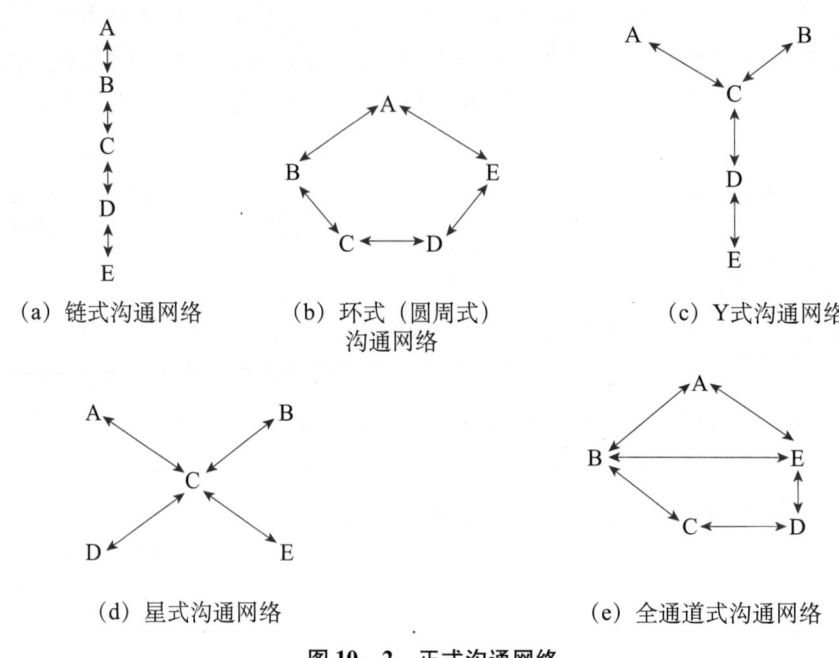

图 10-2 正式沟通网络

2. 环式（圆周式）沟通网络

环式（圆周式）沟通网络可表示为五人之间依次沟通，也可表示为具有三个层级的组织机构之间的沟通。第一层级的主管人员与第二层级的主管人员进行纵向沟通，第二层级的主管人员再与底层进行沟通，底层部门或工作人员之间进行横向沟通。

3. Y 式沟通网络

Y 式沟通网络是一个纵向沟通的网络，其中，有一个人或组织机构位于沟通的中心，成为上下之间沟通的媒介。这种沟通网络的集中化程度较高，解决问题的速度较快。在一个组织中，如果管理者的任务繁重，需要专门设立机构或人员进行分析，提供信息，并对下级实行有效的控制，那么，这便是一种行之有效的沟通网络。

4. 星式沟通网络

星式沟通网络是典型的集权式控制型网络。在这个网络中，主管人员是各种信息的汇集点和传递中心，他分别与四个下级进行沟通，并发出指令，接受汇报，而下级之间无沟通。这种网络集中化程度很高，解决问题的速度快。但在沟通过程中，成员压力较大，成员平均满足度低，而且下级之间缺乏沟通，致使消息闭塞，相互冲突摩擦较多，影响组织士气。

5. 全通道式沟通网络

全通道式沟通网络是一个开放式沟通网络。在组织系统中，组织机构或成员之间都有一定的沟通（纵向的或横向的）。它相当于委员会式的组织机构，所有成员之间都有相互的沟通，大家处于平等地位，具有较强的民主气氛和合作精神。在以这种沟通网络为特征的组织中，成员的满足度较高，士气高昂，合作气氛浓厚。但是，这种网络的沟通渠道太多，易造成混乱，而且费时费力，解决问题的速度较慢，影响工作效率。

（二）非正式沟通网络

正式沟通网络只是实际沟通中的一部分。在组织中，除了正式沟通网络，还存在非正式沟通网络。在现实的沟通过程中，非正式沟通往往起到很重要的作用，所以也要重视对非正式沟通网络的研究。

美国组织行为学家戴维斯曾在一家皮革制品公司采用顺藤摸瓜的方法，对67名管理人员的非正式信息交流的渠道进行了研究。1953年，他在《管理沟通与小道消息》一文中介绍了他的研究成果，指出口头传播的非正式沟通网络有四种方式，如图10-3所示。

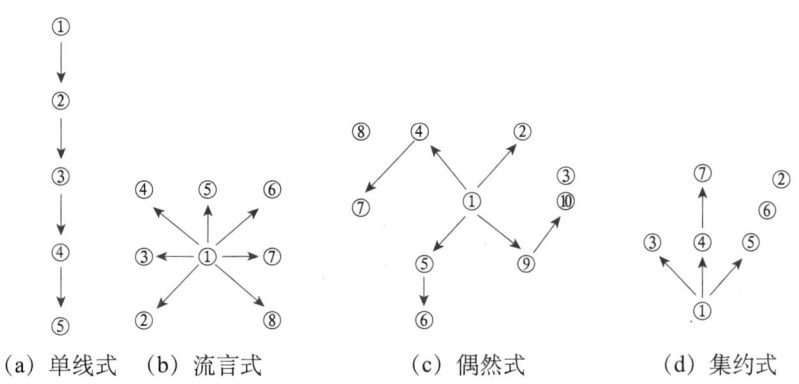

(a) 单线式　(b) 流言式　(c) 偶然式　(d) 集约式

图10-3　非正式沟通网络

（1）单线式：①将消息传递给②，②将消息传递给③，③将消息传递给④，④将消息传递给⑤。

（2）流言式：①将消息传递给②、③、④、⑤、⑥、⑦、⑧。

（3）偶然式：①将消息随机传递给一部分人，再由这些人将消息传递给其他人。

（4）集约式：①将消息传递给特定的人，这些人再将消息传递给其他人。

由于非正式沟通大多数是口头进行，故消息传播的速度很快，也极易扩散。戴维斯曾经指出，小道消息传递有五个特点：①消息越新鲜，人们谈论得越多；②对人们工作有影响的，最为人们所谈论；③越为人们所熟悉的，人们越喜爱谈论；④人与人在工作上有关系的，一般最可能牵涉在同一传言之中；⑤人与人在工作中常有接触的，最可能牵涉在同一传言之中。

一般来讲，小道消息产生的原因主要有：对组织的信息不了解；组织成员有不安全感；组织成员对领导者、工作有抵触情绪；组织冲突；组织当中缺乏良好的氛围；正式沟通渠道不顺畅等。

根据赫尔希对 6 家公司的 30 条小道消息的内容所作的分析，其中 20% 的消息是真实的，16.7% 的消息有些依据，53% 的消息没有依据。因此，对非正式沟通应认真对待，它既能传递切实有用的信息，又很可能传递一些流言蜚语，破坏组织成员之间的团结。

03 第三节　组织沟通的障碍性机制

在组织中，存在许多阻碍有效沟通的因素。这些因素既有沟通双方主观方面的，也有客观方面的，这些因素相互交织，阻碍组织沟通。我们把这些因素统称为组织沟通的障碍性机制。分析这些因素及其成因和解决的方法，是进行有效组织沟通的一个十分重要的前提条件。

一、组织沟通的主观心理性障碍

如前所述，人是沟通的主体，又是沟通的客体。发讯者和受讯者的个性、知识、经验、能力、态度以及相互之间的关系，是进行有效沟通的基础，其中任何一个因素皆可能成为沟通的障碍。

（1）从主观心理因素来看，个体的性格、气质、态度、情绪、需要、品质的差别都会成为沟通的障碍。比如，品质高尚的人，光明磊落，在沟通中着眼于大局，充分运用正式沟通渠道，传递真实、可靠的消息；具有民主作风的领导者乐于听取下属的意见和看法，上下级的沟通容易实现。而且，由于人的需要不一致、观念不同、利害不一，这也成为沟通的障碍。

（2）从知识和经验方面来看，如果沟通双方在知识水平和经验上差距过大，就会产生沟通障碍。当发讯者把自己的观念、想法编码时，他只是在自己的知识和经验范围内进行，同样，受讯者也只能在自己的知识和经验范围内译码、理解。如果发讯者和受讯者没有共同的经验范围，就无法进行沟通，无法译码和理解所传递的信息。正如婴儿听不懂成年人的话一样，知识和经验制约着人们之间的沟通。

（3）记忆力不佳所造成的障碍。在组织沟通中，信息传递往往是依据组织系统层级传递的，在传递的过程中，如果个体有较佳的记忆力，信息传递的准确度就高。有研究表明，在口头沟通中，信息每传递一次，其准确度大概要降低 30%。

（4）需要和态度不同造成的障碍。在组织管理中，无论是管理者还是员工，都存在轻视沟通的作用的倾向，未认识到沟通的重要性，把本来不充分的沟通看成例行公事，从而漫不经心，影响沟通效果。特别是由于个人的利益和需要的不同，发讯者会对信息进行歪曲，致使信息沟通流于形式，达不到应有的效果。

（5）知觉选择性。接收信息是知觉的一种形式。由于种种原因，人们总是习惯于接收一部分信息，摒弃另一部分信息。

二、组织沟通的客观性障碍

在组织沟通过程中，除了大量主观心理性障碍，还存在一些客观性障碍。组织沟通的客观性障碍主要有：

（1）空间距离（地域因素）引起的障碍。在组织系统中，组织中的机关单位，多分散在各地，地理上有相当的距离，不能进行面对面的交谈，畅快地交换意见，相互了解；而通过文书传递，又需要相当长的时间，不能把握时效，及时解决问题；通过网络联系，虽可直接沟通，但受时间的限制，不能把复杂的问题说清楚，影响沟通效果。

（2）组织机构引起的障碍。现代组织的一个显著特点是规模庞大，管理层次太多，人员繁杂。在这种情形下，信息自上而下传递，不仅会浪费大量的时间，而且会引起信息的不断"过滤"，致使信息失真。此外，如果组织机构设置不合理，机构职责不清，缺乏有效的沟通渠道，还会导致信息阻塞或信息传输中断。

（3）信息过量引起的障碍。现代社会是信息社会，管理者被淹没在信息的汪洋大海之中。信息过量，使各种未加区别、分辨的信息汇集在一起，导致人们无法作出准确的判断；信息过量，使信息堵塞，导致工作效率低下。

三、由信息传递的媒介引起的障碍

如前所述，信息传递的一个重要特点是要凭借一定的媒介和网络进行。媒介也会成为沟通的障碍，这些障碍主要表现有以下几个方面：

（1）语言障碍。语言是信息沟通的工具和媒介。人们通过语言、文字及其他符号，把事物的特征和发展状态转换为信息。但是，如果语言使用不当，则会造成沟通障碍，不仅会降低沟通的效果，还会引起误会、隔阂与矛盾。例如，使用语言不明确、模棱两可，使受讯者无法理解；措辞不当，也会引起误解；叙事说理言之无据、条理不清、文理不顺等，都会影响沟通的顺利进行。

（2）沟通方式选择不当引起的障碍。每种沟通方式都有其优缺点，要根据实际情况选择沟通方式，否则就会发生沟通障碍。例如，要把会议通知分发给与会者，这就需要采取书面沟通方式。如果采取口头沟通方式，就容易使信息失真。

总之，影响组织沟通的因素很多，对于管理者来讲，一个重要的职责便是消除这些障碍因素，使沟通有效进行。

04 第四节 有效组织沟通的原则和方法

在现代社会，组织管理效率很大程度上取决于信息交流的效率。美国管理学家詹姆士·李通过对美国 15 家公司 260 名基层管理者和中层管理者进行调查，发现在信息交流过程中普遍存在一些失误，并将其概括为"信息交流十失"，它们是：①不通知我某些我应该知道的事；②不把全部情况告诉我；③迟了才告诉我某些事；④采用错误的交流方式；⑤在信息交流链中绕过了我；⑥给我提供错误的信息；⑦用讽刺、敌对的或感情用事的方式和我进行信息交流；⑧用我不能理解的语言、术语、过于技术性的词句同我讲话；⑨当着别人的面批评我；⑩不用行动来支持我所获得的信息。由此看来，信息交流的失误是很多的。对于组织管理者来说，要避免这些失误，消除沟通障碍，需要一定技巧。

有效组织沟通的原则

一、有效组织沟通的原则

要做到有效的组织沟通，组织管理者应掌握一些基本的原则。这些原则是人们在具体的管理实践中探索出来的，并且是十分行之有效的。它们是沟通的基本准绳。

（一）明确性原则

这是沟通的基本准则。所谓明确，其标准是，沟通所用的语言和传递方式要能被受讯者理解。发出信息并用受讯者能理解的语言表达出来，是发讯者的主要责任。信息传递不明确，必将导致沟通不畅。这一原则要求：沟通所用的语言必须准确，不可含混不清；所用的语言应适合于受讯者的教育程度和习惯；叙事说理，应言之有据，条理清晰，切勿颠三倒四。

（二）准确性原则

准确性原则要求所传递的信息应准确无误。必须牢记，不完整、未经证实的信息，若被传递，可能产生无法估量的后果。美国组织行为学家戴维斯就此告诫人们："千万要记住，直到你思考成熟后再开始说。"这一原则意味着在信息传递过程中，不要漏传或错传，不要使信息失真。

（三）需要原则

信息传递并不是传递自己所获得的一切信息。信息交流最基本的原则之一是认识到组织中其他人"需要了解什么"，并对此作出反应。在现实中，有的人常常破坏这一原则，这主要是由于这些人以自我为中心，时间紧迫，以及不了解别人的需要等。同时，这一原则也意味着，要认识自己"需要了解什么"，并在周围环境中寻找机会获取所需要的信息。

（四）计划原则

对于每一次沟通，为了使它有效，必须进行计划。计划应包括以下几个问题：①谁是发讯者？②谁是受讯者？③沟通的具体内容是什么？④怎样进行沟通？采取什么样的方式沟通？⑤沟通在什么地方进行？⑥沟通在什么时候进行最为恰当？

（五）反馈原则

为了使沟通更加有效，必须实施反馈，通过反馈来证明沟通的准确性和有效性。实施反馈有助于沟通双方充分了解。

（六）在战略上使用非正式沟通原则

如前所述，非正式沟通具有速度快、能反映真实情况、能提供许多正式沟通难以获得的信息等优点。在组织沟通中，单靠正式沟通是不够的，作为管理者应该认识到非正式沟通的重要性。美国管理学家孔茨认为："只有当主管人员使用非正式组织补充正式组织的情报沟通时，才能产生最佳的情报沟通效果。"但是，由于非正式沟通具有传播小道消息、歪曲信息、破坏组织团结等缺点，故应只在战略上使用非正式沟通。

二、有效组织沟通的方法

怎样才能提高组织沟通的效果？除了坚持上面提到的基本原则，还需要采取一些具体的方法，这些方法是针对组织沟通的障碍提出的，主要有：

有效组织沟通的方法

（一）实现有效沟通的心理素质

如前所述，沟通双方的性格、品质、心理习惯、态度、记忆力等都对沟通产生不同程度的影响。为了实现有效沟通，在心理素质方面，应着重于以下几个方面的提高：①思维能力。对受讯者来讲，提高思维能力，能够加强对信息的理解；对发讯者来讲，健全的思维能力是准确传递信息的条件。②记忆力。记忆力强的人，信息传递可靠，信息接收准确。③良好的心理习惯，包括注意力集中、情绪稳定、态度端正等。④管理民主，尊重人格，平等待人，善于听取不同意见，宽宏大度。⑤扩大自己的知识范围，优化知识结构。另外，健全的人格、高尚的品格等皆有助于提高沟通水平。

（二）正确运用语言文字

正确运用语言文字不仅能提高沟通效果，而且能改善人际关系，消除误会、矛盾和隔阂。根据学者们的研究，在沟通中正确运用语言文字需注意以下几点：①所运用的语言文字的意义要明确，不能模棱两可；②运用对方感情上易接受的语言文字，多用陈述性语言文字，避免或尽量少用评论性、挑战性、讽刺性语言文字；③用词得当，通俗易懂，尽量少用难懂的专业术语；④酌情使用图表，也可借助手势、表情，以利于沟通；⑤尽量使用短句；⑥叙事说理，应言之有据，条理清晰，切勿颠三倒四；⑦沟通过程中要注意节奏，沟通中如涉及较为生疏的人名、地名，要说慢些，重要的人名、地名和事件要重复；⑧沟通中人称要明确，交代清楚是第一人称还是第三人称，否则会使受讯者误解。

（三）学会有效聆听

据研究估计，人聆听10分钟的谈话，仅有约25%的效率。克服不良聆听习惯十分重要。在现实沟通中，沟通者大多有下列不良习惯：①对谈话主题没有兴趣，不安心聆听；②被对方说话的姿势吸引，忽略了谈话的内容；③听到不合意的事情，情绪便受影响，以致影响对其余信息的接收；④只重视事实而忽视原则和推论；⑤过分重视条理，对条理较差的谈话内容不愿多思索；⑥矫装注意；⑦注意力不集中；⑧对较难的词句或技术性词语不求甚解；⑨为对方感情性语言分心；⑩利用空当思索别的事情。上述不良习惯对沟通效果的影响较大。改变不良习惯的方法是全神贯注地聆听。必须记住，漫不经心地聆听不仅会伤害对方的自尊心，而且不会取得最佳的沟通效果。

美国组织行为学家戴维斯提出有效聆听的十大要点，它们是：①少讲多听，多保持沉默，不要打断对方的讲话；②设法使交谈轻松，使讲话人感到舒适，消除其拘谨不安；③表示出聆听的兴趣，不要表现出冷淡和不耐烦；④尽可能排除外界干扰；⑤站在对方的立场考虑问题，表现出同理心；⑥要有绝对耐心，不要插话；⑦控制情绪，保持冷静；⑧不要与对方争论或妄加评论；⑨提出问题，以显示自己在充分聆听；⑩仍是少讲话，这是要诀，因为人都愿多说少听。

（四）学会有效沟通

有效沟通是一门技巧，在沟通时要注意以下几个方面：①选择适当的地点。这要根据沟通的内容来确定。如果沟通的是正式问题，选择在办公室或会议室比较合适。如果沟通的是个人的意见或看法，可边散步边沟通，或到对方家中拜访，以表示诚意。②选择适当的时机。信息传递的时机会影响沟通的效果，不合时机地传递信息，会使受讯者难以理解；而时间上的耽搁或拖延，会使信息过时而无效。③沟通一定要有计划，也要遵循一定的程序。④选择合适的沟通方式。每一种沟通方式皆有其优缺点，要根据沟通的性质和内容来确定。⑤沟通的主题内容要明确，不要把话题扯得很远。

管理学界对有效沟通提出了许多方法，其中比较著名且被大家公认为较佳的是美国管理协会提出的改善沟通的建议，即"良好沟通十戒"，其要点如下：①沟通之前应把要传递的信息搞清楚。对所要传递的信息分析得越有条理，就越有利于沟通。②要认真考虑每次沟通的真正目的。在沟通前，要问问自己通过沟通究竟要达到什么目的，希望解决什么问题，然后选择适当的语言和方式来达到此目的。沟通所要达到的目的越明确，沟通成功的把握性就越大。③要全面考虑沟通时的环境。像一切有生命的东西一样，沟通也必须能够适应它的环境。④在计划安排沟通时，要适当地同他人商量，征求他人的意见，这样会使沟通的内容具有客观性。⑤在进行沟通时，要注意信息的基本内容，同时也要注意信息附带的含义，如发讯者说话的语气、表达方式，受讯者所表现出来的接受能力等。⑥要善于利用机会传递有益或有价值的信息，尽可能为他人着想，重视传递与他人利益相关或具有长远价值的信息。⑦跟踪检查沟通效果。如果传递信息后不跟踪检查沟通效果，那么沟通可能是白费力气。要确保每次沟通都有反馈，以取得全面的理解。⑧沟通不仅要着眼于现在，也要着眼于未来。⑨言行一致。归根结底，最有说服力的不是看怎样说，而是看怎样做。如果一个人的实际行动与他讲得不一样，他的话就会一文不值。⑩做一个善于倾听的人。"良好沟通十戒"对于避免沟通障碍、改善沟通，无疑具有积极意义，在管理中可以借鉴。

小 结

组织沟通是实现组织协调的重要手段。组织沟通的目的在于促进组织中人与人之间、群体与群体之间的相互信任与了解，增进组织团结，提高组织效率。组织沟通是一门艺术，它不仅包含特定的沟通技术与方法，也蕴含着许多沟通技巧，需要在实践中不断提高组织沟通的能力。

思考与练习

小试身手

一、名词解释

1. 组织沟通
2. 正式沟通
3. 非正式沟通
4. 单向沟通
5. 双向沟通
6. 下行沟通
7. 上行沟通
8. 平行沟通
9. 书面沟通
10. 口头沟通

二、简答题

1. 简述组织沟通的基本要素。
2. 简述组织沟通的特点。
3. 简述非正式沟通及其优缺点。
4. 比较单向沟通和双向沟通的优缺点。
5. 简析下行沟通的特点及其存在的弊端。
6. 简析上行沟通的优点与合理运用。
7. 简析平行沟通的优点及其运用。
8. 简析书面沟通和口头沟通的利弊。
9. 简述有效组织沟通的原则。

三、论述题

1. 试论组织沟通在行政组织管理中的作用。
2. 试论上行沟通、下行沟通和平行沟通在组织沟通中的互补与优势发挥。
3. 试论非正式沟通在组织沟通中的价值与合理运用。
4. 试论组织沟通的障碍及其克服。
5. 试论有效组织沟通的方法。

第十一章 行政组织学习

学习目标

了解行政组织学习的性质与意义;
理解行政组织学习的障碍;
掌握行政组织学习的改进。

导 学

行政组织学习是行政组织提升自身适应环境和改变环境的重要手段。通过组织学习,行政组织不断获取、交流和创造知识,从而改进组织行为,提升组织绩效和完善组织体系。现代行政组织大都是按照官僚制模式建立的,天生具有一些学习障碍,需要我们不断更新理念,改革组织结构,建立新型组织文化,提升领导艺术,不断提高组织成员的学习积极性。

01 第一节 行政组织学习的性质与意义

一、知识、学习与组织学习

（一）知识

知识是人类在长期实践中获得的关于物质世界和人类社会客观规律的认识成果。它既包括个别的知识经验，也包括系统的知识体系；既包括很多人共享的知识，也包括个体或群体拥有的知识；既包括可以形诸文字等加以传播和储存的知识，也包括那些只可意会、不可言传的知识。在组织中，知识不仅存在于组织的文件、档案、专利等信息系统中，也蕴涵于制度规范、日常管理、例行工作中。

知识的主要构成要素包括经验、事实、判断以及经验法则。经验来自我们过去曾经做过或曾经经历过的事。经验最大的好处之一是鉴往知来。自经验获取的知识，能够帮助我们认出熟悉的模式，并找出当前发生的事情和过去发生的事情之间的关联。

知识本身包含了判断的成分。我们不仅可以通过知识中的以往经验来判断新状况，也能够自我审视与琢磨，适应新发生的状况。

知识的演化必须通过经验法则。这是由长久以来的经历、观察、试验与错误所发展出来的。

（二）学习

学习的概念始于心理学的研究。传统的学习理论认为，学习意味着个人通过吸收新的经验更精确地描述世界，认知在很大程度上就是进行信息处理，将外部知识内化。这种观点把学习仅仅作为一个简单的吸收信息和处理信息的过程，没有看到学习活动的主体和客体之间的相互关系。与传统学习理论不同，现代学习理论——系统的学习理论认为，学习是一个能够改变世界的系统性、创造性的活动。人作为学习过程中的主体有其积极作用，人不仅仅因为某种事物的存在或其存在的必然方式才认识事物。从系统的角度看待人的学习过程，可以发现人现有的知识存量和知识结构对其当前的学习活动起决定作用，并且人对未来知识的学习和发展也起着很大的作用。

本章借用组织行为学中关于学习的定义，认为学习是一个使相对持久的变化在经验引起的潜在行为中发生的过程。这一定义强调，首先，学习是一个过程，而不是一个单一的事件。其次，学习是行为相对持久的变化，因此，并非任何行为变化都被视为学习,只有形成了新的行为模式才能称为学习。再次,这一定义中"潜在行为"意指学习结果应当在个人的行为中可以观察到,但并非每个学习过程都必然终结于明显的行为,有一些学习行为不可能在现实生活中展示,例如,飞行员使用飞行模拟器学习紧急着陆动作,这一学习行为的结果很少能有机会展示。最后,学习被界定为经验引起的结果,因为学习必须有别于成熟过程,有别于因情境制约而造成的表现局限,在这些情境下可能发生的行为变化并非学习过程,因为此处的行为变化不受经验影响。

(三) 组织学习

对于组织学习的研究始于20世纪70年代,"组织学习"这一概念的产生早于与之关联极为紧密的概念——学习型组织。学习型组织自美国管理学大师圣吉的《第五项修炼》问世以来盛行于管理学界,从企业到政府无不为之描绘的美好图景所倾倒,而组织学习作为学习型组织的核心概念这才受到关注。

根据我国学者陈国权的理解,组织学习是指组织成员不断获取知识、改善自身行为、优化组织体系,以在不断变化的内外环境中保持可持续生存与健康和谐发展的过程。这一定义包括三个方面的含义:①组织学习的内容包括三个方面的改变——组织成员认知的改变、行为的改变、组织体系的改变。组织学习的概念由个人学习的概念发展而来,个人学习包括个人认知的改变和行为的改变,组织学习的内涵除了包括这两个方面的改变,还应该包括组织体系(如组织的结构、流程、制度等)的改变,组织体系的改变是以往组织学习的概念中被人忽视的,却是组织学习非常重要的内容。个人是一个个体,而组织是一个系统,组织学习除了包括个人认知的改变和行为的改变,还必须包括组织体系的改变。②组织学习的目标包括两个方面:在不断变化的环境中保持可持续生存、在不断变化的环境中保持健康和谐发展。第一个目标是基本的,第二个目标则更高一些,但二者相互促进。只有保持可持续生存,才能有更高的健康和谐发展的境界;也只有健康和谐发展,才能有更长的生存时间。③组织学习体现了系统与持续的精神理念。组织学习是有意识、系统和持续的过程,任何组织都具有某种学习行为,但有意识的学习行为、全面系统的学习行为以及持续不断的学习行为,才是组织学习的重要特征。

需要注意的是,学习型组织与组织学习经常被混为一谈,但它们是两个不同的概念。马魁特认为,当讨论学习型组织时,应将焦点放在"内容"(what)上,描述组织所具有的系统、规则及特征。而讨论组织学习时,应将焦点放在"做法"(how)上,即组织建立并且利用知识的技能与过程。这样,组织学习可以指组织通过共享信息、知识和精神来实现组织的团体学习,促使组织成员的知识和技能不断更新,实现全方位和全过程学习,最终获取创造能力和提升组织核心竞争力的过程。因此,组织学习应该是学习型组织建设的一个核心概念。

二、行政组织学习的定义与特点

（一）行政组织学习的定义

组织学习是组织建立有关内外环境变化的知识，并据此调整和变更有关组织目标、集体行动逻辑和管理制度的一个动态过程。

行政组织学习以行政组织为主体，是指行政组织为应对环境变化，提高治理能力，所进行的系统化、持续的集体学习。行政组织在这一过程中通过各种途径和方式不断获取知识，在组织内传递并创造新知识，从而带来行为和组织绩效的多方面改善以及组织体系的不断完善。

行政组织学习的特点

（二）行政组织学习的特点

1. 行政组织学习是一个集体学习的过程

行政组织学习不是组织内部成员个人学习的简单相加，而是一个集体学习的过程。相对于个人学习，集体学习具有集思广益、信息充分等特点，有助于知识的传播与分享，并增进成员间的了解，实现良好的协调。有效的集体学习使集体智慧高于个人智慧，集体拥有整体搭配的行动能力，且在组织整体效率提高的同时促进个人快速成长。

2. 行政组织学习是一个系统的、持续的过程

行政组织学习是一个系统的过程，包括组织知识的形成、储存应用、传播承续以及更新；同时，行政组织学习也是一个持续的过程，组织通过不断学习应对组织发展过程中遇到的各种问题，并形成关于新问题的知识，不断地寻求组织行为的改进。

3. 行政组织学习是应对日益复杂的内外环境变化、提高组织公共事务治理能力的过程

组织学习的提出是为应对日益复杂的内外环境变化，学习的过程就是通过对内外环境的变化进行监控，解释产生的新问题，并学习如何应对的过程。学习的目的是提高组织的公共事务治理能力。

4. 行政组织学习可以带来行为的改善和组织绩效的提升

组织学习是有目的的，不是随意的、自发的，应与组织的运行、功能实现以及发展紧密相连。行政组织学习的最终结果是要获得行为的改善和组织绩效的提升。

5. 行政组织学习有助于促进组织体系不断完善

组织学习是学习型组织建设的一个核心概念，而学习型组织是不同于官僚组织的新型组织结构。由于学习是一个能够带来行为的相对持久变化的过程，行政组织学习将对组织成员的行为方式和行动内容产生影响，从而促进行政组织向学习型组织转变，

改变以往官僚制层级节制、信息沟通不畅等状况，促进组织体系不断完善。

三、行政组织学习的意义

（一）提升行政组织成员的素质

经济学理论认为，每个经济时代都有其最重要的经济资源，拥有和运用这种资源服务社会和市场的能力将决定组织的竞争力和市场经营状况。农业时代，土地是最重要的经济资源；工业时代，资本成为最重要的经济资源；而知识经济时代，知识成为最重要的经济资源。

在知识经济时代，公共治理的外在环境日益变化，公共治理所面临的问题越来越复杂。从事公共治理的公共事务管理者的知识结构、管理水平和决策能力等显得越来越重要。知识经济时代强调素质与能力，要求行政组织成员必须兼具深度和广度的知识结构，同时还必须不断地提高决策水平和管理水平，以适应日益变化的治理环境。

行政组织通过系统的、持续的集体学习，不断地提高行政组织成员的知识水平，完善行政组织成员的知识结构，在不断地分析问题、解决问题的过程中，对环境进行监控，并形成新的组织知识，提高行政组织成员应对环境变化的能力。

（二）促进学习型政府建设

"学习型政府"的概念自出现以来，受到管理学和公共行政研究的广泛关注，但迄今为止，对于什么是"学习型政府"，仍然没有一个广为认可的定义。

一般认为学习型政府的内涵可以这样概括：①就政府机构内部而论，政府应在职能分工的基础上建立专业化制衡机制。它授予每个公务员的权力是有限的；在执行公务的过程中，公务员可以充分行使权力，同时权力的行使必须受到其他机构的制衡。②就政府机构外部而论，政府是一个开放型机构，它同社会其他组织相互交换信息、相互学习，因此形成了一个自由、开放、便于信息交流和知识传播且能与社会其他组织共享学习成果的系统。这个系统能有效地将学习行为转化为创造性行为，既大大提高了政府的工作效能和社会其他组织对政府工作的满意度，也推动政府不断地根据客观环境变化对政府的业务流程进行重组或再造。

可以说，学习型政府是一个没有发展终点的概念，是一个不断变化的概念。在学习型政府组织中，组织成员不可能不学习，因为学习已经完全成为组织成员自觉自愿的行动，成为他们生活中不可分割的一部分。

学习型政府的含义决定了它必须是能够进行持续、系统学习的机构，必然要求政府将学习作为日常活动，行政组织学习作为学习型政府建设的一个核心概念，也是促进学习型政府建设的题中之义。

（三）顺应全球化和信息化浪潮构成的新环境

21世纪是知识经济时代，也是全球化、信息化不断向前推进的时代。21世纪行政组织的内外环境发生了巨大变化，这种变化改变了过去行政组织所面临环境的稳定性，使得行政组织不得不思考如何应对动荡的环境、如何应对现有组织结构中不适应时代变化的部分，以提高治理能力，适应环境变化。

在知识经济时代，人们拥有的知识空前增加，新知识的大量涌现使知识更新的周期越来越短，知识老化的速度大大加快。同时，全球化在推动和加快世界经济发展的同时，也引发了各种问题，如何促使本国在全球化的浪潮中站稳脚跟并加速发展，成为各国政府面临的问题。

就我国而言，随着改革的深入和市场经济体制的发展，社会呈现多元化发展趋势，改革开放和现代化建设中涌现的各种问题（如人口老龄化、社会公平、公共服务、生态整治、政府效能等），都迫切需要政府在具体问题具体分析的基础上，不断进行理论创新、制度创新和工具创新。

正是由于这些问题的存在，各国政府必须对现实情况进行不断的研究和创新，以增强应变能力，而这使得组织学习变得十分重要。

（四）有利于创造面向公众、面向组织成员、面向外部世界的"生态政府"

在生态学看来，任何生命机体都不可能孤立存在，必须同周围环境进行物质、人员和信息等的交换。政府作为典型的行政组织，是社会系统中最为重要的子系统，其体系自身具有生态组织的属性。

这样一种"生态政府"，首先要对政府内部的资源进行有机整合，以社会主义民主政治为目标，以学习型组织的基本理念为理论根基，通过与组织成员之间关系的最优化及良好互动，促进组织内部运行机制完善，转变政府职能，提高组织的竞争力和效率；其次，通过政府职能的发挥，同组织外部环境进行物质、人员、信息、文化等的交换，使其内部系统与外部社会环境（公众和外部世界）进行互动，实现政府的自我调节，整合政府形象，促使政府成为自由、开放、便于信息交流和知识传播的共享学习成果的系统。

行政组织学习要求行政组织通过系统、持续的集体学习，对环境变化作出准确反应，不断更新和发展组织知识，并在组织以及组织内部各部门之间进行知识的分享和学习，从而完善自身，成为面向公众、面向组织成员、面向外部世界的"生态政府"。

（五）促进行政组织系统开放化，提高行政组织的社会整合能力

行政组织学习作为学习型政府建设的一个核心概念，是行政组织从外界汲取新思想，并将这些新思想引入组织内部日常工作中，使组织与外部世界不断保持信息交流，

根据信息和环境的变化对组织管理机制、权力结构和组织文化等进行重新组合的必要手段。

行政组织学习能促进行政组织成为面向公众、面向组织成员、面向外部世界的"生态政府",成为一个开放的系统。行政组织学习可以改变组织知识以及成员的行为模式,完善组织内部运作机制,实现组织结构、运作机制、责任机制、权力结构、组织文化等的转型,促进行政组织知识的传播与分享,使行政组织日益开放。同时,通过组织学习,行政组织可以了解外界环境的新变化,提出新的要求,能够主动、积极地转变职能,以新的形式与外部环境进行新的能量交换,从而不断提高工作效率、效能和工作满意度,以及社会整合能力。

02 第二节 行政组织学习的类型与途径

一、行政组织学习的类型

行政组织学习的类型

借助阿吉里斯提出的关于组织学习方式的分类,按深度的不同,可以将行政组织学习分为单环学习、双环学习和三环学习。

1. 单环学习

单环学习是将组织结果与组织的策略和行为联系起来,对策略和行为进行修正,以使组织绩效保持在组织规范与目标规定的范围内,而组织规范与目标本身则保持不变。显然,单环学习只有单一的反馈环,它是在当前的系统和文化框架下提高组织能力,完成已确定的目标或任务。单环学习的目标是适应环境,取得最大效率,学会在相对稳定的环境中完成组织任务。

2. 双环学习

双环学习是重新评价组织的本质、价值和基本假设。双环学习有两个相互联系的反馈环,它们不仅要发现与良好绩效有关的策略和行动的错误,还要发现其背后的规范的错误。双环学习对组织的目标和任务甚至价值观提出了挑战,可能会引起组织基本战略和行为的巨大变化,因此,双环学习也被称为"变革型学习"。

3. 三环学习

单环学习与双环学习都是针对具体的组织运作过程,其对象是组织中的各项具体事务,但组织还应该质疑学习过程和学习方式本身,并加以改进。贝特森指出,组织应该学习如何学习,并将之命名为再学习或次级学习,即这里所称的三环学习。三环学习是最深度的学习。

二、行政组织学习的途径

行政组织学习的途径

(一) 组织培训

组织培训是指行政组织根据经济、社会发展的需要和职位的要求，依据国家有关政策和组织人力资源的发展规划，通过各种形式，有目的、有计划、有组织、多层级、多渠道地为提高组织成员的素质与能力所进行的教育和训练的活动。组织培训是组织学习的一种重要途径，是有助于适应组织环境变化对成员知识更新、素质和能力提高要求的最重要方式。

组织培训的内容包括上岗培训、升职培训、业务培训等。组织可以成立专门的培训中心，培训中心是人才造就基地，可以提供必需的学习工具、合理的培训制度，并根据组织的发展目标对成员进行各种培训。

(二) 试验

试验是组织学习的一种常用的方法。试验可分为持续性试验与示范性试验两种。

1. 持续性试验

持续性试验由一系列持续的小试验组成，其目的是逐渐积累组织所需的知识。这种试验要有一个清晰的战略指导，能满足组织发展的需要，同时，又是连续式的，试验的每个步骤或环节都指向基本目标。持续性试验的成功取决于以下几个方面：①组织必须确保不断产生新的构思；②在组织内建立明确的激励和创新机制，调动组织成员的积极性和创造性；③试验参与者要掌握必要的理论知识和学习技巧，以保证试验顺利进行，并得到正确的价值评估。

2. 示范性试验

示范性试验即组织在进行比较重大的、系统的变革之前的尝试，其目的通常是为日后进行重大变革作准备。与持续性试验相比，示范性试验不仅规模更大、更为复杂，而且对于组织的影响也更加深远。示范性试验的成功取决于以下几个方面：①理论准备，包括经验性的理论和以经验来求证理论的可行性；②调整试验的备选方案，围绕目标进行多种可行性方案的设计；③高层领导者必须对试验中涉及组织大政方针与决策准则的内容保持高度警惕；④重视理性总结，将试验结果限于特定范围，避免对组织其他部门产生冲击，待试验结果稳定、成熟后再进行推广。

(三) 系统解决问题与经验学习

组织学习的早期研究建立在系统组织理论研究的基础上，因此，要很好地实现组织学习，就必须引入系统的方法论。所谓系统解决问题，就是利用科学的方法收集数据，系统地分析问题产生的原因，把握不同因素之间的联系，并从中找出解决问题的最有效方法的过程。解决问题的过程本身就是学习的过程，它不仅要求组织成员掌握必要的学习方法与技巧，而且需要组织成员养成良好的思维习惯，即在发现问题和分析问题的过程中，要尽量收集数据，并利用科学的方法进行分析和深入思考，力求透过事物的表象揭示深层次的原因和寻求各种可能的解决方案。

在系统解决问题的过程中形成新的知识，这些知识将作为过去的经验在组织中被保存。学习不仅是获取新知识，还是对过去的经验以及他人的经验的思考。从这个意义上讲，组织学习过程也是对经验进行分析提炼的过程，这种分析提炼的结果将成为指导行动的一般理论和基本规则或准则。

（四）外部咨询

外部咨询即引入外部专家对组织学习过程中遇到的各种问题进行分析，并提出合理意见。

在组织学习过程中，经常会遇到一些障碍，有时仅靠组织本身的资源难以排除这些障碍。对此，可以聘请外部咨询专家。外部咨询专家不仅可以帮助组织认清自身存在的问题，认识外部环境变化及其提出的挑战，还会将新的思想和思维方式引入组织。

总之，组织可通过培训、引入外部咨询专家以及组织之间交流的形式来获取知识，为组织成员的知识更新提供新的途径。

第三节 行政组织学习的障碍与改进

一、行政组织学习的障碍

（一）组织结构缺陷

推进行政组织学习，就需要进行组织机构的变革。具体而言，要尽量推进组织的扁平化，促进知识在组织内部纵向层级之间的流动；要打破组织之间的部门阻隔，实现知识在组织内部横向部门之间的共享。

现代行政组织大部分是按照官僚制模式建立的，其结构上最大的特点是专业分工与层级节制。表现在组织知识的形成、储存、传播与更新过程中，首先，各职能部门拥有专属的知识领域，并形成职能部门内封闭式知识管理，跨部门的知识交换往往非常困难。其次，这些知识以各种类型的文书、法规与档案的标准化形式进行储存，形成可通过阅读、言传、指导的单向方式来沟通传递的外显知识。这种标准化的储存形式传播的只是纯粹信息、事实，没有主观诠释或多重意义的知识，即没有复杂的知识分享活动。再次，在知识传播与承续过程中，由于决策知识权向上集中，组织领导者成为组织知识的最后拥有者，从而形成组织领导者的知识专有权。最后，在知识的更新上，官僚制组织偏好通过职能结构来降低环境的不确定性，因此分配处理环境变化的资源较少，即使组织应对环境变化，也仅仅是按经验法则或老办法处理，知识更新的可能性低。

所有这些，都使得知识分享和学习变得十分困难，行政组织学习受到极大限制。

（二）盲目

盲目指组织由于某些原因无法感知外部环境变化及其带来的挑战或机遇。由于外部环境变化缓慢，或由于组织惰性导致的对外部环境变化的抗拒，或由于一些人害怕既得利益受到影响，组织有时会对已经出现的明显问题或外部环境变化视而不见。根据英国管理学家汉迪的"学轮"理论，"学轮"始于问题，包括要解决的矛盾、待定的选择、面临的挑战等，如果没有问题，"学轮"将无法启动，学习将无法开始。因此，对于外部环境变化的盲目，将导致组织学习无法正常进行，使组织始终在原地徘徊，无法适应外部环境变化。

（三）舍本逐末

舍本逐末是指有些组织只针对问题的症状而不是本质来解决问题。行政组织的官僚制特性，使得其在解决问题的过程中，往往采取舍本逐末的做法，以尽量不触及现有的组织制度或体制，尤其是在某些涉及既得利益的问题上，为维持组织稳定，只针对问题的症状而不是本质来解决问题。

（四）辅助设施不足

缺乏完整合理、运行无误的信息管理系统等辅助设施来促进信息的交流，难以保证正确的信息在正确的时间抵达正确的位置，是行政组织学习的又一障碍。当前，电子政务的发展，为行政组织信息管理提供了新的途径，但电子政务的硬件和软件都存在一定局限，"信息孤岛"、网络安全等问题在一定程度上妨碍了电子政务功能的全面实现。没有好的信息管理途径，组织学习缺乏一定的信息共享和更新平台，信息的完整性、准确性也难以保证。组织学习需要一个开放的信息环境，辅助设施不足极大地阻碍了组织学习的进一步开展。

（五）缺乏合作

不同组织和部门之间如果没有协调而独立操作，方案将很难顺利实施。行政组织建立在专业分工的基础上，因此不同地域、不同专业的组织有着自己独特的文化和知识体系，正是这些独特性形成了不同组织之间的交流障碍。一旦协调不畅，组织成员的交流将很难实现，组织学习也难以进行。

（六）传播失效

传播失效是指知识无法在组织内传播。行政组织内部各部门之间按照专业分工进行划分，这种划分促进了专业职能的精进，提高了效率，但也导致了不同部门的文化差异、利益关系以及知识传播方式的差异。

（七）反馈失误

新方法作用时间过长，不能及时发挥功效，导致信息反馈失误，造成管理者对决策结果的错误认识。

（八）组织记忆丧失

有时，组织学习的知识没有被很好存储，而是随某次学习的结束被忘却。这就是组织记忆丧失。组织记忆丧失让组织不能很好地运用以前的知识来辅助现阶段的学习，组织学习效率低下，组织也不能很好地提取和运用既有知识来进行改革和创新。

二、行政组织学习的改进

（一）创新理念，推进行政组织学习，积极构造学习型政府的共同愿景

创建学习型政府，首先要树立学习的理念，只有对组织学习的重要性有深刻的认识，才能克服困难，排除障碍，保持不断学习的动力。推进行政组织学习要重点树立以下几种理念：

（1）终身学习。学习是人生的持续过程。当前，人类文明已发展到一个新的转折点，学习成为人最基本的生存能力；知识的极大膨胀和快速更新，要求学习由一次性学习变为终身学习。按照终身学习的理念，学习不再是狭隘被动的短期功利行为，而是一种回报无限的投资，是主动贯穿生命全过程的自觉意识和生活需求。

（2）创新性学习。随着信息化的不断发展，知识更新的周期越来越短，一个人具有不断创新的能力，比他现在掌握多少知识更为重要。行政组织学习的发展需要行政组织成员成为学习型个体，在学习观念上不断挑战自我、不断超越自我，持续追求创新境界。

（3）学习为本。知识经济时代，知识成为组织发展的第一要务，组织学习的内容和范围大大拓展。组织必须注重学习、善于学习，使学习成为组织的基本生存状态，成为组织发展的主要推动力。

(4) 学习工作化，工作学习化。知识经济时代，知识成为经济和社会发展的重要资源。人们只有不断地学习掌握新知识来解决社会发展中面临的问题，只有不断地在学习过程中自我反省、自我改进以提升自己的学习能力，才能跟上时代发展的步伐，才能顺应时代潮流。因而，知识经济时代的学习不再是仅仅满足个人学习愿望的一种自觉，而是社会的客观要求。知识经济时代，人们将工作与学习合二为一，将自己的学习与社会发展结合起来，不断地通过学习来系统解决发展问题，不断在解决问题的过程中使自己的价值观、知识和工作能力适应社会变化。

(5) 快乐学习和学习方式科学化。行政组织学习要让每个组织成员通过学习，增加创造未来的能量，体验到生命的意义，从而使行政组织不断地焕发出新的生机和活力。

（二）突破官僚制，创新行政组织结构

工业社会的信息量相对较小，生活节奏较为缓慢，官僚制组织通过严格的层级节制就能够完成各项复杂的任务。随着信息社会的到来，信息大量涌现，人们的社会生活需求也日益多样化。传统的官僚制组织凭借旧有的结构和方式，难以及时处理大量涌现的信息，从而影响资源的优化配置。

行政组织结构上最大的特点是官僚制，这一制度使得组织知识不能很好地传播与分享，尤其是在组织内部各部门之间，由于专业领域不同，形成了知识壁垒，且由于知识的传播以文本等外显形式为主，缺少对知识的诠释，无法进行知识的分享。在知识传播过程中，由于决策知识权向上集中，形成组织领导者的知识专有权，其他组织成员拥有的只是组织知识的零碎片段。最为重要的是，官僚制组织偏好以职能结构降低环境的不确定性，从而导致对环境变化的盲目，以及因缺乏处理环境变化的资源而无能为力。

因此，行政组织学习要顺利进行，就要突破官僚制，创新行政组织结构，建立网状的以地方为主的扁平组织结构。组织结构扁平化，能减少信息传递失真，增强决策的时效性，有利于组织不同部分的调整和变革，增强组织的灵活性、弹性和开放性。扁平组织基于授权的特点使得组织成员能有效地分享组织知识，在处理公共事务的过程中灵活地运用组织知识，从而使组织成员在工作过程中不断地学习和提高，促进组织创新。

（三）促进行政组织学习，建立有利于学习的机制

促进行政组织学习，必须建立科学、合理的运行机制，推进学习的经常化、普遍化、制度化，使各行政组织成为成员相互学习的课堂、交流思想的家园和团结前进的战斗堡垒。

(1) 对话式网络。行政组织与其成员之间首先应当建立对话式网络。任何问题的

讨论和决策，在组织内部管理中都应当毫无障碍地沟通和协商。在这种环境中，组织成员互相探求真知灼见，没有任何个人或理念上的层级节制，大家的意见都具有相同的价值，都应当得到平等对待。德国社会学家哈贝马斯把这种对话式网络称为"理性对话共同体"。

（2）弹性工作制度。弹性工作制度体现了组织与成员之间互动关系模式的灵活性。过去，组织成员在确定的工作时间、固定的工作地点"上班"，这容易造成个人时间与工作时间之间的紧张状态。弹性工作制度要求在工作时间上，组织成员可根据组织的特殊需要和个人的偏好，自由与组织协商一个适宜的工作日程，以提高工作效率。在业务上，组织可将一个工作职位按照一定的规律在两个组织成员之间划分，以提升工作质量。

（3）工作丰富化。知识经济时代，人们不再把工作视为谋生的手段，而是追求更高层次的满足，即追求工作的意义、工作的自由和自主，以及个人的成长、成熟和心理认同。在这种情况下，工作丰富化就是提升组织成员对行政组织的心理认同和强化组织成员对行政组织的承诺意识与自主意识的主要手段。

（4）建立、健全畅通的政府间信息通报机制。在很多情况下，基层行政组织之间发生的冲突、误会或者协作的障碍，并不是不可避免的，而是缺乏及时、畅通的沟通造成的。基层行政组织之间应建立信息通报与反馈系统，使发生在组织中的需要另一个组织协作的信息能够适时传递给对方，并把对方的反应适时反馈给有需要的组织。这样既能减少诸多的解释环节，又能减少因临时通知而给对方带来的紊乱。

（5）制度化的人事交流。不同地域的行政组织在沟通或协作上的障碍并不一定来自某些实务环节的失误，而是来自文化上的差异。在这种情况下，问题主要通过组织之间的沟通来解决。一个有效的方式就是定期的人事交流，各行政组织制订制度化的人事交流计划，通过人事交流来理解文化差异，减少沟通上的障碍。

（四）建立完善的技术系统和有效的信息管理系统

行政组织要积极采用先进的科学技术，以提高学习的效率。行政组织讲求学习方法，培养学习能力，需要依靠先进的学习工具和科学的学习方法。同时，技术系统也是组织信息系统必需的支持手段。

（1）建立完善的技术系统。技术系统的完善需要大力推进办公自动化和信息管理系统建设，方便组织成员沟通，促进知识的传播与利用。为此，行政组织必须建立内部网络和外部网络，在运用互联网技术促进组织内部信息交流、更新的同时，构建外部网络，从而有效地利用先进信息技术更新知识，促进组织学习。

（2）建立有效的信息管理系统。技术系统强调的是信息传递技术的应用，是"硬件"，而信息管理系统则强调信息传递的通道和方式，是"软件"。这两个系统共同构成了组织的信息传递系统。完善的信息管理系统，包括以下两个方面：①有效的信息收集系统。这就要求制定专门的政策来规范内部信息的收集、整理和分享。同时，还需要制定专门的办法来及时地整合和分析外部经济和社会方面的信息。②全面的信息交流系统。首先要明确的是，信息交流系统建立的目的在于提高沟通效果，完善组织成员的知识结构，促进组织知识的应用。其次，信息交流需要平台，因此，要依靠信息技术建立组织内部的知识库，以帮助组织、团队和个人进行知识的积累、交流，同时也利用组织自身运行过程中积累的经验，为组织、团队和个人提供一个"内部老师"。最后，组织的内部网络应对成员开放，以便成员及时获取关于组织的各项信息，促进成员绩效改善。

（五）促进行政组织成员自主管理

自主管理要求组织成员自己进行现状调查，自己发现工作中的问题，自己分析原因，自己制定对策，自己组织实施。通过自主管理，组织成员自己选择伙伴组成团队，自己选定改革进取目标，自己检查工作效果，自己评定总结。在自主管理过程中，组织成员能更好地理解和内化共同愿望及奋斗目标，并以开放求实的心态互相切磋，取长补短，不断学习新知识，不断开拓创新，从而增加快速应变、创造未来的能量。

传统官僚制下，行政组织的权能牢牢掌握在组织高层领导者手中，组织高层领导者以此作为控制组织基层成员的一种手段。在这种体制下，组织成员丧失了工作的主动性和创造性，只是机械地服从和听命于上级，使整个组织毫无生机。为了应对不断变化的工作环境，行政组织应加强对成员的授权赋能，上级组织要加强对下级组织的授权赋能，领导者要加强对基层成员的授权赋能，让下级特别是基层成员享有更大的自由决策权。

行政组织学习是一种集体学习，是在全员学习和终身学习理念指导下进行的学习。因此，促进行政组织学习必须改变传统机械的指令管理，将大部分的权能赋予组织基层成员，实现"以基层为主"的扁平组织结构，促进成员自主管理，将领导者从琐碎的日常管理中解放出来，使其集中精力致力于整个组织的协调、沟通以及策略规划。

（六）建立学习型组织文化

文化是组织的灵魂，行政组织学习的发展离不开组织文化建设。

组织文化是组织中所有成员的思想、行为、态度、价值判断，以及表现出来的生活和工作方式。先进的组织文化能够提高效率，减少费用成本，节约支出，增强组织的竞争力。建立学习型组织文化的核心在于：

（1）培养组织成员的学习观念和不断学习的意识，强调把学习作为应对持续变化的强有力的手段。

（2）营造学习氛围。组织学习需要营造以学习为核心的氛围，组织领导者要鼓励成员有自己的学习和发展目标，并帮助成员将自己的目标与部门目标、组织目标相协调。此外，还需要宽容的学习环境，原谅成员在学习过程中的错误，鼓励其创新，从而形成成员不断自我超越、不断改善心智模式、共同进步、共同发展的良好学习氛围。

（3）培养组织成员的团队意识，强调成员的团队精神和对团队的忠诚。团队精神是学习型组织文化的核心之一，组织学习是集体学习，这是与个人学习最大的不同之处。建立学习型组织文化需要培养组织成员以组织整体利益为处事最高原则的意识，摒弃个人和部门之利的私心，使成员为组织整体利益作出实质性贡献。

（七）领导者的新角色

行政组织学习要求行政组织领导者转变观念，并参与到新的角色中。行政组织学习过程中领导者应该作为设计师、公仆和教师。

（1）领导者作为设计师的工作是整合组织要素的过程。他不仅设计组织结构，制定组织政策和策略，还提供组织发展的基本理论。

（2）领导者的公仆角色表现为他对实现组织目标的使命感和责任心，能够自觉地回应组织目标的召唤。

（3）领导者作为教师，是指领导者需要把握实际情况，协助组织成员正确和深刻地认识现实，提高组织成员对组织系统的理解能力，促进组织成员的学习。

（八）强调知识管理

知识经济时代的到来和信息技术的发展为行政组织打破内部信息流动障碍，更好地管理跨部门、跨机构的复杂行政事务提供了机遇。由于机构改革的需要，行政组织的角色由被动的社会公共服务提供者向主动的经济和社会发展推动者转变，公众和企业对行政组织的要求越来越高。在经济飞速发展的今天，行政组织需要通过知识管理，提高组织成员的素质，优化组织结构，促进透明、高效、低成本政府的形成，以响应社会的需要。

知识管理包括三个内容：①组织学习，即学习如何能获得新的知识，包括如何进行现有知识的更新；②组织的知识，以及其与组织功能和目标的关系；③组织的记忆，即如何将组织的知识进行长期的记忆，以便在未来能找到和使用。

行政组织知识管理可以通过以下几个方面来实现：①建立知识库——将隐性知识显性化。组织成员的隐性知识（如经验和诀窍等）无法进行有效的分享和传播，因此，知识管理首先应该是将组织成员的隐性知识显性化，将其变成可以让更多人操作和掌握的知识；其次是建立必要的制度、方法、流程，尽量让组织成员的知识和经验保留下来；最后，组织应该建立自己的知识库，以电子或机械的方式储存所有与组织有关的文件、工作报告、学术刊物、书籍和报纸等。②完善电子政务，提高政府知识管理的效能。

知识管理进入政府，形成新的电子政务流程，使其服务对象涵盖公民、企业以及公共和社会组织。

知识管理与电子政务的结合，促使政府工作建立在知识化、科学化、网络化、技术化、智能化、专业化的基础上，为转变政府职能、提高行政效率、推进政务公开提供了有效渠道。

在知识管理理论的指导下，电子政务系统成为集信息处理、业务流程和知识管理于一体的应用系统，具有强大的信息收集和处理能力，可以支持政府机构快速、有效地获取所需信息，同时具有强大的信息共享功能，可以促进政府之间、政企之间、政社之间以及公务员内部知识的交流与共享。

小 结

随着社会的发展，人类进入知识经济时代。社会日益复杂、动荡和多样，知识在人类社会、组织和个人发展中的作用愈发突出。行政组织要想提升自身适应环境和改造环境的能力，必须加强学习，不断夯实组织的知识基础。行政组织学习分为单环学习、双环学习和三环学习。现代行政组织大多是按照官僚制模式建立的，规则严密而僵化，组织难以对外部环境变化进行敏感反应；组织层级之间和部门之间相互阻隔，合作困难；信息流通困难，难以传播；组织运作流程也存在问题，反馈不够，知识难以储存。组织需要创新理念，改革组织结构，完善组织技术，改进学习方法，提升领导艺术，建立学习文化，不断提高组织成员的积极性，加强组织学习，以改进组织绩效，完善组织体系，提高环境适应性和创新能力。

思考与练习

一、名词解释

1. 知识
2. 学习
3. 组织学习
4. 行政组织学习
5. 学习型政府
6. 单环学习

7. 双环学习 8. 三环学习
9. 知识管理

二、简答题

1. 如何理解学习的定义？
2. 如何理解组织学习的定义？
3. 如何理解组织学习和学习型组织的区别？
4. 简述行政组织学习的特点。
5. 简述行政组织学习的意义。
6. 如何理解行政组织学习的障碍之一——盲目？
7. 简述学习型政府的内涵。
8. 如何理解"生态政府"的含义？
9. 简述行政组织学习的途径。

三、论述题

1. 试论知识管理与行政组织学习的关系。
2. 论述行政组织学习的障碍及其改进。

第十二章 行政组织文化与管理

学习目标

了解组织文化的概念、我国行政组织文化的现状与走向；
理解行政组织文化的类型和功能；
掌握行政组织文化建设的基本途径。

导 学

行政组织文化是行政组织成员在长期的组织实践中形成和共享的价值、意识、规范和思维模式的综合。行政组织文化对于建立和维持组织的目标、凝聚人心、激励成员心理、控制和纠偏某些行为，具有重要的作用。我国当前正处于转型期，行政组织文化也在发生深刻的变革。只有正确认识、把握和顺应这些变革，才能建设积极的、先进的行政组织文化。

01 第一节 行政组织文化概述

一、组织文化和行政组织文化的概念

（一）组织文化的概念

在对行政组织文化进行阐述之前，有必要简要介绍组织文化研究领域的大致情况。当前对组织文化概念的界定，学界并没有一致意见。概括来讲，主要有以下三种观点：

（1）大组织文化概念。该观点认为，文化是人类在改造世界的过程中创造的物质财富和精神财富的总和，因此组织文化应该指的是由组织的物质设施、组织制度和组织及其成员所共同具有的价值观、信仰、理想、期望、心理、道德、规范、思维方式、行为标准等整合而成的一种独特的文化模式，它是组织物质文化、组织制度文化和组织精神文化的有机结合体。

（2）小组织文化概念。该观点认为，文化是指人类的价值观念和行为模式。因而，组织文化的概念应当也是狭义的，大致相当于大组织文化概念中的组织制度文化和组织精神文化，即组织及其成员内在的价值观、心理状态、行为规范等的综合体。

（3）辩证综合的组织文化概念。该观点认为，文化本质上是一种精神现象，但它由社会存在决定，在组织文化中不可否认存在着物质文化的折射，在研究时不能忽略组织中物质文化对组织文化的影响。物质文化不再被看作与精神文化具有并列地位，而是作为组织文化的物质基础。

本书倾向于最后一种观点，即辩证综合的组织文化概念。我们知道，组织是按照一定的目的和结构建立起来的社会团体，为了满足自身运行的要求，必须要有共同的目标、共同的理想、共同的追求、共同的行为准则以及与之相适应的机构和制度，否则，组织就会徒有其表而无实质的影响力、行动力。组织文化的意义就在于努力创造这些共同的价值观体系和共同的行为准则。

（二）行政组织文化的概念

根据上面的理解，所谓行政组织文化，是指在一定的社会历史背景下，行政组织在长期的实践活动中逐步形成的并为组织成员普遍认可和接受的，对组织及其成员具有持久影响力的行政价值观、行政意识、行政规范和行政思维模式的总和。理解这一概念，应把握以下几个方面的内容：①行政组织文化既不是文化与行政组织活动的简单结合拼凑，也不是社会文化在行政领域的机械表现和作用，而是在社会文化的基础上，通过行政组织及其成员长期的行政活动、行政行为逐步形成的。②行政组织文化是时代的产物，具有鲜明的历史性和时代性，不同的时代有不同的行政组织文化。行政组织文化有其独特的一面，但它总是与时代大环境保持一定程度的契合，时代的痕迹理所当然地印在行政组织文化之上。③行政组织文化是一个系统，是多种因素的综合体，具有丰富的内容。其不仅仅存留在心理精神层面，在行政组织的物质设备、办公设施中也能感受出组织文化。④行政组织文化一经形成，就具有极大的制约力和生命力，将持久地影响组织及其成员的行为、态度、情感，并且能够随着时代的前进、环境的变化作出相应的调整。

二、行政组织文化的特点

行政组织文化的特点

文化作为影响社会生活的重要因素，在不同的社会生活领域表现为不同的形式。行政组织文化作为文化在行政组织领域的表现形式，既有文化的共同属性，又有自身独有的特征，这些特征主要表现在以下几个方面：

（一）民族性

行政组织成员总是在一定的民族文化氛围中成长起来的，他们的价值观念、行为准则等都受到本国民族文化的影响，必然会将本国传统的价值标准带到组织中。民族特性和民族形式在行政组织中不断得到发展，逐渐积淀成行政组织文化的传统，构成行政组织文化的特色，据此才能区分出不同地区、不同民族、不同国家的行政组织文化。民族性在行政组织文化中乃至行政组织实践中具有十分重要的意义，在目前的趋势下，保持行政组织文化的民族性已成为国际社会普遍关注的课题。

（二）无形性和潜在性

行政组织文化中所包含的共同理想、价值观念和行为准则是作为群体的心理定式和气氛存在于组织成员之中的。这种文化看不见、摸不着，但又真实地存在于组织最核心的区域。行政组织文化的影响是潜移默化的，是无法度量和计算的。具体地说，行政组织文化是一种信念力量，这种力量支配、决定组织中每个成员的行动方向，引导组织朝着特定的目标前进。行政组织文化是一种道德力量，这种力量促使组织成员自觉地按照某种共同准则调节和规范自身的行为，并将其转化为自身内在的品质，从而改变和提高组织成员的素质。行政组织文化是一种心理调节力量，它使组织成员在各种环境中都能有效地控制和把握自己的心理状态，使组织成员在激烈的竞争中及艰苦的环境中保持旺盛的斗志、乐观的情绪和顽强的意志，进而形成组织的心理优势。

组织文化虽然是无形的，却通过组织中的有形载体（如组织设施、标识、办公设备、人员等）表现出来。组织文化作用的发挥有赖于组织的物质基础，而物质优势的发挥又必须以组织文化为灵魂，只有把组织的物质优势和文化优势紧密结合起来，才能使组织立于不败之地。

（三）稳定性和变革性

行政组织文化伴随着组织的组建、成长、壮大而诞生、发育和完善，所以它的形成往往需要很长时间。可是，组织特有的文化一旦形成，将长期影响甚至支配组织成员的群体行为，成为组织的灵魂，不会因为外部环境的变化或个别领导和成员岗位的调动而变化。然而，这种稳定性从历史的角度看又不是绝对的。这种稳定性与变革性的辩证统一要求，行政组织领导者在建设行政组织文化时，既要保持行政组织文化的相对稳定，又要保持行政组织文化的弹性，并自觉地、经常地进行观念更新，否则，其领导的组织必将因组织文化的封闭僵化而导致工作失误。

（四）软约束性和强制性的统一

行政组织文化能够对组织管理起作用，主要不是靠规章制度之类的硬约束，而是靠核心价值观对组织成员的熏陶、感染和引导，使组织成员对组织目标、行为准则及价值观产生认同感，自觉地按照组织的共同价值观和行为准则去工作。它对组织成员有规范和约束的作用，而这种约束作用总体来看是一种软约束。然而，这种软约束之中又隐藏着强制性，组织成员如果不遵守组织文化中的某种规范或准则，就会产生对不起所在组织的心理。这种心理其实是行政组织文化作用使其形成的一种习惯或者一种风气。这种习惯或风气不但会使组织成员产生自责，而且会使其周围的众多成员保持某种舆论，这种舆论所起的作用往往比规章制度要大得多。这就是行政组织文化软约束性和强制性的统一。

（五）观念性和实践性的统一

行政组织文化是对复杂的现实事物的高度抽象。首先，行政组织文化所包含的行政价值观、行政信念、行政道德、行政态度、行政情感都是以人的主观意识为依托，是存在于人头脑中的一种无形的、抽象的精神因素；其次，行政组织文化并不简单地等同于行政组织活动中某一具体的人、事物、行为或观念，而是蕴涵在这一切之中的一种抽象的信息、含义或精神。

同时也必须看到，行政组织文化毕竟是在长期的组织实践中形成的，行政组织文化的作用也必须体现在现实的行政行为之中。文化必须具有现实意义，用以指导现实行政行为的开展和改进，这就是行政组织文化的实践性。脱离了现实应用的土壤，行政组织文化便失去了存在和发展的价值。

三、行政组织文化的类型

行政组织文化的类型

行政组织文化由于行政组织性质、任务、结构、层级的不同而表现出多种形态，形成不同的类型。通过对行政组织文化进行分类，我们可以对行政组织文化有更加清晰的认识，能从抽象的行政组织文化概述中获取具体的情境认识，并在此过程中对不同类型行政组织文化的专门性、针对性有大致的理解。

（一）传统行政组织文化和当代行政组织文化

根据所处的年代，行政组织文化可以分为传统行政组织文化和当代行政组织文化。传统行政组织文化是指从历史上继承下来的行政组织文化。当代行政组织文化是指适应当前时代发展与要求的新的行政组织文化。一定的历史时期都产生这一时期的行政组织文化，每一时期的行政组织文化既是已有行政组织文化的传承和延续，又是已有行政组织文化的创新和发展。因此，当代行政组织文化是传统行政组织文化经过扬弃以后的延伸和发展。在一个社会中，传统行政组织文化以其固有的文化特性起着一定的作用，但起主导作用的应该是当代行政组织文化。

（二）主文化和亚文化

根据文化在行政组织中所占有的地位，行政组织文化可以分为主文化和亚文化。

主文化体现的是一种核心价值观，它为组织中绝大多数成员所认可和共享，在组织中占据主导地位。组织中的主文化是行政组织文化的代表，通常展现行政组织特有的精神气质和风格心态。通常情况下，主文化由行政组织中上层管理人员或者领导者主导和支持，与行政组织中正式的规章制度、组织战略和政策有较为紧密的联系。亚文化通常在大型行政组织内部发展起来，反映了其中一些组织成员所面临的共同问题、情境和经历。亚文化通常可能在组织内部的部门设计、地理区域的分割、组织层级的疏离基础上产生。主文化和亚文化在更多的时候是不融洽的甚至是对立的，它们之间的张力是促使行政组织文化和结构等组织体系变革的因素之一。所以对主文化和亚文化要采取辩证的分析态度。

（三）强文化和弱文化

根据组织文化影响力的大小，行政组织文化可以分为强文化和弱文化。

在强文化中，组织的核心价值观得到组织成员强烈而广泛的认同。接受核心价值观的组织成员越多，组织成员对核心价值观的信念越坚定，行政组织文化就越强。相应地，行政组织文化越强，就会对组织成员的行为产生越大的影响。在弱文化中，组织的核心价值观得不到组织成员的认可甚至遭到质疑，组织成员对组织文化态度淡漠，感受不到组织文化在自身行为选择上的约束力。

（四）统治型行政组织文化、管理型行政组织文化和服务型行政组织文化

根据国家行政职能的侧重点，行政组织文化可以分为统治型行政组织文化、管理型行政组织文化和服务型行政组织文化。

国家的行政职能主要有政治统治、公共事务管理、公共服务、国家防御等，在国家不同的发展阶段，上述这几个方面的职能的相互关系和地位是不一样的。一般来讲，根据国家行政职能重心的不同，可将政府分为统治型政府、管理型政府和服务型政府等类型。相应地，行政组织文化也可分为统治型行政组织文化、管理型行政组织文化和服务型行政组织文化等。

四、行政组织文化的功能

行政组织是行政管理活动的基本单位。行政组织形成以后，在其活动过程中又会形成带有本组织文化特色的行政组织文化。在行政活动过程中，行政组织文化通常对行政活动的内容和方式产生影响，如关于行政工作如何组织、行政职权如何发挥作用、管理和控制组织成员的方式等。行政组织文化也影响不同行政组织之间的关系，如两个以开放型文化为主要文化类型的行政组织通常更容易建立比较融洽的行政关系。行政组织文化一般具有以下功能：

行政组织文化的功能

（一）目标导向功能

行政组织文化对行政组织及其成员的价值取向、行为取向起导向作用，使组织成员在文化的潜移默化中接受共同的价值观，自觉地使个人目标与组织目标趋于一致。

（二）凝聚功能

组织的价值观一旦被组织成员认同接受，就会形成一股黏合力量，从各方面把组织成员团结起来，使组织产生巨大的凝聚力。文化是组织的黏合剂，通过为组织成员提供言行举止的标准，把整个组织聚合起来，使组织成员产生集体认同感，组织成员不仅注重自己的利益，也注重组织的利益，从而更好地实现组织目标。行政组织文化的凝聚功能，还体现为行政组织文化的排他性，即组织内部强大的凝聚力导致组织对内表现为对组织内部的依存性，对外则产生对异质体的敏感性和竞争性。

（三）激励功能

以行政组织文化作为组织的精神支柱，可以激励全体成员自信自强、团结进取。现代管理理论中的行政组织文化强调个人的自由和全面发展。以行政组织文化来激励成员，使每个成员对组织工作积极参与，实行自主管理、自我发展，有效调动组织成员的创造性和主动性，使组织的行为趋于合理，提高组织管理的效率。

（四）控制功能

行政组织文化形成较为稳定的模式后，就会对行政组织及其成员的行为起到规范作用。通过潜移默化的作用引导和塑造组织成员的态度和行为，维系组织的运行秩序和组织内部人与人之间的关系，保证组织成员为实现组织目标自觉地团结协作，保证组织成员行为的一致性。

（五）阻抑功能

前面分析了行政组织文化中的积极因素对行政组织及其成员产生的积极功能。不可否认，行政组织文化中也包含一定的消极因素，它们也可以被行政组织成员接受，进而在行政行为和行政活动的过程中体现出来，如恣意专断、集权管理、官僚主义、推脱责任等行为和作风。这些行政组织文化中的消极因素会给行政组织带来破坏性的后果，阻抑行政组织发展，降低行政组织管理的效率。因此，应当发扬行政组织文化的积极功能，避免行政组织文化中消极因素的影响。

02 第二节 我国行政组织文化

一、我国行政组织文化的现状

我国社会飞速发展，在理想上有一定的主导趋向，在道路的选择上也渐趋明朗，但现实情况非常复杂。就行政组织文化而言，主要体现在以下方面：

（1）改革开放使行政组织文化打破了封闭自守、自我维持的发展模式，呈现出对社会变革和发展的适应性和容纳不同性质文化的开放性。在我国社会转型过程中，开放的市场经济需要行政系统与外部环境进行信息沟通，这样才能使行政管理活动增强调节能力和更新能力。市场经济还要求国内各地区之间、国内和国外之间形成统一的市场体系，并与国际接轨，狭隘意识为进取外向的开放意识所取代。行政组织文化的开放性是市场经济的必然要求。

（2）我国行政组织文化开始呈现理性的特点。我国传统文化是以儒家思想占主导地位的伦理型文化或称德治文化，这一文化是与传统农业社会相适应的。在这一文化的影响下，人们重视修养，忽视实际行为的客观效益。市场经济的兴起，为法理型文化的兴起提供了契机。行政组织自律机制在保存其合理性的同时，必将得到他律机制的补充，而且自律机制的主导地位也将让位于他律机制，整套行政体系更趋向于法制化管理。

（3）不同性质的行政组织文化的冲突加剧。我国生产力水平的层次性和地区差别，以及改革的渐进性特征，使不同性质的行政组织文化广泛并存、兼容并蓄的局面形成。随着社会的发展，旧的行政组织文化越来越不适应社会发展的需要，其负面作用日益突出。以自然经济为基础的行政组织文化、以计划经济为基础的行政组织文化和以市场经济为基础的行政组织文化的冲突进一步加剧。

在社会变革时期，行政组织文化的整合难免会出现失调，导致价值混乱、信念危机、规范失灵、官本位主义等现象出现，在一定程度上会削弱行政组织文化的功能。行政组织在各种矛盾之中艰难地选择自己的出路。新的行政组织文化受旧的行政组织文化的影响较大。我国社会主义制度的确立，从根本上决定了行政组织文化的本质，但旧的行政组织文化的一些特征，以不同的形式留存下来，对现代行政组织文化的发展或多或少存在消极影响。这无疑会成为经济、社会现代化的障碍。

总之，我国行政组织文化的不稳定性有所增加。一方面，行政组织文化本身积极进行变革与调整，以适应社会发展要求，呈现出与社会变革和发展的适应性；另一方面，旧的行政组织文化的顽固性和不同行政组织文化整合的混乱，严重阻碍着行政体制改革，又使行政组织文化呈现出无序性和干扰性，从而对社会发展与稳定起着"双刃剑"的作用。

二、我国行政组织文化的走向

随着改革开放的继续推进和行政组织管理的科学化、现代化和规范化，我国行政组织文化也发生了一系列变化，主要体现在以下方面：

（一）由封闭型行政组织文化向开放型行政组织文化转变

随着我国市场经济的发展以及世界经济一体化加速发展，民主、法治、公开、平等、开放等理念得到进一步传播，人们的现代意识越来越强。行政组织应本着平等、坦诚、谦虚的态度将自己置身于与公众平等的地位，广泛地征求、参考公众的意见和建议，通过政务公开，确保公众对政府行政的知情权和监督权。这种行政是服务型行政和参与型行政，它需要的是开放的观念、价值和文化。

（二）由人治型行政组织文化向法治型行政组织文化转变

我国传统文化中儒家思想占主导地位，重社会道德标准的情感约束和个体的自我道德约束，发展到道德的政治秩序，是靠三纲五常、下级对上级的绝对服从来维持，人治和礼治代替了法治。《左传》认为："礼，经国家，定社稷，序民人，利后嗣者也。"礼成为组织的行为准则和道德规范，组织通过人治和礼治实现对成员的控制和管理。现代行政组织文化应从人性不完善的基本假定出发，以法律至上为原则，公共行政系统及其运行机制应该制度化、规范化、法治化，实现依法行政；公共行政系统的一切权力与行政行为都应得到法律的明确规定与制约，法律对公共行政系统的运行依法监督、严格控制。市场经济本质上是一种法治经济，其各个环节的协调互动均需法治相伴。简言之，只有法治型行政组织文化才能适应和促进我国市场经济的发展。

（三）由集权型行政组织文化向参与型行政组织文化转变

汉代董仲舒提出："《春秋》大一统者，天地之常经，古今之通谊也。"这种"大一统思想"，强调君主高度集权和专制行政，即所谓"天子为民父母，以为天下王"。集权型行政组织文化导致了社会的高度整合和权力的高度集中，导致了国家委托-代理机制的失衡，导致了官僚主义和寻租性腐败的产生。现代行政组织文化创新要求由集权型行政组织文化向参与型行政组织文化转变。随着网络社会的发展，我国公共行政的范式发生了深刻变化，在很大程度上推动了行政组织文化的创新与理念的转变。

（四）由全能型行政组织文化向分化型行政组织文化转变

我国古代政治系统与行政系统合二为一，不存在立法、行政、司法之分，其运行带有强烈的政治色彩，不注重效率和效益，政治居于社会、经济之上。行政机构行使政治权力，为社会的核心。行政体系凌驾于社会之上，对社会进行超经济强制。全能型行政组织文化更因为计划经济体制而得到加强。市场经济条件下，行政系统对社会过分干预的情况再也不能继续。分化型行政组织文化要求简政放权、调整机构、转变职能，这是符合市场经济发展的内在要求的。

（五）由管制型行政组织文化向服务型行政组织文化转变

在农业社会，行政系统的存在主要是为了实现对整个国家的统治、对社会秩序的控制和对公众的管理。国家与社会之间总体上是控制与被控制、统治与被统治的关系。这种传统管制型行政组织文化的功能在于实现对社会的有效控制，建立起符合少数权势集团利益要求的社会秩序，在于实现以暴力镇压为主要特征的政治统治职能。而在现代社会，由于人民群众主体地位的觉醒和民主权利的复归，大家对公共行政总体价值的认识越来越趋向于服务型行政组织文化。这就要求重大社会问题的决策、公共政策的制定与执行、公共权力的运用，都必须以人民福利的最大限度的获得与满足为目标。

三、我国行政组织文化的基本内涵

我国是工人阶级领导的、以工农联盟为基础的人民民主专政的社会主义国家，行政组织文化的核心是"全心全意为人民服务"。任何类型和层级的行政组织都将"全心全意为人民服务"作为最根本的价值观。在此精神的指导下，我国行政组织文化的基本内涵包括：

我国行政组织文化的基本内涵

（一）以"公仆精神"为代表的服务型行政组织文化

行政组织建立、运行的目的在于为人民群众提供所需的公共物品和服务。由于行政组织运行的领域是权力领域，行政组织及其成员或大或小地都执掌着公共权力，因而，以"公仆精神"来统率行政组织，使行政组织及其成员以"权为民所用"的态度来行使权力，是行政组织能够坚持宗旨、实现使命的前提和保障。行政组织要树立全心全意为人民服务的价值观，遵行"廉洁奉公、勤政为民"的理念，想人民之所想，急人民之所急，以为人民群众提供优质、高效的服务来实现自身的价值。

（二）以"廉价政府"为代表的效率型行政组织文化

在现代社会，行政效率应当成为行政组织文化的价值核心之一。效率观念的具体指向是强调行政行为的高效化和科学化，把对行政效率的追求作为目标，排除非理性、非科学因素的干扰，以科学、理性的态度进行管理，突出行政人员的知识化、专业化，注重科学知识、技术技能的获取和积累。

（三）以"公民导向"为代表的民主型行政组织文化

行政组织是人民群众管理行政事务的工具。虽然由于现代行政事务的复杂性，人民群众委托行政组织代为管理行政事务，但行政组织并不能以专业化来抵制行政领域的民主。反过来，行政组织要通过行政民主的实施，保证人民群众充分地行使权力和保护权利。为此，行政组织要坚持"公民导向"的组织文化，以公民的需求为行政活动的起点，以公民满意为行政活动的落脚点，让公民参与和监督贯彻行政活动的全过程。

（四）以"依法行政"为代表的法治型行政组织文化

法治的意义不仅在于行政组织将法律法规的执行作为其履行职责的工具，更在于以法为据，通过法律保障行政组织不至于侵犯公民、法人和其他社会组织的合法权益。法治型行政组织文化要求行政组织营造崇尚宪法的氛围，尊重立法机关制定的法律，接受政府的限制，遵守行政规定，追求法律法规和行政制度所追求的公平和正义。

03 第三节 行政组织文化建设

行政组织文化建设的原则

一、行政组织文化建设的原则

行政组织文化建设离不开行政组织具体的实践活动，不同行政组织的不同行为方式融入相应的行政组织当中。同时，由于所在地区、所属部门不同，不同的行政组织具有不同的文化特征。但是，各行政组织毕竟同属行政系统，从事着类似的实践活动，遵守着共同的客观规律，因而行政组织文化建设过程中存在共同的原则。

（一）目标原则

目标是组织的灵魂，任何组织都必须具备清晰明确的目标。行政组织的活动也同样是围绕目标展开的。行政组织总的目标导向是执行政策，通过具体的行政活动来规范社会，推动社会发展。只有目标清晰明确，组织才具有感召力。行政组织文化作为行政活动在精神观念上的反映，也必须把这一目标体现出来，将每位组织成员的价值化为统一的组织目标，以激发他们内在的积极性，强化他们的组织使命感。要设定短期目标和长期目标，充分调动组织成员的创造性和积极性。不同的行政组织，要根据本组织的任务和性质来确定自己的目标。

（二）价值原则

行政组织文化体现行政组织的共同价值，体现全体组织成员的信仰、行为准则和道德规范。这些共同的观念，有赖于行政组织有意识的引导、培养。要培育具有优良取向的价值观，塑造杰出的行政组织精神，树立全心全意为人民服务的思想。要坚持从群众中来到群众中去的群众路线，要代表最广大人民的根本利益，一切工作都要以人民利益为最高标准。

（三）创新原则

行政组织文化一旦形成，往往带有惰性和保守性，这对于组织发展是不利的。行政组织要保持活力，不断开拓进取，就必须培养创新精神，要在全体组织成员中培养追求卓越、永不自满的精神，发挥组织成员的才智，激发组织成员的热情。创新精神不允许行政组织成员像旧式官僚那样按部就班,无所事事,无所作为,对上级唯命是从,只求加官晋爵。它要求对传统观念、理论、体制、技术进行革命性扬弃,在科学理论的指导下,解放思想,实事求是,研究新情况,解决新问题,形成新认识,指导新实践,求得新发展。因而这种创新精神具有突破性发现、革命性变革、综合性创造和飞跃性发展的特征。行政管理的活力和生命力在于创新,我国行政管理具有广阔的创新空间,行政组织成员必须具有强烈的创新意识和创新热情,敢于观念创新、政策创新、制度创新、管理创新,敢于走出新路子,开拓新领域,以开拓创新精神从事现代行政管理。

(四)参与原则

传统行政组织文化是权威式的,领导下达命令,组织成员被动执行,缺乏主动性。现代行政组织文化则要求遵循参与原则,让组织成员参与组织的管理,沟通上下级之间的信息,以促进各方面工作的积极性。实行参与式管理,可以鼓励行政组织成员为实现组织目标而进行创造性的工作。

(五)以人为中心原则

行政组织文化的重要功能之一就是增强组织的凝聚力,促进组织成员之间的合作。这就要求在行政组织文化建设过程中,应该把人的因素放在重要位置,尊重和关心每位组织成员,创造各种条件使他们的自我价值得以实现。现代社会,人力资源是第一资源。实现科技进步、经济与社会发展的关键都在于人。新世纪、新机遇、新挑战对人力资源的开发与管理提出了新的要求,我们必须学习借鉴这些经验,牢固树立"以人为本"的人力资源开发与管理的意识,采取坚决果断的措施,从根本上改革在人力资源开发与管理上的种种弊端,创造有利于人才辈出、人尽其才的环境。

二、行政组织文化建设的基本途径

结合我国行政组织的实际情况,一般而言,应从以下几个方面建设行政组织文化:

行政组织文化建设的基本途径

(一)加强行政组织成员道德建设,强化责任意识

我国行政组织成员是人民的公仆,必须全心全意为人民服务,对国家负责和对人民负责。由于行政管理的任务复杂艰巨,行政组织成员的活动在要求上具有这样的特性:他们既须严格依法行政,又须在很多情况下发挥创造性,从具体情况出发,依据自己的政治观点和经验,独立作出判断,灵活行政。因此,要高效率地达到行政目的,行政组织成员不仅要有良好的政治素质和业务能力,而且必须具备高尚的道德情操,

培养敬业和奉献精神，增强公仆意识。一旦行政目的成为行政组织成员个人信念的一部分，个人对组织承担的职责就成为一种责任心。它将成为执行法律的一种行为准则，即能使人在法律、规章制度不完善时，用行政道德约束和判断自己的言行，在法律、规章制度管不了的地方也能正确抉择行为。所以说，行政道德是行政管理的一种强大的精神力量，而这种力量来自每个行政组织成员的高度觉悟和道德修养。应清醒地认识到，提高行政道德是整个社会树立良好职业道德的关键所在。

（二）提升行政组织领导者的文化素养，发挥行政组织领导者在行政组织文化建设中的作用

好的领导者应是好的舵手和好的设计师。行政组织领导者是行政组织文化的管理者、倡导者、变革者，只有行政组织领导者先明白了，组织成员才会认同；只要行政组织领导者先做了，组织成员就会跟随。行政组织领导者应从纷繁复杂的制约关系中解脱出来，将注意力和精力转移到对组织内部的管理上来，对组织目前的文化和理想的文化科学分析、精心策划，构建所期盼的行政组织文化。良好的行政组织文化是许多行政组织领导者持续建构的结果，而好的行政组织文化也对行政组织领导者具有好的影响。

行政组织领导者的思想和行为在行政组织文化建设中起支配和导向作用，行政组织领导者高度重视行政组织文化建设，再通过下级往下传导，这样行政组织文化才能更好地形成和完善。行政组织领导者要有适合行政组织文化建设的个人魅力。行政组织领导者要具备高尚的品德、广博的学识、超凡的能力、良好的形象、完整的人格，行政组织领导者对待自己要高标准、严要求，对待工作要胸怀全局、团结协作、科学决策，要敢于承担责任。行政组织领导者不是简单地指挥和控制，而是要帮助下属把工作做得更好，通过满足下属的基本需要来达到目的，满足下属的成就感、归属感、自尊感，让下属觉得自己得到认可，自己能掌握自己的命运，实现自己的理想。鼓励大家参与，共同制定组织理念（包括远景规划、核心价值观和组织使命），将它们与组织的政策、计划和提案结合起来，并融入组织的日常活动中。行政组织领导者应充分信任下属，授予下属权力，在平等信任的基础上与下属沟通，齐心协力地建设行政组织文化。

（三）完善激励约束机制，形成有压力感的组织文化氛围

有效的竞争机制能够激发行政组织成员的积极性，鼓励其努力学习，奋发向上，积蓄能量，不断提升自身素质。

（1）建立科学的考核评估标准。认真进行行政组织成员的考核工作，将考核结果同奖惩、工资调整、职务升降、辞退等挂钩，能调动行政组织成员的积极性。根据不同工作岗位的特点，制定具体的评估考核体系和标准，要保证客观性、可操作性和可

检验性，防止由个人凭主观印象评估带来的片面性。同时，在评估过程中，改变过去那种只注重看材料的做法，树立看人才主要是看实绩、看结果的观念，按实绩对人才作出科学、公正的评价。

（2）完善约束机制。在强调对行政组织成员激励的同时，要注意对行政组织成员的约束。要制定完善行政组织成员管理的相关法规条例，约束他们的言行，明确奖罚机制，严格兑现，提高行政组织成员管理的效率与效果，确保他们正确执行组织下发的任务，充分发挥作用。

（四）开展团队建设，营造人际关系和谐的环境

在行政组织中开展团队建设，使行政组织成员以任务为中心，互相合作，把个人的智慧和力量贡献给所从事的事业。"团队"一词体现出团结精神、合作精神等。团队士气是组织成员对所属团队所抱有的一种精神状态，此种精神状态在未通过行为表现之前，是无形的，不易推断的。它使组织成员对团队感到满足，乐意成为团队的一员；它能满足组织成员的某种需要与愿望，使组织成员感到骄傲，且愿意继续成为团队的成员，愿意达成团队目标。

团队工作的主旨是委托和放权。组织心理学家认为，人们一旦被赋予责权，就会更负责任。严格的专制体系会使组织成员产生厌憎心理，妨碍交流。行政组织赋予组织成员处理重要事情的权力，让低层的成员从所从事的事务中得到重要权力。要创造令人舒适的工作环境，并给成员提供参与组织决策的机会。[①] 行政组织及其成员要具有团结协作精神。行政组织内部各部门之间、组织成员之间、领导者与下属之间必须相互理解、相互支持、同心同德、齐心协力、团结协作。团结协作精神是行政组织完成行政任务、实现行政组织目标的保证。

营造人际关系和谐的环境，有助于调动组织成员的积极性和创造性。良好的人际关系有利于沟通，使人心情愉快，亲和的组织文化氛围有助于凝聚人心。组织如果没有属于自己的文化氛围、没能营造"组织是我家"的软环境，就无法将人才凝聚在一起。构建组织上下良好的沟通系统，让组织成员了解、参与组织的决策管理，并切实为他们提供各种保障，增强他们的认同感、归属感，让他们毫无怨言地努力奉献，就能从根本上稳定人才、留住人才。通过行政组织文化建设，以及民主、透明、公正的管理政策，激发组织成员的士气，形成团队精神，统一价值观。

（五）创造文明的办公环境

加强文明办公场所建设，创建统一规范、文明有序的办公场景，是建设行政组织文化的有效途径。要把行政组织文化建设与办公环境创造紧密结合起来，通过改善行

---

① 王强，陈易难. 学习型政府：政府管理创新读本. 北京：中国人民大学出版社，2003：29.

政组织工作环境，形成规范的组织形象，做到环境整洁，秩序严谨，管理规范，设备良好，衣着整洁，言行文明。各行政组织要结合各自的工作实际，制定本组织的工作理念，开展行政组织文化建设。行政组织要创造友好的工作环境，营造行政组织文化建设的良好氛围，以起到潜移默化的教育效果。

三、行政组织文化建设的主要方法

行政组织文化是一种群体文化，也是一种无形的管理方式。它是从非计划、非理性的感情因素和意志力量出发协调和控制人的行为，既充分发挥每一个成员的自主性和创新精神，又使他们的行为自觉地趋向一致，构成团结协作的整体，为实现行政组织的目标而共同努力。因此行政组织文化建设不应只依靠行政和党的组织去进行，应更多地依靠各级行政组织机构、群众团体去组织各种活动。应重视行政组织文化的培育和研究工作，使之发挥应有的作用。行政组织文化建设的主要方法如下：

（一）示范法

示范法即行政组织通过宣传先进模范人物的事迹、发挥党员和干部的模范带头作用、表彰先进人物等方法，使行政组织文化成为组织成员行政行为的导向。行政组织中的先进人物是组织内部的优秀分子，在他们身上体现出来的价值观、道德观，构成行政组织文化的核心部分。他们所起的作用具有较强的导向功能、激励功能和示范功能，对规范行政组织的行政行为、强化行政组织文化的集体认同感是至关重要的。通过宣传先进模范人物的事迹，给其他组织成员提供直观性强的学习榜样。这些先进模范人物的事迹，就是行政组织文化中行政道德规范与行为准则的具体样板。要做好这项工作，就应把本组织所要建立的文化意识告诉所有成员。

（二）激励法

激励法即行政组织运用精神与物质的鼓励或者两者相结合的鼓励，通过开展评比、奖励、提口号、提目标、提要求等活动，给先进以荣誉，让先进得实惠，激发全体成员的事业进取心，促使他们努力工作，并把自身的工作成就建立在有利于国家、社会和组织发展的基础之上。与此同时，行政组织应在生活方面关心组织成员，想方设法解决他们的实际困难。

（三）感染法

感染法即运用一系列的文艺活动、体育活动和读书活动等，培育组织成员的自豪感和向心力。在潜移默化的过程中，使组织成员最终接受、认同、内化本组织的文化，形成强大的组织凝聚力。

（四）自我教育法

自我教育法即运用谈心、演讲比赛、征文活动、墙报等形式让组织成员对照本组织的要求找差距，进行自我教育，自觉使自己的价值标准、行为方式、精神理念与本组织的要求相一致，并自觉承担相应的责任。

（五）灌输法

灌输法即通过培训、学习、报告会、研讨会等进行宣传教育活动，把本组织想要建立的文化目标与内容直接灌输给组织成员，使他们系统地接受和认同行政组织的行政精神和行政价值观。

小　结

文化是管理的制胜之宝。行政组织文化是指在一定的社会历史背景下，行政组织在长期的实践活动中逐步形成的并为组织成员普遍认可和接受的，对组织及其成员具有持久影响力的行政价值观、行政意识、行政规范和行政思维模式的总和。行政组织文化，具有目标导向、凝聚、激励和控制等功能。根据不同的标准，行政组织文化可以分为不同的类型。我国当前处在转型期，行政组织文化朝着服务型、效率型、民主型和法治型的方向发展。建设行政组织文化，要遵循目标原则、价值原则、创新原则、参与原则和以人为中心原则，选择科学有效的途径。

思考与练习

一、名词解释

1. 组织文化
2. 行政组织文化
3. 主文化与亚文化
4. 行政组织文化的阻抑功能
5. 示范法
6. 激励法

二、简答题

1. 行政组织文化的特点和功能各有哪些？
2. 简述我国行政组织文化的走向。
3. 简述我国行政组织文化的基本内涵。
4. 结合实际简述行政组织文化建设的意义。
5. 建设行政组织文化应该遵循哪些原则，选取怎样的途径？

三、论述题

1. 行政组织文化是如何作用于行政组织及其成员的？
2. 为了提高行政效率、改善行政服务质量，应该建设怎样的行政组织文化来适应当今转型的中国社会？
3. 在全球化背景下，我国行政组织文化如何在民族化和全球化的冲突中作出选择？

第十三章 行政组织的绩效管理

学习目标

了解行政组织绩效的概念；
理解行政组织绩效评估的方法；
掌握行政组织绩效改进的策略。

导 学

20世纪70年代后期以来，随着经济全球化和信息时代的到来，人们对行政组织的要求越来越高。为了提高国家的竞争力，以更加低廉的成本提供更加优质的服务，各个国家都积极探索提高行政组织效率、改进行政组织绩效的有效途径。在此背景下，绩效管理开始在行政管理领域出现。经过50多年的发展，绩效管理无论是在理论上还是在实践上都渐趋成熟，成为行政组织管理的一种重要方法。

01 第一节 行政组织绩效管理概述

一、行政组织绩效及行政组织绩效管理

（一）行政组织绩效的概念

"绩效"一词，由英文的 performance 转化而来。performance 在英文中的一般意义为履行、执行、表现、表演、行为、完成，在管理学中被引申为"成绩""业绩""成果""效益"，最早被用于项目管理、人力资源管理等方面，后来又被用于行政管理。

经过多年的发展，"绩效"已经成为一个复合概念，被用于个体、团体和组织等不同层面。一般而言，组织绩效指的是组织在运用各种资源、通过各种内部的管理活动及外部的服务活动来实现预期目标的总体状况。而行政组织绩效则专指行政组织运用各种组织资源实现预期目标的过程和表现。理解行政组织绩效，需要把握以下几点：

（1）行政组织绩效既包括行政组织活动的成果，也包括行政组织活动本身，还包括行政组织实现预期目标的能力。其中，行政组织活动的成果，既包括绝对的产出规模，也包括预期目标的实现程度；既包括直接的产出，也包括这些产出所带来的各种间接效益。行政组织活动本身，既包括内部的管理活动，也包括外部的服务活动；行政组织实现预期目标的能力，既包括实现既定目标的现有能力，也包括不断提升能力水平的学习和创新等。

（2）行政组织绩效是对行政组织活动及其结果的描述，要想了解行政组织的绩效水平，必须事先确定一定的绩效指标，通过一定的方法，对组织的实际状况进行测评。就此意义而言，行政组织绩效是运用一定的主观标准衡量客观实践而得到的一种结果。

（3）行政组织绩效是一个复合概念，包含行政组织的效率、效能、效果、经济性、能力等概念所指向的基本要素。在行政组织管理中，曾在不同时期使用过效率、效能、效果、经济性、能力等概念。其中，效率的基本含义是行政组织的投入与产出之间的比例。这个概念关心的是如何以有效的手段来实现投入最小、产出最大。效能主要指的是目标达成度，即行政组织是否努力以及在何种程度上达到预期目标。效果指的是行政组织活动为组织成员以及社会带来的影响，包括政治、经济和社会等方面的影响。经济性指的是行政组织使用资源的节约程度。能力指的是行政组织实现目标的主观条件的总和。在行政组织绩效所包含的各个要素中，效果相对而言最重要。毕竟，人们

评价行政组织，不仅仅看它内部管理如何、资源运用如何，还看它对社会所作的贡献。因而，一般而言，行政组织绩效的外延，除了内部的管理绩效，还包括三个方面：①经济绩效。经济绩效指的是行政组织促进经济持续发展方面的效果。良好的经济绩效包括国民经济在量上有所扩张、在质上有所提升，还包括发展程度较高。②社会绩效。社会绩效指的是行政组织在促进经济发展和社会全面进步方面的有益影响。"社会全面进步"内涵丰富，包括物质和精神的全面进步、人和社会的高度发展、社会的和谐进步、环境的可持续性等。③政治绩效。政治绩效指的是行政组织在完善民主与法治、强化社会公平正义、巩固和发展社会制度方面的效果。

在上述行政组织绩效类型中，社会绩效是主导性和基础性的。没有社会绩效，经济绩效就没有实现的意义和价值，政治绩效也会失去社会基础。经济绩效是社会绩效和政治绩效的物质基础和物质支撑，是社会绩效和政治绩效能够长久持续的保障。政治绩效是整个行政组织绩效的中枢和核心，实现经济绩效和社会绩效需要政治绩效作为法律和制度保障。同时行政组织绩效体现在行政管理的每一个层面和领域，这种绩效既不是行政组织短期投入的回报，也不是行政组织终端产品的累积，而是较长时期经济发展、社会进步、政治文明的总成果。

（二）行政组织绩效管理的概念

关于行政组织绩效管理的含义，一般有两种理解：①将行政组织绩效管理视为为了维持和改进行政组织绩效水平而进行的管理活动，如中国行政管理学会联合课题组所定义的："运用科学的方法、标准和程序，对政府机关的业绩、成就和实际工作作出尽可能准确的评价，在此基础上对政府绩效进行改善和提高"。②认为行政组织绩效管理就是通过对行政组织绩效标准的设定、实施和对完成情况的评估、反馈来改进和优化管理，如美国国家绩效管理小组所作的定义：所谓绩效管理，是"利用绩效信息协助设定统一的绩效目标，进行资源配置与优先顺序的安排，以告知管理者维持或者改变既定目标计划，并且报告成功符合目标的管理过程"。

相对而言，在上述两种理解中，第二种理解更为全面，对实践的指导意义更大。这是因为：①行政组织管理的目标很多，绩效只是其中之一。虽然作为一个复合概念，绩效的涵盖范围比效率要大，但仍不能作为行政组织管理的唯一目标。因而，将绩效管理视为行政组织管理的方法，通过绩效管理来优化行政组织管理并进而促进行政组织全面目标的实现，是对行政组织绩效管理功能的正确理解。②绩效管理是现代行政组织管理的一种重要方法，但并非唯一方法。现代行政组织管理的方法很多，每一种方法都有其独特的内涵和优势，都能在改进行政组织绩效方面发挥独特的作用。若将绩效管理的性质定为"为了绩效的管理"，则容易使人忽视其他管理方法在改进行政组织绩效方面的积极作用，以为有了绩效管理，行政组织便有了获取高绩效的灵丹妙药，完全可以不要其他的管理方法。③若将绩效管理的性质定为"为了绩效的管理"，则所有能改进行政组织绩效的方法均会被纳入绩效管理方法的范围，从而使得行政组织绩效管理变成一个包罗万象的概念，反倒淡化了自身的特色，不利于实践的操作。

行政组织绩效管理的基本内容

二、行政组织绩效管理的基本内容

绩效管理作为一种系统的管理方法，其内容究竟包括哪些因子，目前人们的看法不同。一般认为，一个有效的绩效管理系统必须具备以下四个构成要素：

（一）计划绩效

在新的绩效管理周期开始时，各级管理者和员工就员工在新的绩效管理周期要做什么、需做到何种程度、为什么做、何时做完及员工的决策权限等问题进行讨论，促进相互理解并达成协议，这就是计划绩效。计划绩效是绩效管理的起点，但并不只在绩效管理的开始才会进行。通常计划绩效都是一年，一般会在年中进行修订。在计划绩效的过程结束后，管理者和员工应该能够在各个方面取得一致的看法。

由此可见，计划绩效绝不像完成一份工作计划那么简单，作为绩效管理系统的一个构成要素，计划绩效更强调通过互动式的沟通手段，使管理者与员工在如何实现预期绩效的问题上达成共识。因此，计划绩效的内容除了最终的个人绩效目标，还包括双方应采取什么方式才能顺利实现预期绩效、应进行什么样的技能开发等内容。

由于计划绩效是绩效管理系统的一个构成要素，是实现个人的预期绩效、促进组织目标实现的一个手段，因此计划绩效必须在组织目标这个大框架下进行；同时，还必须有一个相关的团队对这项工作进行统筹安排。由于计划绩效涉及如何控制实现预期绩效的整个过程及所有方面的问题，员工的直线管理者和员工本人都必须参与进来。其中直线管理者，由于最了解每个职位的工作职责和完成绩效周期各项工作的员工，在整个过程中扮演十分重要的角色，并且是整个计划绩效的最终责任人。

（二）监控绩效

绩效管理系统的第二个构成要素是监控绩效。为了实现对员工绩效的监控，管理者应该在整个绩效管理实施过程中，通过各种手段了解员工的工作状况，与员工保持持续的绩效沟通，预防或解决绩效管理实施过程中可能发生的各种问题，帮助员工更好地完成计划绩效。

从监控绩效的手段看，管理者与员工之间进行的双向沟通是实现监控绩效的一种重要手段。为了实现对员工绩效的监控，绩效管理系统中应该包括一个管理者与员工进行绩效信息交流的渠道，管理者定期就绩效情况与员工进行交流，以充分掌握员工的工作情况。另外，为了对员工的绩效进行更有效的监控，管理者应该在整个绩效管理周期内随时与员工进行非正式的绩效沟通。

从监控绩效的目的看，有学者将监控绩效的过程称为绩效诊断和辅导。所谓绩效诊断，就是分析引起各种绩效低下的原因，通过沟通寻求支持与了解的过程。在找出绩效低下的原因后，管理者充当导师，帮助员工克服障碍，提高绩效的过程就是辅导。现实中，许多管理者往往重视评价的工作而忽视了对员工进行充分的辅导，并将提高绩效看成员工自己的工作。实际上提高绩效是大家的事情，提高员工的绩效，对于管理者、部门乃至整个组织都是非常有益的。

（三）评价绩效

作为绩效管理系统的一个构成要素，评价绩效特指在绩效管理周期结束时，由管理者和员工使用既定的、合理的评价方法与衡量技术，对员工的工作绩效进行评价的过程。这里的评价绩效并不等于我们通常所说的绩效评估。绩效评估不仅包括绩效管理周期结束时评价绩效的过程，还包括前期的绩效指标设定，中期的绩效监控、搜集相关资料，甚至还会将评估之后的反馈绩效也纳入绩效评估系统。但是，评价绩效也不是孤立的，其上承监控绩效，它所完成的评价表格也是后续工作的依据。

（四）反馈绩效

反馈绩效是指绩效管理周期结束时，管理者和员工进行绩效评价面谈，使员工充分了解和接受评价绩效的结果，并由管理者指导员工提高绩效的过程。实际上，反馈绩效贯穿绩效管理周期的全过程，在绩效管理结束时进行的绩效反馈是一个正式的绩效沟通。绩效管理的目的不仅仅是得到一个评价等级，而是要提高员工的绩效，确保员工的工作活动和产出与组织的目标保持一致，从而实现组织的目标。而绩效管理能否实现最初的目标，很大程度上取决于管理者能否通过反馈绩效使员工充分了解如何提高绩效。

可以用图 13-1 表示绩效管理系统模型，该模型包括前面说到的四个构成要素。为了方便起见，我们将它们表现为一个循环往复的过程，但事实上，这些要素发生的时间和方式既有一定的连续性，又存在许多交叉的地方。

图 13-1　绩效管理系统

三、行政组织绩效管理的主要模式

行政组织绩效管理的主要模式

绩效管理是企业组织在管理实践中逐步探索出来的管理方法。行政组织引入绩效管理后,在具体实施过程中基本上都是借鉴企业组织已有的模式。由于绩效管理的核心是绩效指标的设定和考核,因而可以将行政组织绩效管理的主要模式分为以下几种:

(一)战略绩效管理

战略管理在企业组织早已有之。20 世纪 80 年代以后,行政组织的外界环境发生了极大变化,环境的多元化、复杂性和不确定性不断提高,公众对行政组织的期望和批评也不断增加。如何克服行政组织管理的内部取向,提升行政组织的环境适应力和创新力,成为行政组织绩效管理的新要求。战略绩效管理是将战略管理与绩效管理相结合,以战略目标来统率绩效目标和绩效指标,以绩效管理来实现战略目标的一种方法。其最大的好处就是将行政管理努力集中到长远目标,在实现长远目标的过程中提升行政组织的能力。

战略绩效管理要求行政组织以战略为出发点,通过制定和明晰战略、确定战略目标、目标配置与分解、绩效沟通、绩效评估,将绩效考核结果运用于行政组织的日常管理活动中,其核心是在行政组织战略目标和绩效管理之间建立明确的因果链(如图 13-2 所示)。

```
┌─────────────────────────┐
│ 制定和明晰战略:          │
│ ·明确行政组织的使命和愿景 │
│ ·确定未来一段时间行政组织的战略 │
└─────────────────────────┘
            ↓
┌─────────────────────────┐
│ 确定战略目标:            │
│ ·业务流程分析            │
│ ·确定具体业务目标        │
└─────────────────────────┘
            ↓
┌─────────────────────────┐
│ 目标配置与分解:          │
│ ·确定部门目标            │
│ ·确定人员目标            │
└─────────────────────────┘
            ↓
┌─────────────────────────┐
│ 设计绩效管理体系:        │
│ ·绩效领导和工作体制机制  │
│ ·绩效计划(目标、指标和标准) │
│ ·绩效沟通、监控和实施    │
│ ·绩效评估                │
│ ·结果运用与绩效改进      │
└─────────────────────────┘
```

图 13-2 行政组织战略目标与绩效管理

（1）制定和明晰战略。战略涉及组织长远目标和全局性目标。战略目标取决于行政组织的使命和愿景、对组织战略性议题的认知、法律法规的规定或上级组织的规定和指示等。

（2）确定战略目标。战略目标是未来一段时间组织要实现的有形成果。这些有形成果必须具体、可以测量、有针对性（相关的）、可以实现和有时间要求。

（3）目标配置与分解。组织战略目标针对的是整个组织。战略目标确定后，必须落实到具体业务。这就需要根据业务流程分析，将其分配到不同的部门和单位；然后根据时间要求，将其分解成年度具体目标。

（4）设计绩效管理体系。按照绩效管理的要求，设计绩效管理的工作体制机制，按照战略目标和细化的指标，制订年度绩效计划，确定绩效评估标准和方法，以及结果运用与绩效改进等。

（二）平衡计分卡

平衡计分卡（balanced score card，BSC）由美国管理学家卡普兰和诺顿创立，其核心思想是确定组织成长的四个关键维度（内部运营、客户、学习和成长、财务），在这四个维度中分别建立具体的目标，并在此基础上分别建立相应的指标体系，以综合方法考核目标的实现程度，促进组织绩效提高。

平衡计分卡有以下优点：①战略目标分解，形成具体可测的指标。组织战略目标是一个宏观的概念，如何把它细化、具体化、内化，落实到具体的工作当中，平衡计分卡帮忙解决了这个问题。②平衡计分卡既考虑了财务和非财务的考核因素，也考虑了内部运营和外部顾客，也有短期利益和长期利益的相互结合，克服了以往考核片面、短视的不足。

平衡计分卡也存在一些缺点：①实施难度大，工作量也大。准确定位组织战略本身就要求高层管理者的管理素质高；而且平衡计分卡考虑的考核要素很完整，造成工作量很大，实施的专业度也很高。②不能有效地考核个人。平衡计分卡本身是以岗位为核心的目标分解，很难将目标分解至个人，个人关键素质要求体现得不明显，会在一定程度上造成岗位职责和人员素质要求不明确。③平衡计分卡系统庞大，短期很难体现其对战略的推动作用。因为战略属于长期规划的范畴，所以平衡计分卡的实施周期也相对较长，短期内很难见到效果，而且需要调动整个组织的资源。

（三）标杆管理

标杆（benchmarking）一词原意是测量学中的"水准基点"，在管理学中引申为在某一方面"做得最好者"或"同行最佳"，也就是组织所要学习和超越的榜样。所谓标杆管理，简单地说，就是从分析本行业的标杆的行为着手，学习其成功的经验，提高自身绩效的一种绩效管理方法。标杆管理最早由美国施乐公司提出，现在已经成为企业和政府部门绩效管理的重要方法。

标杆管理的步骤主要包括：①确定实施标杆管理的领域或对象。首先，要明确组织的关键成功因素（critical success factors，CSFs），也就是能使顾客满意进而使组织走向成功的条件；其次，分析这些因素是组织的优势还是不足，同时根据组织战略和资源的要求，对关键成功因素加权排序，确定实施标杆管理的领域或对象；最后，把确定的关键成功因素予以定量化。②明确自身的现状。通过调查、观察和内部数据分析，真正了解自己的情况。③确定谁是最佳者。要根据各方面的信息确定所选领域的最佳者，可从以下方面选择：组织中的不同单位；同行业但非直接竞争对手；直接竞争对手；全球最佳组织。④明确所选榜样是怎样做的。通过收集和分析所选榜样的信息，形成准确反映其能力和长处的完整材料，找出其优于自己并成为同业之最的能力和特长所在。⑤分析内外部资料，制定并实施改进对策。在上述基础上，提出并优选改进方案，在组织内部达成共识，推动方案的有效实施。

从实践来看，标杆管理成效甚大。绝大部分采用标杆管理的组织在产品、过程和服务等方面均有较大程度的改善。与其他绩效管理模式相比，标杆管理的优势主要体现在：①使组织能正确认识自身的真实情况和差距。标杆管理能够使组织在对自身和标杆的分析中发现自身的问题和差距，对自身状况有更清晰的了解。②行动的努力更具针对性。标杆管理的最大优势在于组织不仅能明确自身不足，而且能明确改进的基本方向和具体措施，学习并应用更好的方法减少缺陷、提高质量、降低成本，更好地满足顾客需要。③利用外部信息建立有效的目标，使组织变得更有竞争力。④激发个人、团体和整个组织的潜能。⑤打破障碍，促进变革。标杆管理中的"寻找标杆"实际上是一个持续过程。通过不断寻找新的标杆，组织的绩效管理永无止境，绩效水平不断提高。

第二节 行政组织绩效评估

一、行政组织绩效评估的含义与意义

（一）行政组织绩效评估的含义

行政组织绩效评估，简单地说，就是用事先确定好的指标和标准来衡量行政组织绩效实践状况，以确定绩效实践水平的活动。其中，"绩效实践状况"包括将资源转化为公共物品及服务（产出）的效率、产出的质量（向顾客提供服务的质量和顾客的满意度）和结果（行为的实际效果与其预期目标相比较），以及在达成计划目标的过程中

行政组织运行的效率等方面。

理解行政组织绩效评估的含义，必须把握以下三点：①行政组织绩效评估的目的在于提供一套适用于行政组织范围的以产出和结果为基础的责任机制、绩效和结果评估法规、战略规划和绩效指标要求的评价与管理系统。②行政组织绩效评估可以看成一种手段，是利用绩效管理、绩效标准、奖励和惩罚来激励行政组织。奖惩可以是财政性的，也可以是准经济性的，还可以是纯粹心理上的。③在过程上，行政组织绩效评估包括目标设定、目标达成和结果评估的系统性过程，代表一个组织整合各种资源以接近目标的行为和程度。概括地说，行政组织绩效评估就是通过对管理的效率、结果、效益、公共责任和社会公众的满意度等方面的判断，对行政组织管理过程中投入、产出、中期成果和最终成果所反映的绩效进行评定和等级划分。

（二）行政组织绩效评估的意义

绩效评估作为绩效管理的中心环节，对行政组织绩效管理和组织自身都起着重要作用，主要包括：

行政组织绩效评估的意义

1. 绩效评估对绩效管理具有基础性作用

首先，绩效评估是绩效管理的中心环节，起着承前启后的作用。绩效管理的目标是提升组织和个人的绩效，通过对绩效的科学有效管理，提高组织成员的工作积极性，进而提高组织效率和服务水平，因此，绩效管理需要建立一套机制来衡量绩效。科学合理的绩效评估提供了一套指标体系和与之相配套的操作机制，以此寻找目标绩效与实际绩效间的差距，并作为奖惩、晋升、培训等的依据。

其次，绩效评估凸显绩效管理的价值取向。绩效管理源于现代企业管理应对信息技术变化和激烈市场竞争的需要，而行政组织绩效管理的价值取向与企业组织绩效管理的价值取向有相似之处，包括市场取向、社会取向、分权取向、服务取向等，其中最根本的是服务取向。这不仅是现实的市场竞争需求，也反映了行政组织公共服务的本质属性。传统行政管理以过程为中心，以权力、命令为特征，追求内部管理效率，重点在于管制。而绩效管理的引入，把社会公众当成顾客，强调服务和社会公众至上的管理理念，增强了行政组织对社会公众需求的回应和对管理活动产出、效率与服务质量的重视。绩效评估通过设定绩效指标、社会公众参与评估等方式，使行政组织绩效管理逐步体现出按照社会公众的要求提供服务、让社会公众作出选择的原则和做法。

2. 绩效评估是行政组织管理的重要机制

从绩效评估对行政组织管理及组织目标实现的角度看，绩效评估具有以下几项功能：①绩效评估为行政组织提供了控制机制。不同于传统的官僚管理，绩效评估提供了一套科学的绩效评估指标体系，将既定目标和实际绩效进行对比，如果发现绩效管理实施过程或具体管理过程中存在问题，就可通过评估及时纠正错误，使之导向组织目标所要求的方向。②绩效评估为行政组织管理提供了监督机制。一般情况下，行政组织在一国之内拥有垄断强制力，在这种情况下，若要保证行政组织职能的实施符合社会经济发展的需要，就必须设立一套完善的监督机制。在这套完善的监督机制中，法律等强制性手段固然不可缺少，但其只是保证行政组织不犯错误的底线，严格的、客观的、以行政组织自身利益为核心的评估体系的设置更为重要，它的存在促使行政组织必须按评估标准而不是按自己的意愿行事，从而将行政组织行为导向更有效地为社会公众服务的轨道。同时，行政组织绩效评估为整个社会从外部监督行政组织作为提供了基准线。③绩效评估为行政组织管理提供了激励机制。根据绩效评估的结果确定奖惩、晋升及培训等是绩效管理起到激励作用的重要体现。科学的绩效评估体系为行政组织成员设定了心理预期，激励他们向组织预期的绩效目标积极、努力、创造性地工作，提高服务水平，改善工作态度。

二、行政组织绩效评估的指标

绩效管理最核心的环节莫过于绩效评估，而绩效评估最重要、最基础、最困难的莫过于确立绩效评估指标体系。没有科学的绩效评估指标体系，绩效评估就无法正常进行，绩效管理就会失去提高绩效和服务水平的积极意义；而不正确的指标，往往会将努力引向相反的方向，背离绩效管理的初衷和行政组织的使命。

（一）绩效评估指标的含义及构成要素

绩效评估指标是指与行政组织成员绩效产出有关的考核项目，它与行政组织成员的工作内容相关，并建立在工作分析的基础上。绩效评估指标相当于一把标尺，行政组织通过这把标尺能明确了解成员的工作情况、工作态度等。

一般来说，绩效评估指标包括三个要素：考评要素、考评标志和考评标度。考评要素是考评对象的基本单位，根据考评对象在工作中的各项要求来设定。考评标志用以揭示考评要素的关键可辨特征，有不同的分类方式。从考评标志揭示的内涵来看，可分为客观形式、主观形式、半客观半主观形式三种。如产品合格率属于客观形式，而顾客满意度则属于半客观半主观形式。考评标度是考评要素或考评标志的程度差异与状态的顺序和刻度，有量词式、等级式、数量式、定义式等。

考评要素、考评标志和考评标度三要素构成了绩效指标。下面举个典型的例子来说明三者之间的关系和差异（见表13-1）。

表13-1 考评要素、考评标志和考评标度的关系和差异

考评要素	考评标志	考评标度
工作态度	工作表现优秀，顾客满意度高； 工作表现良好，顾客满意度较高； 工作表现差，顾客极不满意	10分 5分 0分

（二）选择绩效评估指标的原则

行政组织绩效评估指标选择意义重大，为保证其科学合理，选择时必须遵循一定的原则。关于行政组织绩效评估指标体系的设计有多种理论。系统评价理论将评估对象视为一个系统，评估指标、指标的权重和评价中运用的方法均按照系统最优的方式进行，其对于设计出科学合理的绩效评估指标体系、实现绩效评估目的具有重大的指导意义。目标一致性理论被运用于绩效评估活动时的具体含义是指，评估对象系统运行目标、绩效评估的目的、绩效评估指标体系三者之间要有一致性，否则绩效评估指标体系设计时就会由于与另外两者存在冲突而陷入困境。

根据上述理论，我们在选择行政组织绩效评估指标时应遵循以下三条原则：①目标一致原则。评估指标应该能够完整地反映被评估的行政组织目标的各个方面，即在内容上具有完整性；同时，各项指标所反映的内容之间应是连续的、一致的。②独立性与差异性原则。独立性指的是各个指标之间的界限应清楚明确，不会发生外延上的重合。差异性指的是指标所反映的内容应具有可比性，能明确区分各自的不同之处，在内涵上有明显的差异。③可测性原则。绩效评估指标之所以需要测量和可以测量，最基本的原因就是绩效评估指标指向的变量具有变异性，评估能够产生不同的结果。

（三）行政组织绩效评估的常用指标

从理论上讲，构建行政组织绩效评估指标可以使用一个包括以下四个方面的模式：①输入，指提高服务所需的资源，包括人力、物力、财力；②过程，包括传送服务的途径；③输出，即组织活动或提供的服务；④结果，即每一个产出或服务所产生的影响。

上述模式虽然多少可以反映行政组织的绩效，但是许多行政组织更乐于使用具体的概念来建构绩效评估指标。目前，行政组织绩效评估的常用指标有：

1. 经济指标

在评估某行政组织的绩效时，首要的问题便是"某行政组织在既定的时间内究竟花了多少钱？是不是按照法定的程序花费？"这是经济指标首先要回答的问题。经济指标一般指组织投入管理项目的资源水准。经济指标关心的是"投入"的项目，以及如何使投入的项目实现最经济的利用。换句话说，经济指标要求以尽可能低的投入或成本，提供与维持既定数量和质量的公共物品或服务。经济指标并不关注服务的品质。

2. 效率指标

效率指标要回答的问题是："机关或组织在既定的时间内，预算投入究竟产生了什么样的结果？"效率指标通常包括服务水准、活动的执行、服务与产品的数目、每项服务的单位成本等，其可以简单理解为投入与产出的比例关系。因而，效率经常用比率来表示。

3. 效果指标

效率作为衡量指标，仅适用于那些可以量化或货币化的公共物品和服务，而许多公共服务性质上很难界定，更难量化，而且分配效率也不易理解。在此情况下，效果便成为衡量公共服务的一个重要指标。效果指标关心的是"情况是否得到改善"，通常指公共服务实现目标的程度，又可称为公共服务对于标的团体的状态或行为的影响。因此效果指的是公共服务符合政策目标的程度，通常以产出与结果之间的关系来衡量，其关心的是"目标或结果"。

效果可分为两类：①现状的改变程度，如国民健康状态、水质的净化程度等；②行为的改变程度，如以犯罪行为的改善幅度来衡量刑事政策的效果等。

4. 公平指标

传统上公共行政与管理重视效率、效果而不大关心公平问题。自新公共行政理论产生以来，公平问题日益受到重视，并成为衡量行政组织绩效的重要指标。公平指标着重于"接受服务的团体或个人都受到公平的待遇，需要特别照顾的弱势群体是否能够享受到更多的服务"。因此公平指标就接受公共服务的对象所质疑的公平而言，通常无法通过市场机制加以界定。公平相当难以衡量，其自身也是一个复合概念，可分为下列类型：①单纯的个人公平，指一对一的个人公平，如"一人一票，每票等值"。②分部化的公平，指同一类别下的公平，如农民和商人有不同的赋税标准和薪资水平，这是基于分工所造成的实践上的公平。③集团型的公平，指团体或次级团体所要求的公平。④机会公平。每个人的天赋不一，后来的发展必然不同。但如果两个人获得某项职位的概率相同，就是展望性的机会公平。⑤世代间的公平，指一代人与未来一代人之间的公平。

三、行政组织绩效评估的方法

行政组织绩效评估的方法

绩效评估是企业组织在管理实践中逐步探索出来的管理方法。不同的企业，所使用的绩效评估方法也不尽相同。行政组织要想成功地进行绩效管理，不仅需要借鉴企业组织绩效评估方法，还需要不断研究、开发出适合自身需求的绩效评估方法。目前，行政组织常用的绩效评估方法如下：

（一）书面描述法

书面描述法是指考评者以书面形式描述组织成员的所长、所短、过去的绩效和潜能，并提出改进建议的绩效评估方法。书面描述法简单易行，但该方法与其说是在评估组织成员的实际绩效水平，倒不如说是在衡量考评者的书面表达能力，且主观性较强。

（二）关键事件法

关键事件法是指考评者将注意力集中在那些区分有效和无效的工作绩效的关键行为方面。考评者记下一些细小但能说明组织成员所做工作是特别有效还是无效的事件。要点是只涉及具体的行为，不是笼统地评价组织成员的个性特质。关键事件法事例丰富，并以行为为依据，但其耗时多，无法量化。

（三）评分表法

这是一种最古老也最常用的绩效评估方法。考评者列出一系列绩效因素，如工作的数量和质量、合作能力、忠诚度、出勤率等，然后逐一针对表中的每一项，按增量尺度对员工进行评分。评分的尺度通常采用 5 分制。评分表法能提供定量的数据，时间耗费较少，但不能提供工作行为评价方面的详细信息。

（四）行为定位评分法

行为定位评分法是日益受到重视的一种绩效评估方法。这种方法综合了关键事件法和评分表法的主要成分：由考评者按序数值尺度对各项指标进行评分，评分项目以某人从事某项职位的具体行为为事例，而不是一般的个性特质描述。该方法侧重于具体且可衡量的工作行为，但耗时多，使用难度大。

（五）多人比较法

多人比较法是将行政组织的工作绩效与一个或多个其他组织的工作绩效作比较，这是一种相对的而不是绝对的绩效评估方法。多人比较法最常用的形式有三种，即分组排序法、个体排序法和配对比较法。分组排序法要求考评者按特定的分组将组织编入诸如"前1/5""次1/5"之类的次序中。个体排序法要求考评者将组织按从高到低的顺序加以排列。在配对比较法下，每个组织都与比较组中其他组织结对进行比较，评出其中的优劣；在所有的结对比较完成后，将每一个组织得到的"优"数累计起来，就可以排列出一个总的顺序。这种方法将组织的工作绩效与其他组织的工作绩效作比较，使得每个组织都能明白自己的相对水平，但如果组织数量多，操作起来就很麻烦。

03 第三节　行政组织绩效改进

高绩效的行政组织意味着行政组织以更低的成本为公众提供更高水平、更大规模的公共服务。因而，持续提升行政组织绩效是行政组织改革和创新的重要内容。但是，由于各种主客观条件的限制，行政组织绩效管理还存在这样或那样的误区，行政组织绩效改进还存在诸多的障碍。

行政组织绩效改进的障碍

一、行政组织绩效改进的障碍

从实践来看，行政组织绩效改进的障碍主要有：

（一）行政组织目标性质的阻碍

作为公共部门的主要组成部分，行政组织的目标广泛、模糊且具有长期性，这往往会使行政组织的绩效管理和改进缺乏针对性，从而难以取得实质性进步。行政组织目标性质的阻碍主要体现在：①行政组织目标难以确定。企业组织的目标可能也不是单一的，但是企业组织往往会将利润和效率放在第一位，而行政组织无法回避效率和公平这一对固有的矛盾。对行政组织而言，最好是能兼顾效率和公平，但这实际上是不可能的，而且效率与公平的性质完全不同，前者可量化评估，后者则不能量化评估。②行政组织目标难以测量。行政组织目标难以测量的一个重要原因就是无法将所有的绩效评估指标量化。行政组织目标的多元化、产品的非商品性、产出的滞后性使行政组织绩效评估指标难以确定。③行政组织目标具有长期性。行政组织目标涉及整个社会的长期发展，很多目标实现的周期较长，短期测量到的目标往往不能反映行政组织活动的真正成效。

（二）行政组织文化的阻碍

有效的行政组织绩效管理，需要有重视绩效的文化作支撑。近年来，随着新公共管理运动所倡导的公众导向观念的流行，公众对行政组织要求的提升和国际竞争的加剧，行政组织文化中的绩效意识开始抬头。但是，总的看来，行政组织文化中的一些成分对行政组织绩效管理依然具有一定的阻碍作用，主要体现在：①对行政组织特殊性的过分强调。传统的行政观念，总将行政组织管理与企业组织管理视为具有本质性差别的两大领域，往往以为企业组织管理需要重视绩效，而行政组织管理则应该强调民主、法制与秩序。行政组织成本的财政来源性质，也使得行政组织成员往往缺乏必要的绩效意识。②科层体制的长期运行，使得行政组织往往以上级的指令作为活动开展的基础，往往以执行效率作为自身工作评价的根本标准，难以树立全面、正确的绩效观。③行政的职业化和专业化，使得行政组织成员往往重视职业伦理和技术标准，公众参与和监督往往受到专业自主性的阻挠，政治力量甚至也受到一定的牵制。④行政组织的等级制、分部制，使行政组织成员形成过度保密意识，对秘密的强调往往超过对行政公开的重视，这就使得行政组织的内部信息带有很大的神秘性、封闭性，阻碍了人们对真实绩效的了解。

（三）行政制度供给不足

实施绩效管理必须以相应的制度作为保障。但是，由于当前全世界的行政组织均处在快速的改革和转型中，行政制度供给不足的现象比较突出，往往会阻碍行政组织绩效改进。行政制度供给不足主要表现在：

（1）行政组织绩效管理缺乏必要的组织环境、组织结构、运行机制等制度基础。仅以我国行政组织为例。在行政职能的基本定位上，我国当前的法律法规尚未对各级各类行政组织的职能进行合理划分，这就使得绩效指标的设定和考核缺乏必要的统一性和系统性。在组织结构和运行机制上，对弹性化、团队化管理虽然有了一定的认识，但是整体而言还有待提高。

（2）缺乏制度激励。一方面，行政组织所特有的公共性使得其行政行为往往具有垄断性，行政组织在没有竞争压力的情况下难以从内部形成降低成本、提高效率的动力。绩效管理制造了压力，因而它会受到抵制。另一方面，行政组织成员缺乏进行绩效管理的动力，因为绩效管理将使他们承担更大的成本，而现有的制度并没有为其提供风险和成本补偿机制，这就给实施绩效管理带来内部动力不足的障碍。

二、行政组织绩效改进的策略

行政组织绩效改进受多种因素的制约，而绩效改进是一项系统工程，单单靠一两种管理方法是无法完成的，需要对行政组织进行从理念、制度到人员、方法等方面的改革。综合目前的经验，行政组织绩效改进的策略如下：

行政组织绩效改进的策略

（一）加强绩效管理立法工作

制度化是当前行政组织绩效管理的保证。行政组织应加强立法，为行政组织绩效管理提供重要的法制保障。具体而言：①要从立法上确立绩效管理的地位，保证绩效管理成为行政组织管理的基本环节，促使各级各类行政组织开展绩效评估工作，提高管理水平。②从法律上树立绩效管理的权威性，绩效管理机构在行政组织中应具有相应的地位，享有调查、评估行政组织有关活动的权利，不受任何行政组织或个人的干扰；评估结论能够得到有效传递和反馈，并被切实用于改进公共管理；评估活动能引起公众的关注，有充分的可信度和透明度。③颁布绩效管理工作的制度和规范，对公共管理过程中哪些项目应该评估、应开展什么形式的评估、评估时应注意哪些事项等作出详细规定，使评估工作有法可依、有章可循，把绩效管理纳入行政组织日常管理范畴。

（二）明确行政组织绩效管理的定位和价值取向

行政组织绩效管理的目的不是评出谁先进谁落后，更不是惩罚某些单位的领导及工作人员，而是通过活动的开展，听取公众的意见和建议，找出本组织在管理中存在的问题及影响绩效的因素，从而改进行政组织绩效。

（三）建立健全合理、有效的绩效评估体制

建立健全合理、有效的绩效评估体制是推进绩效评估事业发展的关键。行政组织内部的绩效评估机构主要负责协调公共项目的管理，通过对公共项目实施的检查、回顾和总结，发现问题，吸取经验和教训，为改进未来决策提供依据和建议。我国的政府公共管理需要借鉴世界各国有益的评估经验，在各级政府内部建立完善的绩效管理机构（或绩效评估机构），对政府实施的公共项目进行评估，充分发挥政府管理部门内部评估的功能，提高政府的公共管理水平。鼓励社会建立第三方绩效评估机构，评价和监督政府公共政策、规划、方案、计划等的实施过程及其效果，把评估作为监督政府公共管理的有效手段，促进我国公共管理的民主化。

（四）引入公众参与机制

行政组织绩效改进的一个有效策略是引入公众参与机制。对行政组织绩效评估的最好选择是赋予公共服务对象参与权。行政组织绩效管理本身就蕴含着服务和公众至上的管理理念，其绩效管理应以服务对象为中心、以服务对象的需要为导向，树立公众取向的绩效观。行政组织绩效改进必须获得公众的参与，公众的参与必将有效改进行政组织绩效。

（五）积极利用现代管理方法和技术

现代社会已经进入以科技为主的社会。以现代信息和通信技术为代表的高新技术的发展，为组织管理提供了极大的便利。积极利用这些先进的技术，改革行政组织结构和运行模式，精简和优化行政管理流程，实施多种服务形式，是现代行政组织绩效改进的重要途径。当前，各国行政组织推出电子政务，便是其中的重要举措。

同时，随着科学研究的发展，组织管理领域出现了许多先进的理念、模式和方法、技术。积极利用这些先进的科研成果，不断探索行政组织管理的新形式、新制度、新方法，将会给行政组织绩效改进提供源源不断的契机。

小 结

行政组织绩效是指行政组织运用各种组织资源实现预期目标的过程和表现。高绩效意味着行政组织以更低的成本为公众提供更高水平、更大规模的公共服务，因而是行政组织管理追求的重要目标。行政组织绩效管理，要义在于全面、正确认识行政组织绩效的科学内涵，采用先进的绩效管理方法，建立科学的绩效评估体系，不断采取有效的措施克服障碍，提升行政组织绩效水平。行政组织绩效管理包括计划绩效、监控绩效。其中，绩效评估处在关键环节。行政组织绩效评估，要设计好科学指标，选择恰当的评估方法。当前，行政组织中存在一些阻碍绩效改进的障碍。可以通过改变理念、加强法制基础、建立有效的绩效评估机制、鼓励公众参与、利用现代管理方法和技术等，改进行政组织绩效。

思考与练习

一、名词解释

1. 绩效管理
2. 标杆管理
3. 战略绩效管理
4. 绩效评估

二、简答题

1. 行政组织绩效的内涵是什么？
2. 行政组织绩效管理的基本内容有哪些？
3. 简述行政组织绩效管理的性质。
4. 行政组织绩效评估的常用指标有哪些？
5. 行政组织绩效改进的障碍有哪些？

三、论述题

1. 试述行政组织绩效评估的意义。
2. 结合实际，试述我国行政组织绩效的有关情况及如何改进。

第十四章 组织变革与发展

　　了解组织变革和组织发展的含义与特征、组织发展的主要措施与方法；

　　理解组织变革的途径与方法；

　　掌握组织变革的动因、组织变革的理论模式。

　　组织变革就是组织为了适应内外环境的变化，对组织的结构与功能进行调整，改变旧的管理模式，建立新的组织管理形态，以维系组织生存与发展，并借此提高组织效能的过程或行为。组织变革是组织管理主体主动地、自觉地使组织适应组织环境的过程，是管理者有意识、有目的的活动。组织发展即运用行为科学的理论和技术，根据组织内外环境的变化，合理地设计组织的结构与体系，妥善地运用和调整组织的人力、物力、技术等资源，对组织管理的模式和人的行为实施变革，从而增进组织的有效性和活力，实现组织效能的过程。组织变革与发展已经成为提高组织效率的重要途径。

第一节 组织变革概述

一、组织变革的含义与特征

（一）组织变革的含义

稳定与变革是组织管理中的一对矛盾。从一般哲学意义上讲，稳定是指事物存在的方式或运动状态相对地保持不变。所谓组织稳定，是指组织的目标、结构、功能，组织管理的模式，组织管理的计划、政策，在一定的时空处于相对静止的一种状态。组织稳定是组织存在和发展的基本前提。只有处于稳定状态的组织，才能够抵抗、缓解、排除外界的干扰，并在偏离原来的运动状态后，通过自我调节，重新恢复原来的运动状态。这样，组织才能使自己的各部分协调一致地发挥作用，并且有步骤地实现组织目标。因此，稳定性和持续性是有机体或组织基本功能的重要属性。

任何组织都不能使其变得僵死、停顿、过于保守或者不能适应环境的变化。因此，组织要不断地、有目的地、有计划地实施变革。变革，从一般意义上讲，是指有目的、有计划地改变事物存在的方式或运动状态。所谓组织变革，是指组织为了适应内外环境的变化，对组织的结构与功能进行调整，改变旧的管理模式，建立新的管理模式，以维系组织生存和发展，并借此提高组织效能的过程或行为。

（二）组织变革的特征

从上述定义可以看出，组织变革具有以下特征：

（1）组织变革是有意识的变革。组织变革是组织管理主体主动地、自觉地使组织适应环境变化的过程，是管理者有意识、有目的的活动，而不是盲目、被动的变革。

组织变革的特征

（2）组织变革是一个持续循环与发展的过程。组织变革均有一定的目标，均针对组织存在的问题。为实现目标，组织变革要经过一系列的程序。旧的目标达成了，又会出现新的问题，又需确立新的目标，变革是一个不断循环的过程。

（3）组织变革是一个有计划的变革过程。组织变革不是盲目地服从某种势力或力量，而是有计划地进行。所谓有计划，是指组织变革必须遵循科学的程序和方法，必须有步骤、分阶段地进行。

（4）组织变革是一个克服阻力的过程。所谓变革，必然要除旧布新，必然会遇到很多阻力。阻力来自多方面，既可能来自僵化的体制，也可能来自外部环境，还可能来自组织成员。所以，变革的中心任务是克服阻力，实现组织目标。

二、组织变革的动因

组织变革并非凭空产生，它是有原因的。这些原因正是组织变革的诱发因素，并构成组织变革的动因。组织变革的动因多种多样，可以把组织变革的动因分为外部环境因素和内部环境因素两大类。

（一）外部环境因素

现代组织是一个开放系统，它不断受到外部环境因素的影响与干扰。随着外部环境的变化，组织也不断发生变化。

社会组织外部环境的构成十分复杂。从广义上说，环境就是组织界限以外的事物。在外部环境中，既存在影响某一特定社会中一切组织的一般社会环境，也存在直接影响个别组织的特定的具体环境。

对组织变革产生影响的外部环境因素包括一般环境因素和特殊工作环境因素。

一般环境因素主要有：①文化特征，包括历史传统、习惯、意识形态、价值观、社会准则、领导方式、人与人之间的关系、对科学和技术的看法等。②科学技术特征，包括科学与技术的发展水平，科学技术界能够发展并应用新知识的程度。③教育特征，包括公民的普遍文化水平，教育制度的完善程度与专业化的程度，受过高等教育及专门训练的人所占比例。④政治特征，包括政治体制、政治气氛、政权关系、权力集中的程度、政党制度等。⑤法制特征，包括对宪法的重视，法律的性质，各政府部门的司法权，关于组织的组成、税收及控制的特殊法律。⑥自然资源特征，包括自然资源的数量和可用性，以及气候与其他条件。⑦人口的特征，包括可向社会提供的人力资源的性质，人口的数量、分布、年龄与性别，人口集中程度或城市化程度。⑧社会结构，包括阶级结构及其变动、社会组织的性质及社会制度的发展。⑨经济特征，包括经济政策、经济结构、经济计划的集中或分散、银行体制、财政政策、投资水平及消费特征等。

特殊工作环境的变化也会对组织变革产生影响。特殊工作环境主要指那些与组织具有特定关系，对组织成员、组织结构和运行直接产生影响的外界环境。如果以一个典型的工业企业为例，构成其特殊工作环境的主要因素包括：①消费者，即产品或劳务的实际使用者。②供应者，即新材料的供应者、设备的供应者、产品部件的供应者、劳动力的供应者。③竞争者，即在供应者与消费者方面的竞争者。④社会政治与政策，即政府对行业的限制性控制，社会对本行业及其特殊产品的政治态度与组织内具有控制力量的工会的关系。⑤新技术与工艺的变化，包括适应本行业或有关本行业的在产品生产或劳务方面新的技术要求，在行业中采用新的先进技术以改进或研制新产品。

总之，无论是一般环境，还是特定工作环境，都在不同程度地发生变化，这些不同方面的外部环境的变化都有可能对组织产生强烈的冲击，使组织的正常发展进程和工作秩序发生改变，由此产生变革的阻力，引发组织变革。

（二）内部环境因素

除外部环境因素外，内部环境因素也是引起组织变革的另一重要原因。所谓组织内部环境，是指组织成员的工作态度、士气、期望、价值观及素质，组织结构、组织目标、组织冲突等。

在现实组织管理中，组织成员的期望与组织的实际情况之间总是存在差异。据沃尔顿研究：组织成员希望从事有利于自身成长的挑战性工作，但组织倾向于工作简单化和专业化；组织成员倾向于相互影响的管理形态，希望得到平等对待，但组织的特点是等级森严、地位差别、命令指挥、监督控制；组织成员希望在组织中获得情感上的满足，但组织强调的是理性，并不重视个人的情感；激发组织成员工作积极性的根本在于工作本身的价值、对组织的责任感和对人的尊重，但实际上，组织强调的是物质报酬、人身安全，而忽视了人的高层次需要。

由此可见，现实的组织结构、设计和管理形态与组织成员期望之间存在很大的差异。差异的扩大，将抑制组织成员的积极性。为了改变这种状况，组织必须变革。

美国学者西斯克认为，如果组织内部出现了下列情况之一，那就是组织变革的征兆：①决策的形成过于缓慢，以致无法把握良好的机会，或者时常出现决策错误。这种情况，可能是由于情报系统不佳或由官僚机构所造成的。②沟通不良。往往由于沟通障碍而造成严重后果，如协调不良、人事纠纷等。③组织的机能不能得到正常发挥，效率低下。如计划不能按时完成，成本过高，产品质量下降，财力不足，组织成员的工作绩效降低，等等。④缺乏创新精神，开发不出新产品，无法开拓新市场，组织发展处于停滞状态。当组织出现上述情况之一时，就要对组织进行诊断，以判定是否有必要加以变革。

02 第二节　组织变革的理论模式与程序

一、组织变革的理论模式

对于作为管理行为和过程的组织变革，西方许多学者提出了不少理论模式。其中，具有代表性的模式主要有以下几种：

（一）李皮特等人的"有计划的变革模式"

"有计划的变革模式"是李皮特、瓦特森、威斯特1958年提出的一种组织变革模式。此模式将组织变革的过程分为七个阶段：①变革需要的产生。当组织开始意识到自己所面临的困难时，便希望克服这些困难，从而产生对组织进行变革的需要。这时，组织感到进行变革可能需要外界的帮助，因此请顾问和专家来帮助变革。②关系的确立。组织向咨询人员提出要求和希望，并将组织变革委托给他们（称作变革代理人）。如果变革代理人同意参与组织变革，则双方就确立了关系。③问题诊断。变革代理人对组织的问题进行调查和分析，组织应给变革代理人提供足够的信息，以便确定变革目标。④目标的确定。变革目标确定以后，必须制定达到目标需采取的特别步骤。组织和变革代理人必须同意采取一致的行动，并彼此配合。⑤行动。这是指变革执行过程。⑥变革的普及与稳进。为了使变革在整个组织普及，管理部门必须促使新的行为模式形成，并制定新的组织步骤，以适应变革的要求。在此阶段，要求对变革的结果进行评估，并使变革达到一种稳定状态。⑦终结关系。当变革得到普及并且达到稳定状态后，变革计划就算告一段落。变革代理人可以终止与组织的合作关系，而转入另外的计划。

（二）利维特的系统变革模式

美国斯坦福大学管理心理学教授利维特1964年提出，组织是一个系统，包括技术、结构、人员和任务四个因素。这四个因素相互作用、相互影响，从而使组织成为一个动态的系统。其中一个因素发生变化，便会牵动整个组织，引起其他因素变化。这四个因素之间的相互关系如图14-1所示。

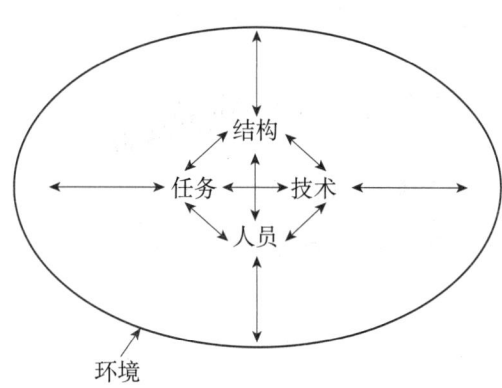

图14-1 组织系统四个因素之间的相互关系

如果改变结构因素，会影响组织成员的态度和人际关系，也会造成技术因素的改变，因为某些新技术只适用于分权式组织，而某些新技术只适用于集权式组织。

如果改变技术因素，就会影响工作绩效，同时对结构因素和人员因素也有很大影响。

如果改变人员因素，如鼓励参与管理，实行工作扩大化和工作丰富化，必然引起结构因素和技术因素的改变。

（三）格雷纳的组织变革模式

哈佛大学教授格雷纳1967年在《组织变革模式》一书中，提出一种按权力划分的组织变革模式。他认为，一般组织的权力分配情况有三种：独权、分权和授权。这三种权力分配可以有七种变革方式。

1. 独权

在传统组织中，独权的领导方式往往是独裁式的，将权力集于一身。因此，组织变革也往往由掌握最高权力者来决定，下级来执行。在这种管理方式下，组织变革有三种方式：①命令式。即最高权力者宣布变革决定，下级执行。②取代式。即更换组织中不称职的重要职位者，以他人代之。③结构变革。即改变组织的设计与技术等结构的关系，以影响组织成员的行为。

2. 分权

分权，就是实行权力分享，让下级参与变革的决策。在这种管理方式下，组织变革有两种方式：①团体决策。这是指组织管理者拟定几种变革方案，由组织成员共同参与决定选取其中一种。②团体解决问题。这是指变革方案由团体讨论并提出解决问题的方式。

3. 授权

授权是上级将权力和责任赋予下级，让他们自己决定变革什么和如何变革。在这种管理方式下，组织变革也有两种方式：①个案讨论。上级只对讨论作指导，而不把自己的意见强加给团体。鼓励下级提出自己的看法和分析，自己决定适当的变革方案。②敏感性训练。这主要是为了改变人际关系，提高工作绩效。

格雷纳的组织变革模式的侧重点在变革的权力方式。根据研究，他认为，组织变革的成功方式是分权，而不是独权或授权。

（四）薛恩的适应性变革循环模式

美国心理学家薛恩在《组织心理学》一书中提出组织的适应性变革循环模式。

薛恩认为，组织变革要经过如图14-2所示的六个步骤。

薛恩认为，组织的适应性变革循环是从组织内部或外部环境的某些方面开始的，同时又是从一个更为适应变化的、动态的、处理变化的一系列的过程或活动结束的。为了分析这个循环，可以从概念上把它分为几个阶段：①洞察内外环境的变化。②向有关单位提供有关变革的确切的信息，并领悟其中的含义。③根据所获信息，改变组

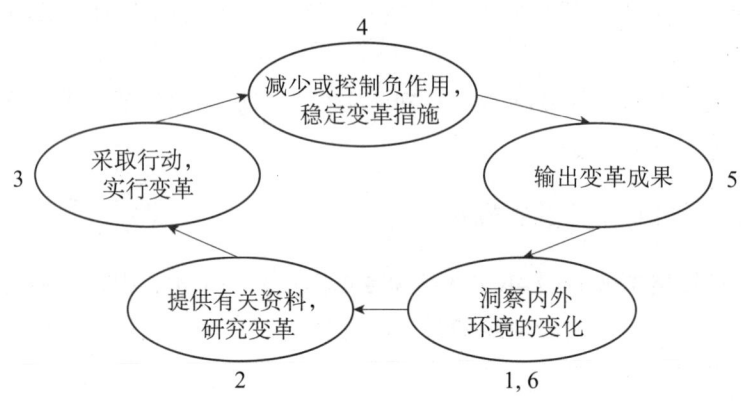

图 14-2 组织变革的六个步骤

织内部的生产或转换过程。④减少或控制因变革而产生的负作用,稳定变革措施。⑤输出新的、与原来所了解的环境变化更为一致的产品或服务等。⑥经过反馈,进一步洞察内外环境变化的一致程度,评定变革结果。

薛恩认为,组织变革存在的主要问题是:不能觉察到环境的变化,组织中的有关单位无法掌握确切的信息,无法使组织系统作出必要的改变,无法稳定变革措施,无法得知变革是否成功的反馈。

(五)斯特克兹的情境变革模式

斯特克兹1972年提出情境变革模式。他认为,组织变革的方式取决于组织成员的技术能力和人际关系的组合,这种组合如图14-3所示。

图 14-3 组织成员的技术能力和人际关系的组合

根据这种不同组合,斯特克兹提出了四种变革形态:①自然性变革。当组织成员是低技术能力和低人际关系的组合时,采用自然性变革最有成效。②指导性变革。当组织成员是高技术能力和低人际关系的组合时,采用指导性变革最有成效。其他方式的变革,不是花太多的时间,就是管理者要具备多方面的技术,因此不太有效。③合作性变革。当组织成员是高人际关系和低技术能力的组合时,采用合作性变革最有成效。④计划性变革。当组织成员是高技术能力和高人际关系的组合时,采用计划性变革最有成效。

上面介绍的几种组织变革的模式，是根据不同的理论，从不同的角度来探讨组织变革的。有的模式将侧重点放在变革的步骤与过程上，有的模式通过权力分配情况来讨论变革方式，有的模式根据情境权变理论讨论变革。它们从不同侧面揭示了组织变革的特性，以引发人们思考。

二、组织变革的程序

为了使组织变革取得预期的成效，变革时需要遵循科学的、合理的步骤或程序。对于组织变革的程序，西方学者提出了许多看法。例如，罗希认为，组织变革要经过创设需要变革的知觉、分析诊断环境、沟通变革人员、监视变革并调整修正四个阶段；凯利认为，组织变革要经过诊断、执行、评估三个步骤；艾诺芬认为，组织变革有十个主题等。他们所提出的变革步骤或程序有许多相似之处。归纳起来，完整的组织变革过程，不外乎要经历以下步骤：

（一）组织诊断

组织诊断就是依据和运用科学方法，对组织现状、存在的问题进行分析和界定。

当组织变得没有活力、效率低下时，组织管理者应该研究和分析造成这种状况的原因，找出问题的根源，并确定问题的症结。如同病人服药一样，想要对症下药，就必须先了解毛病在哪里，否则，良药虽好，也无济于事。这便是组织诊断的作用。

组织诊断是组织变革的重要步骤和必要环节。组织诊断一般着眼于以下四个层面的问题：①组织结构层面，如组织结构与组织功能是否协调、组织分工是否明确、部门权限是否清晰、权责安排是否一致、分权与授权是否合理等。②组织程序层面，如工作程序是否科学、工作流程是否合理、规章制度是否健全等。③信息与控制层面，如情报沟通网络是否畅通与健全、控制体系是否有效、考核体系是否科学等。④组织行为层面，如组织成员的心态、组织成员的行为、人际关系、领导行为等。

组织诊断涉及的内容非常广泛，常用的组织诊断的分析工具有：①组织问卷。主要了解各类人员的职位及其功能。②职位说明书。主要了解每一职位的名称、功能、职责、权力、职位之间的关系等。③组织图。它是以图表形式表示某一时间内组织结构及主要职能，以及各部门、层级之间的关系。④组织手册。它通常是职位说明书与组织图的综合，用以说明直线单位的职责与权限，每一职位的功能、职权、责任，主要职位之间的相互关系。有时也包括组织目标、政策、规章制度等方面的说明。⑤调查研究法。例如，通过士气调查、工作态度调查、领导行为评价等，了解许多通过上述组织分析工具不能了解的问题。

（二）变革方案的制订

组织诊断是组织变革的第一步。组织诊断的结果导致变革需要的产生，引发变革动机。变革方案的制订就是在组织诊断的基础上制订组织变革的行动方案。变革方案确定了组织变革的框架、目标、步骤、途径，是实施组织变革的重要依据。变革方案是否科学、是否可行，直接影响组织变革的成效。一般而言，组织变革方案的内容主要包括以下几个方面：①变革目标的选择；②变革重点的确定；③变革的战略与方法；④变革过程中的潜在问题及防范措施；⑤变革资源的分配和利用等。

组织变革方案制订的关键在于方案的可行性，包括方案政治上的可行性、经济上的可行性和技术上的可行性。

（三）组织变革的实施

组织变革的实施就是将组织变革的方案付诸行动。实施是将理想变为现实的桥梁，有效的实施是确保组织变革目标实现的关键。组织变革实施的关键在于：①选择适当的变革时机。即确定在某一个时期或阶段来进行组织变革。②选择适当的变革途径。即针对组织存在的问题，确定问题解决的途径和方法。③选择适当的变革规模。小规模试行变革计划，不断修正、补充变革计划，取得经验后再逐渐推行。④营造良好的变革气氛。即通过宣传教育，提高组织成员对变革的认同度和支持度，消弭变革的阻力，使全体成员能够参与到变革中。

（四）组织变革的评估

组织变革的评估就是对组织变革的绩效和影响进行分析与论证，总结成效与经验，作为延续或终止变革的依据。

组织变革的成败取决于最终变革的绩效。在变革过程中，要十分重视变革效果的反馈，并对反馈结果进行分析，不断了解变革中存在的问题，实施不断追踪的决策，修正变革目标、计划。变革结束以后，根据标准对变革成果进行检验，以证明变革是否达到预想的目的，在多大程度上达到目的，找出存在的偏差和问题，为下一轮变革做好准备。同时，要总结变革的经验教训，使以后的组织管理更富有成效。

03 第三节 组织变革的途径与方法

由于组织所面临的问题不同，变革的任务不尽相同，变革的内容和范围也各异，因此，组织变革可以从多方面进行，通过不同途径和方法实现变革目标。一般来讲，组织变革可以从以下几个方面入手：①从组织结构入手，对组织结构进行调整或重组。②从技术入手，对组织进行挖潜改造和革新。③从人的因素入手，提高组织成员的积极性和创造性，改变组织成员的行为。④从调节和控制外部环境入手。⑤系统变革。这几个方面的侧重点是不同的，但相互之间又有联系。

一、以组织结构为中心的组织变革

组织作为一个开放系统，其结构要随着环境的变化而调整。所谓组织结构的改革，简单来说，就是组织结构的调整或重组，包括划分和合并新的部门、协调各部门工作、调整管理幅度与管理层次、权力下放等。通过改革组织结构来实现组织变革的方法比较直接，见效快，常常可以使组织发生根本性的改变。当组织的外部环境发生变化，组织结构内部环境影响组织效率时，就应考虑以组织结构为中心的组织变革。

以组织结构为中心的组织变革的主要内容可归纳为以下几个方面：①组织职能的调整；②建立适应职能的组织结构；③调整管理幅度与管理层次；④调整权力结构，明确各机构的职、责、权范围；⑤调整决策结构，处理好集权与分权的关系；⑥调整与改变工作流程，使工作程序合理化；⑦改进管理制度，改革报酬制度与奖励方式。

二、以技术为中心的组织变革

技术是人们最广泛、最普遍地用来说明社会及其机构的变革、人的变化、新组织的建立、落后组织衰亡的原因。技术虽然不是变革的唯一根源，但正如美国著名未来学家托夫勒所言，技术是引发变革的巨大而轰鸣的引擎。技术的改变对现代社会组织的生存和发展产生巨大的影响，尤其是当今社会，科学技术发展日新月异，组织竞争日益激烈，在此情况下，采用先进的技术，已成为组织变革的一大杠杆。

以技术为中心的组织变革的核心就是通过开发、引进先进设备，采用新技术、新工艺、新方法，提高组织的技术含量，达到提高组织效率的目的。进行技术革新和技术改造，挖掘潜力，是一种投资少、见效快的组织变革方法。

三、以人为中心的组织变革

组织中的核心要素是人，管理的核心是以人为中心的管理。同样，实现以人为中心的变革，是组织变革的关键所在。

技术和组织结构的改变，从某种程度来讲仅仅创造了适宜人工作的环境，未能从根本上改变人的行动、调动人的积极性、发挥人的潜能。而以人为中心的组织变革，正是通过改变人的知识和技能，特别是改变人的态度、行为、人际关系，达到激发人的动机、提高组织效率的目的。

如何实施以人为中心的组织变革？美国心理学家勒温从人的心理机制的变革角度给

予了精辟的分析。他认为，人的心理和行为的变革要经历解冻、改变、再冻结三个阶段。

在解冻阶段，要激励人要求变革的动机，打破传统的心理平衡和固有的行为模式。首先，要使人认识到走老路是没有出路的，所以就要否定旧的态度和行为，使人认识到改革的紧迫性和重要性。其次，要创造一种心理上的安全感，消除改革的心理障碍，使人对变革抱有信心。

在改变阶段，使人形成新的观念、态度和行为模式，向其指明变革的方向和方法。可以通过强制命令、角色模式的认同、内化作用等方法，促进人的行为的改变。

再冻结是指利用必要的强化方法，使已经习得的新态度、新行为趋于持久和稳定。

四、通过调节和控制外部环境实现组织变革

组织不仅要适应外部环境的变化，还要主动地采取措施，调节和控制外部环境，为组织的生存和发展创造条件，使之在最大程度上有利于组织目标的实现。因此，组织变革除了改革组织结构、人员、技术，还应重视创造新的环境，例如，开辟新的市场，加强与外界的信息联系，与外界建立良好的关系，等等。

五、以系统为中心的组织变革

以系统为中心的组织变革就是从组织与环境适应和整体系统的立场，对组织的结构系统、技术系统、价值系统、社会心理系统、管理系统进行变革，以提高组织的整体效能。

在现实中，几乎所有的组织都处于不断变化的环境之中，任何组织都是由若干相互制约、相互依存的子系统有机结合而成的。就变革而言，某一部分或某一方面的变革必然引起其他部分或其他方面的变化。因此，必须从系统观点出发，考虑整个组织的变革。也就是在变革某一因素时，必须注意到它与其他因素之间的联系以及对其他因素的影响，并考虑实施相应的变革。以系统为中心的组织变革要求既考虑到各局部、各环节，又从组织整体出发协调各部门、各环节之间的关系。同时，系统变革也意味着组织变革的措施要系统、配套完整。只有这样，才能实施较为完全、彻底的变革，才能提高组织的整体效能，促进组织发展。

04 第四节 组织变革的阻力及其消除

变革，大到社会革命，小到改良，总是存在程度不同的阻力。组织变革的阻力来

自政治、经济、文化、思想、心理等方面。认识组织变革阻力产生的原因，掌握消除组织变革阻力的方法，对促进组织变革、加速组织变革取得成效具有十分重要的意义。

一、组织变革阻力产生的原因

人们为什么反对变革？根据现代心理学和行为科学的研究，抵制或反对组织变革的原因，主要在于心理、经济、组织本身、社会等因素。

组织变革阻力产生的原因

（一）心理上的抵制

从一定程度来讲，组织变革的根本任务在于改变组织成员的态度及行为习惯。人在形成某一特定的态度与行为习惯之后，再将其放弃，并建立新的行为模式是十分不易的。在心理上，人们总是存在一些抵制变革的因素，主要表现在：①心理上的不安全感。通常人们对自己长期从事的工作总是熟悉的，许多人又总喜欢生活、工作的安稳，不愿意冒险。熟悉、稳定的工作和生活会给人们带来心理上的安全感。而一旦遇到变革，人们往往会感到茫然无措，心理恐慌，心理上的安全感便会丧失，从而抵制变革。②心理平衡被打破。人们的心理具有追求平衡的倾向。组织变革打破了人们的旧观念和已经习惯了的行为模式，使其难以适应，从而失去心理平衡。人们总是习惯于通过认同旧的行为模式来恢复心理上的平衡。为了维持这种平衡，人们便会自觉或不自觉地抵制变革。③权力或地位的丧失。许多人（包括组织的领导者）总是害怕自己的地位、权力、影响力在变革过程中受到损害，因而抵制变革。④人际关系紧张。组织变革必然触及人与人之间的关系，可能改变原有的人际关系，造成一定程度的人际关系紧张。因此，为了维持原有的人际关系，人们可能从感情上对变革加以抵制。

（二）经济原因引起的抵制

经济原因引起的抵制主要是人们对经济来源和经济收入的担心。如组织成员担心技术改革后可能存在被解雇的危险，职务改变或工作改变可能导致收入降低等，这些对经济利益受损的担心，往往是抵制组织变革的主要原因。

（三）组织本身的阻力

组织从其本身来说是保守的。由于种种原因，组织也不同程度地抵制变革。一般来说，组织抵制变革的原因主要有：①结构惯性。组织有其固有的机制保持其稳定性。当组织变革时，结构惯性就充当起维持稳定的反作用力。②群体惯性。一般来讲，组织中的群体存在维持群体处于平衡的心理倾向，因此，变革一旦涉及群体，使原来的平衡遭到破坏，便会遭到群体的反对。③对专业知识的威胁。组织变革可能会影响专业群体的专业技术知识，遭到专业部门的抵制。④对已有的权力关系的威胁。任何变革都会威胁组织长期以来形成的权力关系，变革意味着权力的重新分配或调整，基层管理者和中层管理者往往从心理上抵制变革。⑤对已有资源分配的威胁。组织中控制较多资源的群体，也视变革为威胁，担心变革会影响其在资源分配中的优势地位，从而抵制变革。

（四）社会的原因

组织不可能与社会环境隔绝，社会力量的干预、社会舆论、社会风气、传统文化以及落后的行为模式、思维方式、政治气候等都可能干扰和阻碍组织变革。

二、克服组织变革阻力的途径和方法

如何克服组织变革的阻力，增强组织变革的动力，推动组织变革的实现，对于组织变革至关重要。沃尔顿认为，组织如果做好下列12个方面的工作，则可减少阻力：①让有关人员参与变革方案的制定，使其认为变革是自己的事情。②如果变革方案能得到高层管理者的全力支持，则阻力将减少。③如果能使参与者认为变革将减少而非增加他们的负担，则阻力将减少。④如果变革方案所根据的价值与理想为参与者所熟悉，则阻力将减少。⑤如果变革方案所提供的经验使参与者感兴趣，则阻力将减少。⑥如果变革方案能使参与者感觉到他们的自主权与安全没有受到威胁，则阻力将减少。⑦如果参与者能参与对组织的诊断，使他们同意组织变革的基本问题，并感觉到变革的重要性，则阻力将减少。⑧如果变革方案能被参与者采纳，则阻力将减少。⑨如果使变革的赞同者和反对者辩论，并了解反对者的理由，设法减轻其不必要的恐惧，则阻力将减少。⑩如果参与者能认识到创新可能被误解，同时做好反馈，则阻力将减少。⑪如果能使参与者自信并彼此相互接受、信任，则阻力将减少。⑫如果变革方案能够公开讨论，参与者凭经验推断变革可以成功，则阻力将减少。

沃尔顿提出的建议对于消弭组织变革的阻力有很大的启发作用。综合许多学者的研究成果，本书以为，要想克服组织成员对变革的抵制，需要采取以下方法：

（1）鼓励组织成员参与变革方案的制定与实施。现代行为科学实验研究表明，人们对某项事情参与的程度越高，承担责任的可能性越大。因此，在组织变革过程中，要吸引、鼓励组织成员参与变革方案的制定与实施，使他们产生自主权和安全不会受到威胁的感觉，从而避免抵制心理产生。

（2）加强对变革的认同。通过宣传、教育和沟通，使组织成员对变革的必要性和意义有足够的认识，明确变革的利害关系，产生认同感，支持变革。

（3）利用群体的动力。这是一种利用群体力量改变个体或群体本身的方法。主要包括：①培养归属感。培养群体成员强烈的归属感，使群体成员把群体看成自己的群体。②提高群体凝聚力。提高群体成员对群体目标的认同,能够合作互助,患难与共。③借助个人威信。借助威信高、能力强的领导者,运用其影响力强化群体的认同感。④加强沟通。加强变革过程中的沟通,使群体成员及时了解变革的动向,产生共同的知觉。⑤建立与变革相一致的群体规范。⑥明确变革目标,加强对群体成员的激励。

(4) 力场分析。一项变革,一般存在着两种力量:一种是推动力,另一种是抑制力。在变革中,如遇到阻力,可以用力场分析去分析推动力和抑制力的所有因素,分析其强弱,然后采取措施,通过增强支持因素和削弱反对因素,推行变革。

成功推行组织变革是一件困难的事情,它需要获得准确的信息,需要灵活性与创造性,需要责任心,需要变革的气氛,也需要稳健与求实。只有这样,组织变革才可能最终取得成功。

第五节 组织发展的含义、特征与信念

一、组织发展的含义

组织发展起源于20世纪50年代初的调查反馈方法和实验室培训运动。它是美国心理学家勒温提出的。勒温建立了群体动力学研究中心,开展对职工态度的调查,创造了调查信息反馈的方法。1947年勒温去世以后,他所开创的研究规划仍继续进行。

1947年,群体动力学研究中心和美国教育协会在缅因州合作成立"国家实验训练室",该实验室根据群体动力学观点进行"T群体"训练。从20世纪50年代开始,该实验室开始面向社会探索如何把心理学研究成果运用于解决组织存在的具体问题。

1957年美国著名行为学家麦格雷戈应邀到联合碳化公司(Union Carbide)与公司人事部门联合成立顾问小组,将实验室训练的技术系统地在公司使用。这个小组后来被称为"组织发展小组"。

20世纪60年代以后,随着社会的发展,各社会组织面临巨大的挑战。为了求得生存与发展,许多企业组织谋求调整与改革,组织发展十分兴盛。很多大学也开始讲授组织发展的课程。组织发展除了在企业进行,美国各地的学校、社区、地方及州政府、联邦政府也开展组织发展活动。

20世纪70年代以后,组织发展活动在各国逐渐普及,如加拿大、瑞典、挪威、德国、南斯拉夫、日本、澳大利亚、荷兰等都开展了组织发展活动。

组织发展是近几十年来组织管理研究的一个新领域。对于什么是组织发展,学者有着不同的说法。

美国组织发展理论家贝克哈德认为：组织发展是运用行为科学知识，进行有计划的、全局性的和自上而下的介入组织各种过程的行动，其目的在于增进组织效能和保障组织健康发展。

组织管理学家比尔认为，组织发展是从收集资料、分析问题、作出行动计划到采取干预措施、评价整个系统的活动过程，其目的在于使组织结构、活动过程、战略、人员、作风、制度更好地相互配合，提出新的和具有创造性的解决问题的方案，开发组织自我更新的能力。

综上所述，所谓组织发展，是指运用行为科学的理论和技术，根据组织内外环境的变化，合理地设计组织的结构与体系，妥善地运用和调整组织的人力、物力、技术等资源，对组织管理的模式和人的行为实施变革，从而增进组织的有效性和活力，实现组织效能的过程。

二、组织发展的特征

（1）组织发展是一个连续不断的过程；组织发展有一定的目的；组织发展不会经一朝一夕的努力便可成功；组织发展不是为解决组织暂时出现的问题而采取的权宜之计，而是通过长期相互作用及一系列变革程序，持续、渐进地接近目标的过程。

（2）组织发展注重行为科学的理论和方法的应用。行为科学的理论和方法是组织发展的基础。组织发展从行为科学的动机理论、人格理论、学习理论、群体动力学理论、领导行为理论、组织设计理论中获取营养，吸收一般系统组织理论的知识加以充实。可以说，组织发展是对行为科学的发展。

（3）组织发展是通过有计划的再教育来实现组织变革。组织发展理论假设规范是组织成员行为的基础，经过有计划的教育和训练，组织成员可以抛弃不适应组织发展的旧规范，建立新规范，从而改变组织成员的行为，达到组织发展的目的。在组织中，规范的基础是组织成员的态度和价值观，因此，组织发展包含对态度、价值观、技能、人际关系等多方面因素的调整和改变，这种调整和改变的手段就是有计划的再教育。一旦完成了再教育，组织成员将成为组织变革的动力。

（4）组织发展是一个动态的系统，系统分析和系统管理是组织发展的重要基石。系统分析被运用于组织发展，特别强调组织各部分的相互联系和相互制约。系统的观点强调在组织发展中，组织中的各种事件不能被看成孤立的，而是相互关联的。管理者不仅要了解这些事件，而且要了解这些事件之间的联系。组织某一部分的变革，必然要涉及其他部分，个人的改变会影响群体，群体的改变会影响组织，变革是一个多变量的因果关系。所以，组织发展必须从动态的系统的观点出发，既要考虑局部，又要协调全局，还要调节组织与外部环境的关系。

（5）组织发展的目标性与计划性。组织发展的各种活动，实际上是设置目标、制定达成目标的规划，并采取种种措施去实现这些目标的过程。明确的目标和切实可行的计划能够有效地激发组织成员的活动动机，提高工作效率。

（6）组织发展必须以事实为根据。组织发展必须从本组织的具体情况出发，根据本组织的发展状态和存在的问题、本组织的性质和需要来确定组织发展的战略，用特定的分析和解决问题的方法解决组织存在的问题，不能无视本组织的实际情况，盲目引进其他组织的变革模式。

三、组织发展的信念

如前所述，组织发展从一些传统的学科（如心理学、社会学及人类学等）吸取了不少营养，并在行为科学方面得到充实。因此，组织发展的信念建立在有关个人、群体和组织具体管理基础之上。这些信念指导组织发展的程序与做法，主要包括关于个人的信念、关于群体的信念、关于组织的信念。

（一）关于个人的信念

（1）个人有成长与发展的需求。这些需求大多数可在富有鼓励性和挑战性的环境中得到满足。

（2）多数的组织成员都要求发挥其潜力，也都有可能担负起比目前更大的责任以及为组织目标贡献更大的力量。然而许多组织的工作设计、管理的假设或其他因素，往往不能充分激励组织成员。

（二）关于群体的信念

（1）群体对个人而言极为重要，绝大多数个人在群体中满足他们的需求。群体包括同事及上级，群体对个人具有很大的影响力。

（2）群体依其性质，对组织而言，可以是有益的，也可以是有害的。组织发展的目标之一就是要清除组织群体的消极影响，发挥其积极影响。

（3）群体若能合作并同时满足个体的需求及组织的目标，则可增加群体效能。群体成员若能相互协助，就能实现更多的群体效能。

（三）关于组织的信念

（1）由于组织是一个系统，任何子系统（社会、技术或管理）的改变都会影响其他子系统。

（2）多数人的感情和态度会影响他们的行为，但是组织的气氛似乎都在抑制这些感情和态度的表达。当感情受压抑时，问题的解决、工作的满足感和个人的成长都会受到不利的影响。

（3）在大多数组织中，成员之间的相互支援、相互信任以及合作的程度都极不理想。

（4）要求组织成员或部门彼此竞争的策略有时虽然合用，但多数情况下，对组织成员及其组织都会产生不良的影响。

（5）个人之间或群体之间的人格冲突往往是组织设计造成的，而非个人因素所致。

（6）重视感情因素将有利于领导作风、沟通、组织之间的相互合作和工作满足的改善。

（7）将命令式或安抚式的冲突解决方法改为开诚布公的讨论，可以同时达成个人发展需求和工作满足的改善。

（8）组织的结构或工作的设计可以重新修正，使其更有效地满足个人、群体与组织的需求。

06 第六节 组织发展的主要措施和方法

一、以资料为基础的组织发展技术

组织发展必须依据组织诊断的结果进行，而诊断需要收集资料。所谓以资料为基础的组织发展技术，就是指在组织发展过程中，特别强调向组织成员收集有关组织现状和问题的具体资料，然后以这些资料为基础分析问题，研讨解决问题与改进的方法。以资料为基础的组织发展技术包括：

（一）调查反馈法

调查反馈法主要是利用问卷向组织收集有关组织及其成员的资料，组织成员以这些具体资料为基础诊断组织存在的问题，并拟订解决问题的计划。调查反馈法的基本程序如下：①调查问卷的编制。针对组织的性质和所要调查的内容编制问卷。在美国，普遍采用的问卷是美国密歇根大学编制的"组织调查问卷"。当然，现成的问卷虽然在信度、效度及覆盖面方面相当完备，但由于每个调查单位的性质不同，因此在调查测试时，应对问卷进行修正和补充。②实施调查。向被调查者发放问卷，要求其作答。在规模较大的单位，可采用抽样调查。③资料整理和统计。将问卷收回，进行资料整理和分析，按预先设计的计分方法进行统计处理，得出各种数据，对数据进行比较和分析，找出各种变量之间的相互关系，发现存在的问题。④资料回馈。将调查结果反馈给被调查者，使他们了解调查的结果，明确存在的问题。⑤提出改革计划。在调查、访问的基础上对组织现状进行综合分析，提出诊断报告，分析问题及其产生的原因或根据，提出改革的建议。⑥实施改革。咨询人员和组织管理人员共同讨论研究问题，提出改革计划，将计划反馈给组织成员，让组织成员发表意见，然后对计划进行修改，制订正式改革计划，并着手实施正式改革计划。在实施过程中，仍要不断听取反馈意见，以便更好地完成改革目标。

（二）职位期望技术

职位期望技术的主要作用是澄清并界定组织成员在组织中的角色及应负的责任。

在组织中，个人总是扮演一定的角色，上级领导、下属、同事、顾客等对他都有一定的期望，希望他能够采取某些行为方式。这些期望组合起来就成为这个人的"角色"或"角色集合"。

职位期望技术在实施过程中，大致经历的步骤有：①判定职位期望技术的适用性。如果组织有角色不明或角色冲突现象，这便说明职位期望技术是可采用的方法。②建立目标。使有关人员了解实施职位期望技术的目的是澄清并界定组织成员在组织中的角色及应负的责任。③选择会议场所。场所应选择在办公地点以外，以免受例行工作的干扰。④确定职位期望。会议开始后，每个人将自己所认为的任务与职责列在一张纸上。接着，全体与会者就这些当事人所认为的角色加以增减和讨论，并提出同意或反对的理由。⑤完成职位期望分析。当与会者对某一职位的角色及应负的责任有了一致看法时，当事人需将他此时认为的"他的职位是什么"逐项写出，然后将此印发给全体与会者，以确定大家对其职位角色已有明确而一致的看法。⑥完成全体人员的职位期望分析。按以上步骤对每个人的职位逐一进行分析和界定。

二、以行为为中心的组织发展技术

组织中的工作和绩效，都要通过人的行为来完成的。以行为为中心的组织发展技术包含的内容很多，同时也是早期组织发展的重心。以行为为中心的组织发展技术主要有以下几种：

（一）敏感性训练

敏感性训练又称敏感度训练或"T训练"，是一种在实验室进行的组织发展技术。所谓敏感性训练，就是通过群体间相互作用的体验，提高受训者的社会敏感性和行为的灵活性，帮助受训者提高对自身、他人、群体和组织的认知能力和理解力，并掌握如何处理这些社会关系的技能。敏感性训练的目的在于：①使受训者更了解自身的行为，以及这些行为对他人的影响。②使受训者更能了解和感受他人行为的含义。③使受训者更能了解群体内与群体之间的种种程序。这些程序常常对群体的运作产生或正或负的效果。④培养受训者对群体内及群体间种种问题的诊断能力。⑤提高受训者学习转移的能力，使他们能够将所学的行为技巧移转到真实的工作情境中。⑥使受训者更有能力分析本身的人际行为，并可以通过这种能力来改善自身与同事之间的人际关系，使之达到更令人满意的水平。

需要说明的是，并非每次敏感性训练都要同时达到以上目标。每次训练所欲达到的目标或努力的重点应该视组织当前所面临的问题性质而定。另外，敏感性训练不同于一般的教育训练，它具有三个明显的特点：①强调此时此地，以成员在T训练小组中的表现作为讨论对象；②强调过程，它注重"怎么样"，而不注重"是什么"；③强调真实的人际关系。

关于敏感性训练的步骤，人们有许多不同的看法。美国心理学家薛恩把敏感性训练分为三个阶段：①旧态度解冻阶段。从训练一开始，就使受训者旧的态度受到破坏而逐渐消失。②加强敏感性阶段。通过受训者的相互作用，受训者开始逐步建立新的相互关系。③新态度和行为方式的巩固。

一般来讲，敏感性训练大致可分为如下阶段：①非正式的讨论议程，由受训者自由讨论，相互启发，增进彼此间的了解。②受训者不加掩饰、坦率地表达自己的看法。③着重增进人际关系，受训者相互学习，促进新的合作行为。④根据实际工作中的情境和问题，巩固学习效果。

许多研究表明，敏感性训练在改变人们行为方面确实有价值，最主要的改变通常在于个人开放坦诚的程度、对他人意见的接受程度、对行为层面各种现象的感受能力、沟通的能力与意愿、倾听他人意见的技巧。

敏感性训练最为人诟病的是行为改变的持久性与应用性。在训练中，个体的行为确实发生了明显的改变，但一回到工作单位，其行为立刻恢复原样。导致这一问题的原因是工作单位中的其他人可能未经过这样的训练，对他的行为不理解，其他人对他施加压力，使他的行为回到原来的模式。据此，敏感性训练如能配合其他方法，如团队建设，则效果更好。

（二）团队建设

组织是由为完成不同任务的若干群体组成的，群体效率直接影响组织效率。如何改进组织内各群体的效率，便成为组织发展的重要内容。

所谓团队建设，就是依靠群体成员自己来提高群体效率的计划性活动，其目的在于运用行为科学的方法，分析和处理群体内存在的问题，协调和改进群体内部的关系，发挥群体作用，提高组织效率。

开展团队建设一般需经过下列三个步骤：①解冻。让群体成员发觉问题，意识到变革的需要，并发扬开诚布公、互相信任的合作精神。②采取行动。使用调查反馈方法收集资料，集体分析情况，共同找出问题，并制订行动计划。③再冻结。计划贯彻实施后，集体总结评价，将变革成果加以稳定与巩固。

由于团队建设的内容和要求不同，因此可以通过不同的方式来实现。比较常用的团队建设模式有：①目标建立模式。即通过群体成员共同参与目标拟订，提高群体的效率。这一模式特别强调群体目标的认同，并使之影响群体中个人和群体的行为。方式是让群体成员充分参与群体目标的拟订，对组织产生更高的承诺感。做法是由成员集体讨论群体目标：目前的目标是什么？究竟应该有哪些目标？应该对哪些目标做增减？各目标之间的优先顺序如何？与此同时，在发展出一套新的群体目标之后，尚需拟订一套实施计划，以确保目标的执行与完成。②问题分析模式。即通过讨论分析的方法，发现和揭示群体存在的问题，提出解决的办法，提高群体效率。做法是群体成员以大会、分组会议等形式公开讨论，揭示工作中存在的问题。当所有看法都得到充分表达、交换并确定之后，顾问便辅导群体成员将各种问题依据性质加以分类。接着，群体成员开始针对每一问题，拟订具体的行动计划。这种模式的优点是可以使群体成员了解本单位的长处、缺点和存在的问题，明确行动的方向。③角色分析模式。即采用角色分析的方法提高群体效率。做法是以会议的方式，让群体成员面对面澄清彼此工作的角色，讨论决定"到底谁该做些什么"，目的在于明确各人承担的责任和扮演的角色。④人际模式。通过人际交往和互动，改善人际关系，提高群体效率。做法是营造良好的气氛，使群体成员自然地面对彼此的冲突，并无拘无束地交换意见。目的是提高群体成员彼此的信任感，相互支持，促进不带有价值判断的有效沟通。

团队建设的成功与失败取决于很多因素，包括人的因素（领导和上级的支持、群体成员的热心参与）、时机、团队成员在变革决策上所享受的自由度、对问题的认知程度等。组织管理者的职责便在于创造有利于团队建设的良好环境。

（三）过程咨询

所谓过程咨询，就是咨询人员通过一系列的活动，帮助组织成员认识、了解和处理周围环境所发生的事件。其基本假设为，咨询人员能够有效地诊断和解决组织管理中所面临的问题。过程咨询实施的范围包括沟通、组织成员角色、组织决策、组织领导、组织之间的合作和竞争等。

美国心理学家薛恩认为，组织发展的过程咨询包括以下几个步骤：①最初接触。委托人与咨询人员交换意见，介绍通过正常程序不能解决的问题。②确定关系。③选择背景和方法。④收集资料，进行诊断。⑤进行咨询干预，包括制定程序、反馈、指导以及调整组织结构等。⑥结束咨询。

实践表明，过程咨询可以解决组织面临的一些问题，但过程咨询一般耗时较长、费用较高。

（四）员工事业发展计划辅导

组织成员个人事业发展计划过去被认为纯属组织成员自己的事情，现在越来越多的组织意识到，这直接影响组织成员的工作表现和工作情绪。事业固然是个人生活的基础，它同时也会影响组织目标。有效地辅导员工事业发展，将成为促进组织目标和个人目标一致的重要手段，进而成为组织发展的重要途径之一。

国外企业组织对员工事业发展计划的辅导有许多方法，归纳起来，主要包括：①采用手册、小组会或"面对面"辅导等方式，帮助员工提高自我评价能力。②安排经理人员、咨询顾问、人事或教育训练专业人员承担辅导工作。③举办新职业所需的知识和技能或举办提高现有工作能力的训练班。④组织工作轮换，安排员工调换工作，帮助员工向外寻找工作，编制、更换职业指南，为员工创造调换工作的机会。⑤组织小组研讨会，相互帮助，制订事业发展目标与行动计划。

上述方法的目的在于帮助员工更好地了解自己的特点，制订出相应的奋斗目标和计划。各组织在实际应用中可采用上述方法中的一种或几种。例如，通用电气公司制定四套手册供全公司员工使用，内容包括：如何探索在生活经历中影响事业决策的关键问题；员工事业规划指南；经理人员辅导员工事业谈话注意事项；事业发展讨论会的设计与执行。实践证明，员工事业发展计划辅导，对员工个人的发展和组织的发展都起到了积极作用。

三、以整体系统为对象的组织发展技术

影响组织绩效的因素绝不止一两个。传统的组织发展将组织变革的重点放在行为层面而忽略了其他方面的影响，这往往使变革的效果大打折扣。随着组织不断发展，人们已经认识到这一事实，于是扩大了组织发展的内涵，将具体的组织制度、组织结构、经营策略等纳入考虑的范围之内，使组织发展技术日益全面。

（一）工作再设计

工作再设计就是通过对工作进行调整和再设计，使工作更有趣并具有挑战性，以此增强组织成员的工作满意度，激发组织成员的工作热情，提高组织工作效率。工作再设计的途径和方案为：①工作轮换。当组织成员觉得一种工作已不再具有挑战性时，组织就将其轮换到同一水平、技术要求相近的另一个岗位工作。工作轮换的好处是，可以丰富组织成员工作活动的内容，减少工作的枯燥感和组织成员对工作的厌倦情绪，有助于提高组织成员对工作的满意程度，进而提高其工作积极性。同时，工作轮换有助于扩大组织成员的技能范围，增加其工作经验，增强其适应能力。②工作扩大化，就是横向扩展工作，即扩大工作范围，增加工作数量，使工作本身更具有多样性。工作扩大化的好处是，能够克服工作的枯燥感，有助于提高组织成员的工作兴趣。工作扩大化的不足是在给组织成员活动注入挑战性和意义方面没有多大的作用。③工作丰富化，也就是工作内容的纵向扩展。如新的任务组合，给予组织成员更多的自主权；

开通反馈渠道，使组织成员及时了解自己的工作绩效等，增强组织成员的责任感、成就感和工作积极性。

(二) 格道式发展

格道式发展是布莱克和默顿倡导的一套极有系统的组织发展方案，其目的在于使组织达到最佳状态。布莱克和默顿认为，只要采取这一发展方案，组织的管理能力、达成目标的能力都能得到加强。整个方案相当系统化，并采用各种问卷和个案，使个人和群体估计自己的优缺点。方案由个人扩大至群体，直至整个组织。全面实施格道式发展一般需要3~5年的时间。

格道式发展方案的实施前后有六个阶段：

（1）实验研讨训练。这一阶段着重组织经理人员分组进行为期一周的研讨会。研讨会的主要任务是：以管理格道图为手段，系统分析组织原有的制度、习惯和行为；训练各部门协同工作的意识和技能；对正确和错误的事件制定出评价标准；培养开诚相见的气氛，使参加者敢于接触重大问题，敢于发表创见。

（2）小组建设和开发。这一阶段的工作内容是：完善小组规范；改进组织成员的工作表现；设置努力目标，拟订解决问题的方案。要求做到：制定出小组集体合作的最佳模式，制定出组织成员个人提高效率的明确目标，使组织成员培养与组织休戚相关的意识。

（3）小组间关系的建设和开发。这一阶段的要求是明确和分析小组与小组之间存在的矛盾，加强小组间的合作关系。要求做到：①每个管理人员懂得管理行为的理论，动员所属人员为实现组织的目标而努力。②每个管理人员研究和加强监督能力，以提高经营效果。③分析和评价每个小组的集体意识和合作情况，排除影响组织效能发挥的障碍。④小组之间的合作关系得到分析、评价和加强。

（4）制定理想的战略模式。这项工作属于最高管理层的工作，可吸收有关人员协助收集资料，提供咨询和技术分析。主持这一阶段决策的人员必须突破旧框框，按照前几个阶段获得的知识，客观分析本组织存在的问题，提出创造性意见。战略模式的制定应该通过组织上下结合的讨论，让下级管理人员有提出意见的机会。中型组织的理想战略模式的完善，需要半年到一年的时间。

（5）理想战略模式的实施。理想战略模式的实施意味着组织从现状转变到理想境界。由于组织内部的专业分工，理想战略模式的实施将从各部门入手。这便需要一位向高层领导负责的协调人员，其职责是围绕总目标，与各部门配合，制订具体的变革计划。

（6）系统评价。对格道式发展全过程的活动进行评价，巩固发展成果，制定未来发展的新目标。

(三) 斯坎隆制度

斯坎隆制度是以它的创始人斯坎隆命名的一种管理制度。斯坎隆原是拉帕因梯钢铁厂的工会负责人（后为麻省理工学院教授），1938年该厂濒于破产。在斯坎隆的创议下，该厂制定出劳资合作的管理办法，推行民主化的组织变革。斯坎隆提出的管理制度被许多工厂效仿，成为西方一种"民主化"的管理制度。

斯坎隆制度的核心内容是职工参与，集体奖励。这一制度建立过程包括以下几个方面：①分析问题。对企业中劳资关系、财务、生产、销售和行政等方面的问题，系统地收集资料和加以分析，抓住关键性问题，依靠大多数职工，采取相应的对策。②重新研究管理思想。检查是否让职工参与管理，主张在管理中实行分权，反对集权，主张民主管理，反对专制管理。③计算奖金比例。利用奖励来刺激职工的积极性。具体做法是，通过按月测算销售总值与生产成本的比例，得出衡量每月实际经营比例的标准，然后将此标准同每月的实际经营情况进行比较，找出每月除去成本、费用以外节约下来的劳动收益，再按劳资双方事先定好的协议进行分配。④教育与邀请。这是指通过一定的方式对职工开展教育，为他们参与管理创造条件。⑤建立委员会。建立有职工参加的各部门生产委员会和高一级的筛选委员会。生产委员会由基层班组长和职工代表组成，其职能是接受建议，进行可行性分析并解决基层生产的问题。筛选委员会由各部门生产委员会的代表和高层管理部门联合组成，其职能是分析上月经营成果，明确节约的数字是客观原因还是职工努力所致，使职工充分了解影响成果的有利因素和不利因素；处理涉及企业的重大问题和建议，制定企业政策。

理论家认为，斯坎隆制度的优点在于对职工增加激励，增加职工的安全感，使组织目标与个人目标相一致，增强了组织的竞争力。

小　结

现代社会一个十分明显的特征便是变革。社会生活的各个方面都处于不断的变化和发展之中。作为社会组织，必须随着社会环境的变化而作某种程度的改变，从而适应变化了的内外环境，以维系自身的生存与发展。组织发展与变革的过程，是组织寻求自我变革和不断创新的过程，是增强组织活力并提升组织效能的过程。组织变革与发展是组织管理的永恒主题，是组织维持其生存与发展的重要途径，是组织效能与组织生命力的源泉所在。

思考与练习

小试身手

第十四章 组织变革与发展

一、名词解释

1. 组织变革
2. 组织发展
3. 以技术为中心的组织变革
4. 以系统为中心的组织变革
5. 以资料为基础的组织发展技术
6. 工作再设计
7. 工作扩大化
8. 工作丰富化
9. 斯坎隆制度
10. 格道式发展
11. 过程咨询
12. 团队建设
13. 敏感性训练
14. 调查反馈法

二、简答题

1. 简述组织变革的含义及其特征。
2. 简析组织内部变革的动力与征兆。
3. 简述李皮特等人的"有计划的变革模式"。
4. 简述薛恩的适应性变革循环模式。
5. 简述格雷纳的组织变革模式。
6. 简述组织发展的特征。
7. 简述组织发展的信念。
8. 简述组织诊断的步骤与方法。
9. 简述工作再设计的途径和方案。
10. 何谓斯坎隆制度？斯坎隆制度的基本内容和主张是什么？
11. 简述敏感性训练的目的。
12. 简述敏感性训练的步骤。

三、论述题

1. 试论组织环境对组织变革的影响。
2. 试论组织变革的程序。
3. 试论组织变革的途径与方法。
4. 试论组织变革的阻力及其消除。

第十五章 行政组织管理的未来

学习目标

了解行政组织管理未来的挑战；
理解知识经济的特点；
掌握行政组织管理的未来趋势。

导 学

现代社会是高度组织化的社会，知识经济的兴起，信息与网络技术的发展与普及，全球化进程的加快，使行政组织管理面临前所未有的挑战。认识和了解影响行政组织管理的因素与力量，预测并把握行政组织管理的未来趋势，是行政组织管理的需要，也是提升行政组织适应能力和应对能力的必然要求。

01 第一节 行政组织管理未来的挑战

历史的发展证明，人类社会已经成为一个高度组织化的社会，一个越来越依赖各种各样的组织来实现各种目标的社会。我们不能脱离社会的整体来看待组织，它们是社会整体结构不可分割的有机部分。从开放系统的观点来看，组织是更为广泛的超环境系统中的开放系统，社会对组织产生影响，反过来亦是如此，组织的性质也对社会的性质产生重大影响。

在社会生活领域，未来可能是什么样子，总是人们最感兴趣的话题。假如可以预测未来，那么组织管理者和研究者便可以理性的规则预测未来，但是未来受到社会、政治、经济和技术等因素的影响，这预示着准确地预测组织管理的未来是不可能的，因为这个领域不是一门纯科学或者学科可以经由理论应用来研究的。预测未来是一件冒险的事情，但是，对未来可能性的分析和预测又是必须的，它可以使我们理解未来可能发生什么，以及假如特定的情境出现，我们如何才能避免坏的结果。

从历史上看，每一个时代都有每一个时代的管理模式。同样，行政组织管理，也有明显的时代特征。在研究行政组织管理的未来时，最重要的是认识对行政组织管理产生影响或者正在产生影响的力量，特别是目前的问题和未来的挑战，这恰恰是组织创新的动因所在。以下几种相互联系和影响的力量和变化，正在影响行政组织管理的未来。

一、知识经济

早在20世纪80年代，加州大学伯克利分校经济学家罗莫就提出经济增长的"四要求"理论，其核心思想就是知识是经济增长更重要的要求，是推动经济增长的主要动力。20世纪90年代初，美国管理学大师德鲁克在《后资本主义社会》一书中指出："世界上没有贫穷的国家，只有无知的国家"，"知识生产力将日益成为一个国家、一个行业、一家公司竞争力的决定因素"。

的确，知识经济已经成为我们这个时代不争的事实。据估计，知识经济在经济合作与发展组织成员国的国内生产总值中已占据50%以上。所谓知识经济，是以知识为基础的经济，是建立在知识的生产、分配和使用基础之上的经济，是一种新型的经济形态。与传统的经济相比，知识经济具有以下明显的特点：

知识经济的特点

（1）知识为组织根本的生产要素。知识经济时代，知识的地位并非与劳动力、资本、土地并列为组织的生产要素之一，而是成为组织唯一有价值的资源，知识成为一切组织在竞争环境中生存的关键。

（2）符号商品成为经济活动交换的对象之一。由于数字科技的发展，越来越多的图像、音乐、文字、信息以0与1所组成的电子符号为传输单元，社会亦进入以位元（bit）为组成单元的信息世界，当越来越多的实际存在转为符号时，经济活动交换的商品不再局限于实际物质，符号商品亦成为经济活动交换的对象之一。

（3）生产的去密集化与协作。先进的数字技术，使企业能够结合分布在全球的劳动力、原料及资金，减少企业对劳动密集、原材料密集以及资金密集的需求，有别于以往必须将所有生产要素集中在一个地点才能生产产品或提供服务的做法。

（4）虚拟工作场所。组织的工作场所可以分为实际工作场所和虚拟工作场所。实际工作场所是指组织实际生产、销售与员工实际工作的地方；虚拟工作场所则为交易和交换的虚拟存在。透过信息科技，不仅仅交易的标的、交易的地点可以虚拟化，服务也可以虚拟化，知识也可以在虚拟的场所进行学习、创造与分享。

（5）个人性的产品和服务。知识经济促进组织生产能符合个别顾客独特需要的产品和服务。相比较过去，目前顾客在生产过程中扮演了更积极的角色，顾客的知识和想法成为生产过程中的一部分，使得生产与消费的关系变得更为密切，甚至合二为一。

（6）即时性与变革的加速。由于信息传播、知识创新、科技扩散，产品从研发、上市到淘汰的生命周期缩短，随着新产品及新服务的推出，随时有被新产品或新服务取代的可能。组织唯有不断创新与变革，适时地推出新产品与新服务，才能掌握商机，获取利润。

（7）知识工作者的兴起。在许多发达国家，知识工作者已占据工作职场的五分之二，这个比例还会持续上升。知识工作者与组织是共生共存的关系，与主管更多的是伙伴关系而非上下级的关系。决定知识工作者生产力的主要要素是其自主性、持续不断的创新、持续不断的学习。

显然，知识经济时代在许多方面不同于农业时代和工业时代，其竞争优势、核心资源、管理方式、组织形态、工作伦理等可能会发生很大的变化。如何适应知识经济时代的到来，调整组织的目标战略、职能重点、结构形式和管理方式，特别是如何强化行政组织的知识管理，都是行政组织管理面临的新挑战。

二、信息技术的发展与网络社会

现代信息技术的发展对我们这个时代产生了巨大冲击和影响。信息技术发展相当迅速，20世纪60—70年代是以单体计算机为主体的时代，单体计算机的主要功能是计算，故其能力亦仅限于计算，发展计算的理由是提供技术支援，目的在于提高效率。但到了20世纪80年代，主要的技术为个人电脑，其主要功能是作业支援，能力则是以交易过程为主轴，建立系统的理由是节约成本，目的在于改善品质。从20世纪90年代开始，国际互联网出现，其核心功能是建立整合性的信息系统，能力则以网络为主体，建立的理由是基于决策的需要，目的在于创新服务。在今天，国际互联网已在商业领域得到广泛应用。采购、销售、行销、供应链管理、信息交换等，皆可以通过电子商务模式完成。除了商业上的交易，通过网络提供多元化的服务也逐步实现。

现代信息技术的发展，直接影响个人与个人、个人与组织、组织与组织的互动方式，三者之间的关系逐渐朝网络化的方向发展。建构于信息技术之上的新型社会形态也正在浮现。许多学者提出"网络社会"的概念，以说明当代经济、职位需求和变化、文化以及时间和空间的实际景况。

（1）经济方面。信息技术与经济活动结合，一方面，信息技术提供市场关系中生产者和顾客之间沟通联系的渠道，使二者的关系朝网络化的方向发展；另一方面，信息成为商品生产的原料，促使经济形态面临新一轮的转变，传统的制造业经济正逐渐转变为以电脑、网络为主的新经济形态，其特征为信息取代天然物质成为主要的生产原料；经济活动通过信息技术的联结，以全球为活动范围；信息技术成为企业获利和国家竞争力的关键。

（2）职位需求和变化。经济活动的运作模式决定了就业市场中职位需求和变化。工业革命后的就业市场以制造业员工为主，自后工业时代起，服务业员工在就业市场的比例逐渐增加，到信息技术成为新的生产要素的时代，就业市场发生了新的变化，其特点是：知识工作者剧增；全球人力资源的相互依赖增强；弹性工作者增加。

（3）虚拟文化的发展。随着沟通媒体由单面媒体转变为电子媒体和互联网的互动式媒体，人们获取信息和知识越来越依靠电子媒体。文化受到科技的影响，创造出真实的虚拟文化，多数的社会行为、社会组织均由实际存在转变为虚拟存在。

（4）零时差的时间。信息技术的发展，改变了传统意义上的时间观念，即时性和无时间性成为网络社会的特征。一方面，即时报道使全球发生的事件皆能即时呈现，并且提供了人们之间即时对话的空间；另一方面，不同时区的媒体24小时不间断地提供公众自由沟通的渠道，使时间得以水平呈现，没有开始，没有结束，时间以零时差的方式呈现。

（5）网络化的活动空间。信息技术的发展打破了人类行为受地理空间的限制，不同地域之间的互动性大大增强，速度距离取代了过去的时间和空间的距离，形成了网络化的活动空间。

显然，在网络社会，个体与个体之间的互动因资源交换的关系而变得更加紧密，逐渐朝网络化的方向发展；信息技术改变了文化、时间和空间的意义；组织面临全新的环境；信息技术与经济活动的高度结合，成为企业获利和国家竞争力的关键，企业为求生存和发展，需要有效、快速地回应顾客的需求，而这需要掌握信息与创新的能力。

信息技术的发展和网络社会的到来，对行政组织而言，既是机会，也是挑战。信息技术的应用，可以提高行政组织的效率，创新行政组织服务的方式，提高行政组织的开放度和透明度，促进民主参与。与此同时，信息技术的发展，也为行政组织及其管理提出了许多新的课题和挑战，如网络安全问题、个人隐私问题、法律规范问题、数字差距问题，以及如何有效促进信息技术的发展和应用问题等。

三、民主政治的发展

民主政治的发展是人类历史上政治文明发展所取得的最伟大的成就。依据美国政治学家亨廷顿的观点，民主化的发展经历了三次浪潮：第一次浪潮出现在 1828 年到 1926 年，它起源于美国革命和法国革命；第二次浪潮出现在第二次世界大战后直到 20 世纪 60 年代；第三次浪潮出现在 20 世纪 70 年代以后。从总体来看，民主化运动成为一项全球化的运动。

从过去到现在，人们对于什么是民主、什么是民主政治有着广泛的争论，民主的内涵和外延也在民主政治发展过程中不断变化、不断丰富和扩展；民主政治的发展也没有适用于所有国家的统一模式。尽管如此，民主的价值得到了越来越多的国家和人们的承认与认可，其原因正如美国政治学家达尔所讲的那样：

（1）民主有助于避免独裁者暴虐、邪恶的统治；

（2）民主保证它的公民享有许多基本的权利，这是非民主制度不会去做，也不可能做到的；

（3）民主较其他可行的选择，可以保证公民拥有更广泛的自由；

（4）民主有助于人们维护自身的根本利益；

（5）只有民主政府才能够为个人提供最大的机会，使他们能够获得自我决定的自由，也就是在自己选定的规则下生活；

（6）只有民主政府才为履行道德责任提供最大的机会；

（7）民主较其他可行的选择，能够使人获得更充分的发展机会；

（8）只有民主政治才能造就相对较高的政治平等；

（9）现代代议制民主国家彼此没有战争；

（10）民主的国家，一般会比非民主国家更为繁荣。

在今天，民主的观念和价值已经超越政治领域，渗透和延伸到社会生活的各个领域，如经济领域、社会领域。民主参与，正在把民主从政治领域扩大到日常生活领域。凡是生活受到某项决策影响的人，就应该参与该项决策的制定，这已被越来越多的人接受并付诸实施。这可以通过消费者权益运动和环境保护运动、雇员持股和参与运动、社区自治运动等方方面面表现出来。

民主政治与民主观念的发展和深入人心，对现存的行政组织的权力结构、管理方式提出了新的挑战，即如何发展和设计一套适应民主要求的体制、机制，以确保民主管理的实现。

四、全球化

全球化是影响我们这个时代的另一个不容回避的问题。尽管人们对何谓全球化争论不一，甚至有可能使其沦为我们这个时代另一个陈词滥调的危险，但全球化还是反映了我们这个时代发展的一个基本趋势，即在经济力量和技术力量的推动下，世界正被塑造成为一个相互联系、共同分享的社会空间；在这个社会空间，产生了跨大陆或者区域的流动和交往，社会关系和交往的空间发生了根本性变化。

全球化意味着社会活动、政治活动、经济活动跨越了边界，因此世界上一个地区的事件、决定和活动能够对距离遥远的地方的个人和团体产生影响。学者赫尔德等人曾经用四个维度对全球化的历史形态加以描述，这四个维度是全球网络的广度、全球联系的强度、全球流动的速度、全球相互联系的影响。从这四个维度来看，全球化在今天已经超过历史上自工业革命和世界贸易以来的任何一个时期。具有空间广度和密度的全球和跨国相互联系，正在把国家、国际组织、非政府组织以及跨国公司之间的关系编制成一个复杂的网络，这个交织在一起的网络形成了一个变化的结构。社会生活的所有领域，从政治领域到经济领域、法律领域、文化领域、军事领域、环境领域，都无法摆脱全球化的影响。由于跨越了传统的民族国家的边界，经济、社会和政治都超过了民族国家的范围。在组织方面，通过新的控制和沟通机制，世界范围的社会、政治以及权力关系实现了组织化和制度化，多边管制和治理成为新的组织形态。与此同时，随着国家、公民以及社会运动努力抵制或者控制全球化的影响，全球化也引起了新的对抗。

在全球化时代，现有的以民族国家为中心的治理方式面临许多挑战与问题，如传染病、恐怖主义、跨境犯罪等，使单个的民族国家无法依靠自己的力量解决，必须寻求合作；全球化也对传统的国家主权和自治的观念提出了挑战，政治权力被重新分配和界定；全球化在一定程度上也引发了新的问题，如贫困问题、环境问题、对民主的威胁问题、民族认同问题等。

02 第二节 行政组织管理的未来趋势

行政组织在社会变革过程中，一直扮演着积极的角色。面对快速变化的行政组织管理环境，适应、调整和变革就成为行政组织管理的重大议题。当行政组织及其管理者采取创新和负责任的行动时，目前的问题和未来的挑战就可能成为创新的动力。

关于未来的组织与管理，许多学者进行了有价值的研究。美国学

行政组织管理的未来趋势

者卡斯特和罗森茨韦克认为，未来的组织将更趋向于动态和灵活，朝着更为有机式的系统发展。而管理已成为具备大量管理科学和行为科学的知识的更智能化的活动，未来的管理者必须解决两个问题——经济技术问题和社会心理问题，并将它们结合起来，以同时实现两个目标：经济效率和人的满足感。

尽管要全面、准确地了解和把握行政组织管理及其未来趋势是一件十分困难的事情，但是，从现阶段来看，行政组织管理的未来趋势还是比较明显的。

一、行政组织管理的环境将更为动荡和复杂

如前所述，知识经济、信息技术的发展与网络社会、民主政治的发展、全球化等正在改变着整个社会的秩序。因此，行政组织管理的环境将更为动荡和复杂。这种动荡和复杂，首先来自变化本身。正如托夫勒所言：在我们的时代，加速变化本身就是一种基本的力量，这一加速的推进具有个人的、心理的和社会的后果。由于社会诸方面的加速变化，组织管理环境变得不稳定和不可预测；组织管理的参与者和影响者从熟知的到新的或者未知的；公认的规则可能发生变化；组织的边界可能变得更加模糊，组织的生存可能更加依赖于外部资源，仅依赖现有组织的能力可能无法解决问题；传统的依照确定的程序和方法避免矛盾的决策可能不能适应变化的环境。总之，如何解决巨大的不确定性和复杂性将是行政组织管理的核心议题，而应对不确定性的能力和解决复杂问题的能力将成为行政组织管理者的核心能力。

二、重视公共价值的创造

行政组织存在的价值就在于创造公共价值。所谓公共价值，主要是通过行政组织或行政组织委托的社会组织进行规划、制造、组织、管理、提供、分配给公众使用的公共物品和公共服务，而实现的一种公众期待的意义。公共价值的特点在于：

（1）公共性。公共价值是通过行政组织或行政组织委托的社会组织提供的公共服务获得实现，提供这些服务所需要的是公共资源，国家全体人民都有权分享和使用这些公共服务，因此公共价值为公众所分享。

（2）社会互动性。公共价值的建构并非个体的价值偏好，能称为公共价值的至少是一群人通过相互理解所形成的主观互证的意义诠释。

（3）非营利性。公共价值不是以增值和营利为目的，而是为了保障和满足公众的权利、自由、基本需求、公共利益、社会安全、公平正义。

（4）非市场性。公共价值只能通过公共服务的途径实现，并非通过市场运作的模式实现。

公共价值的创造意味着行政组织的施政和作为是以公众的需要和愿望为依据；行

政组织为公众提供的服务是高品质的服务；评价行政组织绩效的重要标准是公众的满意度；行政组织的服务是积极的服务而不是消极的服务，是平等公平的服务而不是差别性的服务，是普遍性的服务而不是特殊性的服务，是及时的服务而不是迟到的服务，是可持续性的服务而不是一时的服务。

三、民主参与的行政组织与治理

民主时代，人民是国家的主人，组织成员也就是组织的主人。官僚主义和权威主义的观念和行为已经不能适应行政组织。在行政组织与人民的关系上，人民是公共事务治理的参与者。依此，公共事务的治理有赖于人民的积极参与，通过人民的参与，形成共识；通过人民的参与，改善行政组织政策的质量；通过人民的参与，更好地回应人民的需求；通过人民的参与，增强行政组织的合法性和合理性；通过人民的参与，提高行政组织的公信力。

在行政组织内部，民主的行政组织亦成为时代的潮流。事实上，组织领导的权威基础，建立在组织成员同意和认同的基础之上，领导权力的大小，视组织成员支持或拥护程度为转移。组织内部的参与管理建立在民主领导、团队精神、平等主义和以人为本的基础之上，参与管理的途径多样化，如组织信息的共享与公开、团体决策、协商管理、咨询制度、建评制度等。

四、知识管理的兴起与发展

知识经济时代，知识具有前所未有的价值，而知识管理是组织提高核心竞争力与永续发展的要素。知识管理并非单指成立新部门、聘任新的人力资源，而是使组织内部成员充分认识到知识产生、分享与应用的重要性，使生产和服务过程中的知识得到有效管理。著名的安德森管理顾问公司认为，知识管理的内涵可以用下列公式表示：

$$K = (P + I)S$$

其中，K 指知识（knowledge），P 指人力（people），+ 指科学技术（technology），I 指信息（information），S 指分享（sharing）。这一公式说明，知识的积累，必须通过科学技术将人力资源与信息充分结合起来，而在分享的组织文化下，达到加乘的效果。

知识管理是指对组织内外的各种有价值的知识，进行系统的辨识、获取、存储、分享、利用，在此基础上创造新的知识，达成乘数效应，提升组织绩效。知识管理的主要内容包括：

（1）知识的有效流通。组织中的知识存在于组织成员、团体和组织三个层次，这三个层次的知识必须有效流通，才能发挥更大的功效。知识的有效流通可以通过建立组织内部的交流网络（如报告会、教育和培训计划、标准化的计划等）来进行，也可以通过组织成员之间的非交流网络来进行。

（2）知识的转换。组织内部的知识，通过交流与互动，由客观流动的知识内化为组织成员、团体乃至整个组织共同的知识。

（3）知识的创新。组织成员通过知识分享，获取有用的知识，实现组织目标，同时获取经验与教训，在此过程中激发新的想法和观点。

（4）知识的整合。组织只有有效地整合散布于组织内部不同领域的知识，才能发挥知识创新的功效。知识的整合可以通过不同的策略来进行，例如，建构有效资讯交流渠道，发挥信息整合的功能；可以经由组织学习弥补个人学习的不足；建立知识整合的机制。

显然，组织知识管理的重点在于系统地管理和组织各种知识，经由分享、互动、转换机制，使组织成员能够有效地获取与应用知识，提高组织的竞争力。

五、战略性管理的重要

"人无远虑，必有近忧"，这句格言说明了长远思考和战略性管理的意义。尽管未来是不可预测和控制的，但是未来的发展的确取决于今天的选择。面对更加动荡和复杂的环境，战略性管理成为行政组织管理的另一个趋势。战略性管理，不仅是一种"更好的"战略性计划，而且是在组织中将战略性变革扩大为与管理本身同义的方法。战略性管理的特征包括：①未来导向。战略性管理虽然不是未来学研究，但是重视外在环境变化对未来可能产生的影响。②实践导向。战略性管理并不是未来决策和选择，而是依据未来趋势制定"当前选择和决策"。③参与导向。战略性管理强调通过更多的外部参与而非控制来实现变革。④问题导向。战略性管理的核心是问题管理，因为问题是发生在组织及其不断变化的环境中的重要情况。⑤网络导向。战略性管理通过政策水平上的政策联盟，把组织与其他组织融为一体，促进变革。

显然，战略性管理可以为组织提供战略性的发展方向，指导资源优先顺序的有效使用，为组织长远发展设立卓越的目标，解决跨部门和地区的问题，对抗环境的不确定性与变化等，其价值不可低估。当然，战略性管理亦不是灵丹妙药，其作用的发挥，需要许多条件（如组织文化、结构变革等）的配合。

六、利用信息技术，创新服务形态与治理形态

随着现代信息技术的发展，将信息技术运用于行政组织管理，利用信息技术改革政府，建立"电子化政府"，已经成为各国的一个普遍趋势。信息技术的应用，正在促进公共服务形态的转移，甚至治理形态的变化。

首先是"电子化政府"的出现。"电子化政府"是指政府利用信息技术，处理政

府事务，创新公共服务。经由网络和顾客关系管理等软件的整合应用，政府可以提供许多创新性的服务，例如，跨机关的整合服务，通过通用电子平台，公众在单一的政府入口网可以轻松获得跨部门和机关的"一条龙"服务；自助式服务，随着公众获取信息能力的提高，政府只要在网络上提供完整的信息、明确的流程，公众就可以自助完成各种服务；个性化的服务，政府可以通过网络提供多元化、差异化、个人化服务，为公众提供更多的选择机会；参与式服务，政府与公众的关系，不再是单向的、固定的、被动的，而是双向的和互动的。

其次是电子治理的出现。电子治理是政府信息和服务网络化之后，公共治理形态的另一个可能的变化。在网络社会，由于信息的开放、知识的传播和共享的加强，不同政策主张、不同利益群体的组织沟通更为容易；公共事务的治理将不再由单一机关、单一部门、单一层级的政府承担和控制，而是依据不同的公共政策、议题或公共服务，由政府组织、公众、非政府组织、企业等不同角色共同组成"治理网络"，共同参与公共事务的管理。这种新的治理形态，可以将市场机制、民主社会、政府的力量发挥到最大。

最后是电子民主的出现。提供电子化的服务，只是电子化最基本的效益，信息技术对于民主社会最大的冲击，在于传统民主政治的发展，使传统的代议制民主走向参与式民主。电子化的发展，赋予公众更多的知情权；网络的力量亦加强了公众的动员能力和组织的能力；网络化技术也使公众更容易介入公共服务的治理，更有机会和可能参与到政策制定与决策之中。从电子治理走向电子民主也是行政组织管理的一大趋势。

七、更为弹性的新型组织结构

若干世纪以来，金字塔形层级节制的组织结构是整个社会用来组织和管理自己的结构。这种组织结构有其不可替代的优点，但是弊端也日趋明显。当代世界和社会的许多问题，是按照等级原则建立的组织结构所无法解决的。在许多领域，人们在创造不同的、能够替代这种机械式组织结构的新形式，并赋予其不同的称号，如有机式组织结构、虚拟组织结构、网络组织结构、无缝隙组织结构、学习型组织结构等，虽然名称不同，但这些组织结构与传统的组织结构相比，更为开放，更富有弹性，更为灵活。概括而言，新型组织结构呈现出以下特点：

（1）对环境保持更大的开放性，能够接受环境的影响和应对不稳定性；
（2）权力结构更加分散化，而非集中化和等级化；
（3）权力的来源更依赖于知识，而不仅仅是专门的职位；
（4）更加重视横向之间的联系；
（5）更加强调信息和知识的共享，而非控制；

（6）更加强调知识决策的自主性，政策制定是分权的，而且分散于整个组织；

（7）虽然重视规则，但是更加重视创新与变化，关注规则的适应性；

（8）对个人需要和渴望的关注；

（9）对内在的激励因素（如信息、参与、承诺等）的重视；

（10）强调持续的变革和创新。

八、多元化管理与多元文化组织的发展

随着政治、经济、社会、文化、技术的发展，社会已经进入多元化社会。随着人口结构的变化和异质性的增加，随着经济结构的变化所导致的变化，随着政治平等的扩展和人们权利意识的觉醒，随着社会利益的多元化，多元化管理，建立多元文化组织，正成为行政组织管理的新趋势。

多元化管理的核心在于针对异质性社会和异质性组织的内外环境，对组织进行变革，创建能让多元化的组织成员相互尊重、有利于所有成员将自我能力极大化的组织环境。多元化管理是尊重与发展多元化的新思维，它重视差异性，不再将多元化视为异端和组织绩效的绊脚石，而是将其视为宝贵的资产和机会。它展现了一种求同存异、共存发展的组织意象。同时，多元化管理也被视为提升组织竞争力的有效策略。多元化管理承认多元化，但这种多元化建立在共同愿景的基础之上，它强调对不同背景的组织成员的尊重，更期盼能够让组织成员发挥潜能，善用他们的潜力，创造组织优势。

多元化管理的目标其实就是建立一个让不同背景的组织成员都能贡献其力量、发展其作用、贡献其才能和潜能的组织，也就是多元文化组织。多元文化组织强调多元文化的整合，不同背景的组织成员能够处于平等的地位，培养尊重文化差异的文化。多元文化组织强调组织成员互动的重要性，组织成员在互动中解决冲突。多元文化组织在结构层面上强调整合，组织成员能够共享权力、共担责任、共承风险、共享利益。

小 结

现代信息技术的发展和网络社会的到来，使行政组织管理的不确定性和风险性增大。面对复杂、多变、动荡的行政组织管理环境，预测、分析和掌握行政组织管理所面临的问题及其未来发展趋向，对于我们从战略管理的高度去建构行政组织，提高行政组织的适应能力具有重大的意义。

思考与练习

一、名词解释

1. 公共价值
2. 知识经济
3. 知识管理

二、简答题

1. 与传统的经济相比，知识经济具有哪些明显的特点？
2. 简述信息技术的发展对当代经济社会所产生的影响。
3. 简述民主的基本价值。
4. 什么是公共价值？公共价值有哪些特点？
5. 什么是知识管理？知识管理包括哪些方面的重要内容？
6. 简述新型组织结构的特点。
7. 简述多元化管理的核心、目标与意义。

三、论述题

1. 试论行政组织管理未来的挑战。
2. 试论行政组织管理的未来趋势。

参考文献

[1] 卡斯特，罗森茨韦克．组织与管理：系统方法与权变方法：第4版．傅严，李柱流，等译．陈旭明，李柱流，校．北京：中国社会科学出版社，2000．

[2] 达夫特．组织理论与设计精要．李维安，等译．北京：机械工业出版社，1999．

[3] 霍尔．组织、结构、过程及结果：第8版．张友星，刘五一，沈勇，译．上海：上海财经大学出版社，2003．

[4] 赫尔雷格尔，斯洛克姆．组织行为学．余凯成，黄新华，陈儒玉，等译．杨锡山，黄新华，校．北京：中国社会科学出版社，1989．

[5] 泰森，杰克逊．组织行为学．高筱苏，译．北京：中信出版社，1997．

[6] 雷恩．管理思想的演变．赵睿，肖聿，陆钦琰，等译．北京：中国社会科学出版社，2000．

[7] 吉瑞赛特．公共组织管理：理论和实践的演进．李丹，译．上海：上海译文出版社，2003．

[8] 孔茨，韦里克．管理学：第9版．郝国华，金慰祖，葛昌权，等译．北京：经济科学出版社，1993．

[9] 张成福，党秀云．公共管理学．修订版．北京：中国人民大学出版社，2007．

[10] 谢庆奎．当代中国政府与政治．北京：高等教育出版社，2003．

[11] 陈维政，余凯成，黄培伦．组织行为学高级教程．北京：高等教育出版社，2004．

行政组织学课程组名单

组　　长　周联兵
主　　编　张成福
编写者　　张成福　张　璋　党秀云
　　　　　赵菊强　王慧军
主持教师　周联兵